HISTOIRE DE FRANCE

PAR

J. MICHELET

NOUVELLE ÉDITION, REVUE ET AUGMENTÉE

TOME QUATORZIÈME

PARIS
LIBRAIRIE INTERNATIONALE
A. LACROIX & C°, ÉDITEURS
13, rue du Faubourg-Montmartre, 13
—
1877

Tous droits de traduction et de reproduction réservés.

HISTOIRE

DE FRANCE

PRÉFACE

Les trente années pénibles que je traverse en ce volume sont cependant illuminées par deux grandes lumières, des plus pures et des plus sublimes, Galilée et Gustave-Adolphe. (Voir le chapitre VI.) De l'Italie, du Nord, cette consolation me venait en débrouillant l'énigme laborieuse de la politique française et de la guerre de Trente ans, et elle m'a bien soutenu. Par un constraste singulier, dans cette époque pâlissante où l'homme, de moins en moins estimé et compté, semble s'anéantir dans la centralisation politique, ces deux figures subsistent pour témoigner de la grandeur humaine, pour la relever par-dessus les âges antérieurs.

Leur originalité commune, c'est que chacun d'eux est au plus haut degré le *héros*, le miracle, le coup d'en haut, ce semble, la révolution imprévue. Et, d'autre part, ce qui est bien différent, *le grand homme harmonique*, où toutes les puissances humaines apparaissent au complet dans une douce et belle lumière.

Chacun d'eux vient de loin, et le monde s'y est longtemps préparé.

Toutes les nations d'avance avaient travaillé pour Galilée. La Pologne (par Kopernic) avait donné le mouvement; l'Allemagne, la loi du mouvement (Keppler); la Hollande, l'instrument d'observation, et la France celui du calcul (Viète). Florence fournit l'homme, le génie qui prend tout, se sert de tout en maître. Et Venise donna le courage et la liberté.

Jamais homme ne réalisa une chose plus complète. Ordinairement il faut une succession d'hommes. Ici le même trouva en même temps : 1° *La méthode*, entrevue par les médecins, mais que Descartes et Bacon cherchent encore vingt ans plus tard. Galilée la proclame par le plus grand triomphe qu'elle ait eu dans le cours des siècles. — 2° *La science*, une masse énorme de faits, un agrandissement subit des connaissances, une enjambée de compas qui alla de la petite terre et du petit système solaire aux milliards de milliards de lieues de la voie lactée. — 3° *Le calcul* des faits, la mesure des rapports de ces astres entre eux. — 4° *Les applications pratiques*. Il montra tout de suite le parti qu'en tirerait la navigation,

Mais ces résultats scientifiques étaient moins importants encore que les conséquences morales et religieuses. L'homme et la terre n'étaient plus le monde. Même le système solaire n'était plus le monde. Tout cela désormais subordonné, mesquin, misérable et minime. Que notre petit globe obscur décidât, par ses faits et gestes, du sort de tous les mondes, cela devenait dur à croire. Du ciel ancien, plus de nouvelle. Sa voûte de cristal était crevée, et elle avait fait place à la merveille d'une mer insondable, d'un mouvement infiniment varié, mais infiniment régulier. — Théologie visible! Bible de la lumière, ravissement de la certitude! L'universelle Raison révélée dans l'indubitable et supprimant le doute. La promesse de la Renaissance s'accomplissait déjà: «Fondation de la *Foi profonde.*»

Du reste, au premier moment, personne n'y prit garde, excepté le bon et grand Keppler, celui qui avait le plus servi et préparé Galilée, et qui le remercia pour le genre humain.

Gustave-Adolphe fut-il le Galilée de la guerre? Non, pas précisément. Il en renvoie l'honneur à son maître, Jacques de La Gardie, originaire de Carcassonne. Mais, dans cet art, celui qui applique avec génie, dans des circonstances toutes nouvelles et imprévues, n'est guère moins inventeur que celui qui a trouvé l'idée première. Donc, nous n'hésitons pas à proclamer Gustave un héros très-complet en qui se rencontra tout ce qui est grand dans l'homme : 1° *L'invention*, ou du moins un perfectionnement inventif et original de la vraie guerre moderne, guerre spiritualiste où tout est âme, audace et mouvement. — 2° *L'action*, l'héroïque application de l'idée nouvelle, application heureuse et éclatante, du plus décisif résultat. — 3° L'admirable beauté du but, la guerre pour la paix, la victoire pour la délivrance, l'intervention d'un juste juge pour le salut de tous. — 4° Et pour couronnement sublime, l'auréole d'un caractère plus haut encore, plus grand que la victoire.

Il est intéressant de voir le double courant qui fait le héros, qui harmonise cette grande force individuelle avec le mouvement du monde, de sorte qu'il n'est pas excentrique, et qu'il est libre cependant, non dépendant de la force centrale. C'est sa beauté profonde d'avoir cette qualité. — Celui-ci est Suédois. Il est homme d'aventures. Son rêve n'est pas l'Allemagne, mais la profonde Russie qu'il voulait conquérir, et le chemin de l'Orient. C'est bien là, en effet, la propre guerre suédoise. Petit peuple, si grand! le seul qui ait le nerf du Nord (et bien plus que les Russes, population légère, d'origine et de caractère méridional.) Le vrai monument de la gloire suédoise, ce sont ces entassements de terre au pied des forteresses russes qu'ont bâties les prisonniers suédois. Les Russes qui connaissaient ces hommes, n'osèrent jamais en rendre un seul, rendant villes, provinces, et tout ce qu'on voulait, plutôt qu'un seul Suédois. Les os des prisonniers y sont restés, et témoignent encore de la terreur des Russes. — Mais, pour être Suédois, Gustave n'en est pas moins Allemand (par sa mère), protestant (de religion et de mission spéciale), enfin Français par l'éducation militaire. Nul doute que notre Languedocien, qui forma dix années Gustave dans les guerres de Pologne, de Russie, de Danemark, n'ait influé beaucoup sur son caractère même. L'étincelle méridionale n'est pas méconnaissable dans ses actes et dans ses paroles. C'est la bonté, l'esprit d'Henri IV, sa parfaite douceur. Du reste, tout cela transfiguré dans le sublime austère du plus grand capitaine, qui donna tout à l'action, rien au plaisir, et qui toujours fut grand. Un seul défaut (et d'Henri IV aussi), d'avancer toujours le premier, de donner sa vie en soldat, par exemple, le jour où, contre l'avis de tout le monde, il passa seul le Rhin.

On prodigue le nom de héros, de grands hommes, à

beaucoup d'hommes éminents, à la vérité, mais pourtant secondaires. Cette confusion tient à la pauvreté de nos langues et à un défaut de précision dans les idées. Du reste, les hommes supérieurs ne s'y trompent pas, et n'ont garde d'aller sottement se comparer aux vrais héros. Turenne, l'illustre stratégiste, Condé, qui, par moments, eut l'illumination des batailles, le pénétrant et judicieux Merci, le froid et habile Marlborough, le brillant prince Eugène, auraient cru qu'on se moquait d'eux si on les eût comparés au grand Gustave. Au nom du *roi de Suède*, ils ôtaient leur chapeau. C'était un mot habituel entre eux : « *Le roi de Suède* lui-même n'eût pas réussi à cela... Il aurait fait ceci, » etc., etc. On voit que la grande ombre planait sur toutes leurs pensées.

CHAPITRE PREMIER

LA GUERRE DE TRENTE ANS. — LES MARCHÉS D HOMMES
LA BONNE AVENTURE

1618

L'histoire humaine semble finie quand on entre dans la guerre de Trente ans. Plus d'hommes et plus de nations, mais des choses et des éléments. Il faut raconter barbarement un âge barbare, et prendre un cœur d'airain, mettre en saillie ce qui domine tout, la brutalité de la guerre, et son rude outil, le soldat.

Il y avait trois ou quatre marchés de soldats, des comptoirs militaires où un homme désespéré, et qui ne voulait plus que tuer, pouvait se vendre.

1º L'ancien marché de l'Est, ou de Hongrie, des

marches turques. Le vieux Bethlem Gabor, qui avait pris part à quarante-deux batailles rangées, se maintenait contre deux empires par la double force d'une résistance nationale et des aventuriers de toute nation. Tous les costumes de guerre, les déguisements par lesquels on essaye de se faire peur les uns aux autres, ont été trouvés là. Le monstrueux bonnet à poil pour rivaliser avec l'ours, l'absurde et joli costume du hussard qui porte des fourrures pour ne pas s'en servir, et, pour sabrer, jette la manche aux vents, toutes ces comédies, fort bien imaginées contre la terreur turque, furent partout servilement copiées dans les lieux et les circonstances qui les motivent le moins.

Au total, la Hongrie, le Danube, étaient la grande école, le grand enrôlement de la cavalerie légère. Là, point de solde et point de vivres, une guerre très-cruelle, nulle loi, l'infini du hasard, le pillage, la *bonne aventure*.

2º Exactement contraire en tout était le petit marché de la Hollande. Peu d'hommes, et très-choisis, très-bien payés et bien nourris. Une guerre lente, savante. Le plus souvent il s'agissait de siéges. On restait là un an, deux ans, trois ans, le pied dans l'eau, à bloquer scientifiquement une méchante place. Il fallait la vertu de nos réfugiés huguenots, ou l'obstination britannique des mercenaires d'Angleterre et d'Écosse qu'achetait la Hollande, pour endurer un tel ennui. Plusieurs eussent mieux aimé se faire tuer. Mais ce gouvernement économe ne le permettait pas. Il leur disait : « Vous nous coûtez trop cher. »

3º Ceux qui ne possédaient pas ce tempérament aquatique perdaient patience, et s'en allaient aux aventures du Nord. Ainsi fit un certain La Gardie, de Carcassonne, homme d'un vrai génie, qui, ayant su, par les Coligny, les Maurice, tout ce qu'on savait alors, alla s'établir en Suède, et sur le vaste théâtre de Pologne et de Russie, trouva la grande guerre, la haute et vraie tactique. Son fils forma Gustave-Adolphe.

4° Enfin, le grand, l'immense, le monstrueux marché d'hommes, était l'Allemagne, lequel marché, vers 1628, faillit absorber tous les autres et concentrer tout ce qu'il y avait de soldats en Europe, de tout peuple et toute religion.

Danger épouvantable. Si cela s'était fait, il n'y avait nulle part à espérer de résistance sérieuse. C'est ce qu'avait très-bien calculé le spéculateur Waldstein, qui ouvrit ce marché. Les anciens condottieri avaient fait cela en petit; plus récemment le Génois Spinola, sous drapeau espagnol, fit la guerre à son compte. Waldstein reprit la chose en grand, avec ce raisonnement bien simple : Si j'ai quelques soldats, je puis être battu; mais, si je les ai tous, je ferai la guerre à coup sûr, n'ayant affaire qu'aux non-soldats, aux paysans mal aguerris, aux moutons... Et j'aurai les loups!

Maintenant quel fut donc le secret de ce grand marchand d'hommes, de ce puissant accapareur, l'appât qui leur faisait quitter les meilleurs services et les mieux payés, le gras service de la Hollande? Comment se faisait-il que toutes les routes étaient couvertes de gens de guerre qui allaient se vendre à Waldstein? Quels furent ses attraits et ses charmes pour leur plaire et les gagner tous, les attacher à sa fortune?

C'était un grand homme maigre, de mine sinistre, de douteuse race. Il signait Waldstein pour faire le grand seigneur allemand. D'autres l'appellent Wallenstein, Walstein. Sa tête ronde disait : « Je suis Slave. » Tout était double et trouble en lui. Ses cheveux, demi-roux, l'auraient germanisé, si son teint olivâtre n'eût désigné une autre origine. Il était né à Prague, parmi les ruines, les incendies et les massacres, et comme une furie de la Bohême pour écraser l'Allemagne. Quand on parcourt ce pays volcanique, ses roches rouges semblent encore trempées de sang. De telles révolutions tuent l'âme. Celui-ci n'eut ni foi ni Dieu ; il ne regardait qu'aux étoiles, au sort et à l'argent. Protestant, il se convertit pour une riche dot, qu'il réalisa en fausse monnaie d'Autriche, et acheta pour rien des confiscations, puis des soldats, des régiments, des corps d'armée, des armées. L'avalanche allait grossissant.

Sombre, muet, inabordable, il ne parlait guère que pour des ordres de mort, et tous venaient à lui. Miracle?... Non, la chose était naturelle... Il établit le règne du soldat, et lui livra le peuple, biens et vie, âme et corps, hommes, femmes et enfants. Quiconque eut au côté un pied de fer fut roi et fit ce qu'il voulut.

Donc, plus de crimes, et tout permis. L'horreur du sac des villes, et les affreuses joies qui suivent l'assaut, renouvelés tous les jours sur des villages tout ouverts et des familles sans défense. Partout l'homme battu, blessé, tué. La femme passant de main en main. Partout des cris, des pleurs. Je ne dis pas des accusations.

Comment arriver à Waldstein, inaccessible dans son camp? Le spectre était aveugle et sourd.

Les âmes furent brisées, aplaties, éteintes, anéanties. Quand le roi de Suède vint venger l'Allemagne et voulut écouter les plaintes, il trouva tout fini. Ces gens, pillés, battus, outragés, violés, dirent que tout allait bien. Et personne ne se plaignait plus!

Un fort bon tableau hollandais, qui est au Louvre, montre aux genoux d'un capitaine en velours rouge une misérable paysanne qui a l'air de demander grâce. Elle a le teint si plombé et si sale, elle a visiblement déjà tant enduré, qu'on ne sait pas ce qu'elle peut craindre. On lui a tué son mari, ses enfants. Eh! que peut-on lui faire? Je vois là-bas au fond des soldats qui jouent aux dés, jouent quoi? La femme, peut-être, l'amusement de la faire souffrir. Elle a encore une chair, la malheureuse, et elle frissonne. Elle sent que cette chair, qui n'est plus bonne à rien, ne peut donner que la douleur, les cris et les grimaces, la comédie de l'agonie.

Le pis, dans ce tableau funèbre, c'est que ce capitaine, enrichi par la guerre et en manteau de prince, n'a l'air ni ému ni colère. Il est indifférent. Il me rappelle un mot terrible par lequel Richelieu, dans son portrait de Waldstein, termine l'éloge qu'il fait de cet homme diabolique : « Et avec cela, point méchant. »

Waldstein fut un joueur[1]. Il spécula sur la furie du

---

[1] Quelle pitié de voir Schiller poser ce spéculateur en face de Gustave-Adolphe! Waldstein est grand comme fléau, mais sa spéculation était fort simple, et la prime effroyable qu'il donna au soldat devait lui attirer tous les soldats de la terre. Gustave, le maître à tous, trop grand pour dénigrer personne, ne faisait

temps, celle du jeu. Et il laissa le soldat jouer tout, la vie, l'honneur, le sang. C'est ce que vous voyez dans les noirs et fumeux tableaux de Valentin, de Salvator.

Sort, fortune, aventure, hasard, chance, ce je ne

pas cas des talents militaires de ce Waldstein. Il fit de petites choses avec des moyens énormes. Son attitude d'acteur, sa tragi-comédie de solitude dans la foule, de taciturnité, etc., fait rire le grand Gustave. Il l'appelle sans façon : *Le fat* (Narren)? ou peut-être *le sot*. Mais tout cela imprime une respectueuse terreur au pauvre dramaturge. Il copie avec une admiration bourgeoise les vieux récits allemands sur les magnificences de l'illustrissime coquin. Sa table était de cent couverts ; il avait tant de carrosses. Son maître d'hôtel *était de première qualité*, etc. — Pauvretés pitoyables. Ce qui est pire dans le livre de Schiller, ce qui fausse l'histoire à chaque instant, c'est un déplorable effort d'impartialité entre le bien et le mal. Reproche, au reste, qu'on peut faire à plus d'un Allemand, entre autres à notre aimable, savant, ingénieux Ranke, qui nous a tant appris. Son Histoire de la papauté (je parle de l'original, et non, bien entendu, de la perfide traduction), avec tant de mérites divers, a le tort de grossir énormément beaucoup de petites choses. Rome d'abord. Dans sa pitoyable décadence, elle redevient le centre du monde. C'est comme un cadran solaire en bois de sapin qui dirait : « Le soleil tourne à cause de moi. » Mais, non, Rome ne s'y trompe pas. Elle est moins occupée des visions ambitieuses des Jésuites, ou du grand mensonge des missions, que de son piètre intérêt italien. — Les jésuites, de même, sont surfaits par Ranke. Leurs rêves d'Armada, de conquêtes d'Angleterre, etc., les montrent constamment chimériques. La dissidence de ceux d'Allemagne et de France, celle des Jésuites français entre eux, que je note dans ce volume, n'est pas propre non plus à nous faire admirer la sagesse de l'ordre. Possevin, leur rusé savantasse, me paraît, en conscience, un bien petit héros. — Les Jésuites ont une chose dont on doit tenir compte : c'est la lente et patiente préparation de la guerre de Trente ans par la captation des familles nobles et princières, par la séduction des mères et la conquête des enfants. Ils obtinrent une variété imprévue de l'espèce humaine, *le bigot*, vrai coup de génie, comme celui de l'horticulteur qui a trouvé la rose

sais quoi, cette force brutale qui va sans cœur, sans yeux, voilà l'idole d'alors. Le dieu du monde est la Loterie [1].

« Il est des moments, dit Luther, où Notre-Seigneur

noire, sans parfum ni feuilles, un bâton. Ce bâton, c'est Ferdinand II. On ne savait pas bien en détail comment ils s'en servirent. L'archiviste de Vienne, Hormayer (V. les intéressants *extraits d'Alfred Michiels*, *Siècle* de 1856), nous l'a complétement révélé. Nous savons maintenant comment ces Pères, tenant en haut l'Empereur, leur terrible marionnette, purent faire en bas de la démocratie pour l'extermination du peuple. Leurs apôtres, dans le carnage de Bohême, étaient des bouchers bien pensants, de pieux laquais, de dévots tailleurs, etc. On massacrait, d'une manière intelligente, jamais dans des lieux contigus, mais éloignés les uns des autres, toujours aux moments imprévus. Cela désorientait la résistance. Chacun, abattu, inquiet, se disait cependant : « Le mal est encore loin. » Chacun croyait avoir un meilleur numéro dans cette loterie de la mort. 11,000 communes sur 30,000 périrent entièrement; les autres à moitié. Le pays offrait une profonde solitude. Les gens armés qui se hasardaient à le traverser rencontraient parfois sur le soir des paysans autour du feu, préparant leur souper, et un homme dans la marmite. *Hormayer*, *Taschenbuch für die vaterlændische geschichte*, 1836.

Voilà des gens féroces, direz-vous, mais enfin bien habiles. Attendez. Ceci n'est que le premier acte de la guerre de Trente ans, le moment du *bigot*. Voici venir le second acte ; c'est le *Marchand d'hommes*, Waldstein, le spéculateur en armées. Tout échappe aux Jésuites. Ils n'avaient pas prévu cela. Les voilà étonnés, effarés, comme un hibou qui aurait couvé un vautour. Lorsque Waldstein a été éreinté par Gustave, ils le font assassiner. Et alors ils reprennent force. Par grande habileté? ils n'en ont pas besoin, ayant pour eux la miraculeuse vertu d'une révolution territoriale qui offre à chacun le bien du voisin.

[1] Nous possédons une curieuse histoire de la Loterie : *Del giuco del Lotto*, *opera del conte Petitti di Roreto*. 8º 1853, *Torino*. Elle commence en Italie au XIVᵉ siècle, en Flandre en 1519, en France

a l'air de s'ennuyer du jeu et de jeter les cartes sous la table. »

Waldstein réussit justement parce qu'il fut la loterie vivante. Il se constitua l'image du sort. Pour rien il faisait pendre un homme ; mais pour rien il le faisait riche. Selon qu'il vous regardait, vous étiez au haut, au bas de la roue; vous étiez grand, vous étiez mort. Et voilà aussi pourquoi tout le monde y allait. Chacun voulait savoir sa chance.

La loterie proprement dite, aussi bien que les cartes, nous étaient venues d'Italie. Les gouvernements italiens étaient généralement des loteries où les noms mis au sac, *imbursati*, jouaient aux magistratures. La ville de l'usure, de la grosse usure maritime, Gênes, imagina la première de mettre sur ces bourses d'élections des lots d'argent que l'on tirait. De là des fortunes subites, des ruines aussi, de grosses pertes, des

---

en 1539. L'auteur, admirateur des gouvernements protecteurs de la loterie, etc., n'en donne pas moins les faits les plus intéressants sur les résultats moraux de cette institution fiscale. En Lombardie, à Venise, les boulangers cuisent moins de pain la veille du tirage. — V. aussi *Delamare*, Police, *Savary*, Dict. du Commerce, l'*Encyclopédie* (par matières), le *répertoire de Favart-Langlade*, et *Boulatignier*, de la *Fortune publique*. Savary nous apprend que Saint-Sulpice, les Théatins, les Filles-Saint-Thomas, furent bâtis à l'aide des loteries ecclésiastiques. Le nom originaire de la loterie à Gênes est *Giuco del Seminario*. — Quant à l'histoire du Jeu en général, j'ai eu un moment la tentation de la faire en recueillant les textes innombrables que me fournissaient surtout les Mémoires du xviie siècle, le grand siècle du jeu. Gourville spécialement est ici inappréciable. Qu'il est fier! qu'il est noble! Comme il sent bien sa dignité de *beau joueur*, de croupier, d'homme de tripot! Son assurance impose. La vertu, la probité, la morale des petites gens, sont honteuses et baissent les yeux,

batailles financières, des morts et des suicides de gens qui survivaient, mais pauvres, non plus hommes, mais ombres, des millionnaires devenus *facchini;* comme un carnaval éternel; bref, une société mouvante, et toute en grains de sable, que la Fortune d'un souffle drolatique s'amusait à souffler sans cesse, à faire lever, baisser, tourbillonner.

François I*er*, qui rapporta plusieurs maladies d'Italie, n'oublia pas celle-là. Il trouva la loterie d'un bon rapport et l'établit en France. Mais, à part l'intérêt du fisc, elle répondait à un besoin de cette société. La grande loterie du bon plaisir se tirant en haut pour les places, le caprice des dames faisant les généraux, les juges et les évêques, il était bien juste que les petits aussi eussent les amusements du hasard, l'émotion des surprises, la facilité de se ruiner.

Un mot entre alors dans la langue, un titre qui fait passer partout et qui tient lieu de tout, qui dispense de tout autre mérite : *Un beau joueur.* Les portes s'ouvrent toutes grandes à celui que l'on annonce ainsi. Des aventuriers étrangers entrent par là, souvent sans esprit, sans talent, même grossiers, mal faits, malpropres et malotrus. *Le joueur* d'Henri IV, sa partie ordinaire, est un gros Portugais ventru, le sieur de Pimentel, dont le mérite principal est de voler au roi cent mille francs par soirée. C'est encore là un des mérites du faquin Concini. Son audace héroïque à jouer ce qu'il n'avait pas étonna et charma la reine presque autant que sa grâce équestre, son talent de voltige. Dans la Fronde, un valet, Gourville, marche de front avec tous les seigneurs. Et la grande fortune d'alors est celle d'un fripon de Calabre, fils du fripon Mazarino.

Le général bigot Tilly, le tueur de la Guerre de Trente ans, entre ses messes et ses Jésuites, n'est pas tellement dévot à la Vierge Marie, qu'il ne songe encore plus à cette fille publique, la Fortune. Au moment solennel où il lui faut marcher contre Gustave-Adolphe, quel mot lui vient à la bouche? où prend-il son espoir? « La guerre est un jeu de hasard! Le gagnant veut gagner, s'acharne; le perdant veut regagner, s'acharne aussi. Enfin, tourne la chance; le gagnant perd son gain, jusqu'à sa première mise. » C'était là son augure pour croire qu'il vaincrait le vainqueur.

L'homme le plus sérieux du temps, le calculateur politique qui s'efforça de ne remettre que peu à la Fortune, Richelieu cependant semble envisager la vie en général, comme un jeu de hasard. « La vie de l'homme, dit-il, surtout celle d'un souverain, est bien proprement comparée à un jeu de dés, auquel, pour gagner, il faut que le jeu en die, et que le joueur sache bien user de sa chance [1]. »

---

[1] Cette parole eût dû rester présente à ceux qui admirent avec raison les monuments de la politique d'alors, mais s'en exagèrent la portée systématique, la suite, la conséquence. Nous avons fait effort dans ce volume pour faire apprécier dans son vrai caractère la volonté très-forte, mais non pas fixe, de Richelieu, et les variations fatales que lui imposèrent les événements. Mazarin va plus loin. Tout en passant sa vie à calculer son jeu, à négocier, *ravauder* (comme dit Retz), il attribue tous ses succès à sa bonne fortune.

Il se moquait de ceux qui se creusaient la tête pour en cher-

Lui-même, entraîné par la force des circonstances hors des voies de réforme qu'il avait annoncées en 1626, jeté dans les dépenses énormes du fatal siége, et d'une armée, d'une marine indispensables, où allait-il? qu'espérait-il? Il jouait un gros jeu. L'affaire de La Rochelle aurait manqué, faute d'argent; elle tint à un fil. Richelieu, au dernier moment, emprunta un million en son nom et sur sa fortune. Son passage des Alpes,

cher les causes et croyaient qu'il avait des secrets, des recettes à lui. Il ne réclamait qu'un mérite, d'*être heureux*.

D'autre part, nous lisons dans les *Mémoires de Retz*, qu'un jour la reine lui disant : « Le pauvre cardinal Mazarin est bien embarrassé, » il aurait répondu : « Donnez-moi le Roi pour deux jours, vous verrez si je le serai. »

Retz a raison. Avoir le Roi en main et jouer sur cette carte, c'est dans ce temps *être heureux* à coup sûr, et d'avance gagner la partie. Donc il faut que l'histoire suive attentivement l'*heureux* joueur, n'oublie jamais l'intrigue de cour qui est alors le point principal, s'y place, regarde de là et l'administration intérieure, et la politique extérieure, s'attache au Roi, à la chambre du Roi, « aux douze pieds carrés qui, disait Richelieu, lui ont donné plus de besogne que toute l'Europe. »

Cette méthode, absurde en d'autres siècles, comme nous l'avons dit ailleurs, est au XVIIe, non-seulement la meilleure, mais la seule possible. Elle en est la boussole. Autrement on se noiera dans l'océan des actes et des paroles, dans la richesse souvent stérile des vaines négociations, des dits et contredits sans résultat, des longs efforts pour de petits effets, d'essais et d'idées avortés. Ces récits, ces écrits, ces dépêches, vous tentent trop souvent par le mérite littéraire, la forme agréable, le charme, la clarté du détail. L'ensemble n'en est pas moins obscur. On est porté à chaque instant à se méprendre et à donner aux choses une valeur propre, une portée qu'elles n'ont pas. Heureusement une éclaircie se fait du côté de la cour, un rayon du *Soleil* (le Roi), et l'on voit que l'œuvre compliquée, laborieuse d'en bas, n'est qu'un petit reflet capricieux de l'Olympe d'en haut.

dont nous allons parler, aurait manqué aussi, et il serait resté au pied des monts, s'il n'eût encore trouvé au moment des ressources imprévues. Bref, il était lancé dans l'aventure, dans les hasards d'une roulette où il mettait surtout sa vie.

CHAPITRE II

LA SITUATION DE RICHELIEU

1629

La grande victoire catholique sur La Rochelle et l'hérésie, fut fêtée à Paris d'un triomphe païen. Selon le goût allégorique du siècle, Richelieu exhiba Louis XIII déguisé en Jupiter Stator, tenant à la main un foudre doré.

Que menaçait le Dieu, et qui devait trembler? l'Espagne apparemment, l'Autriche. L'Empereur voulait nous exclure de la succession de Mantoue, nous fermer l'Italie. Et l'Italie, Venise, Rome, dans l'attente terrible des bandes impériales, criait à nous, nous appelait, envoyait courrier sur courrier.

Donc Louis XIII allait lancer la foudre, mais on pouvait se rassurer. Ce maigre Jupiter à moustaches pointues, s'intitulant *Stator* (qui arrête), disait assez lui-même qu'il ne voulait rien qu'arrêter, qu'il n'irait pas bien loin, s'arrêterait aussi bien que les autres, et foudroierait modérément, jusqu'à un certain point.

Le foudre était de bois. Il y manquait les ailes dont l'antiquité a soin de décorer celui de Jupiter. Ces ailes aujourd'hui, c'est l'argent. Le déficit énorme, accusé en 1626, l'aggravation d'emprunts faits pour le siège, semblaient rendre impossible le secours d'Italie. Chaque effort de ce genre demandait un miracle, un coup de génie. Et encore, les miracles n'eurent pas d'effet quant au but principal. Gustave-Adolphe le dit et le prédit à notre ambassadeur, qui faisait fort valoir la puissance de son maître : « Vous ne pourrez sauver Mantoue. »

L'histoire de Richelieu est obscure quant au point essentiel, les ressources, les voies et moyens. De quoi vivait-il, et comment? on ne le voit ni dans les mémoires ni dans les pièces. Un ouvrage estimable, qu'on vient de publier sur son administration, et qui s'étend fort sur le reste, ne dit presque rien des finances. Comment le pourrait-il? Tout ce qu'on a des comptes de Richelieu (3 vol. *manuscrits*, *Bibl.*, *fonds* S. G. 354-355-356) ne comprend que quatre années (1636-38-39-40), et donne fort confusément les recettes ordinaires, poussées à 80 millions. Pas un mot de l'extraordinaire [1].

---

[1] La belle publication de M. Avenel (*Lettres de Richelieu*) étant

En 1636, quand la France fut envahie, on créa (ou plutôt on régularisa) la *taxe des gens aisés*, et les intendants mis partout en 1637, avec triple pouvoir de justice, police et finances, la levèrent en toute rigueur. Mais on ne peut douter que bien auparavant quelque chose d'analogue n'ait existé, surtout dans les passages d'armées par certaines provinces. Autrement, on ne peut comprendre comment, avec un tel déficit sur l'ordinaire, on put faire chaque année des dépenses (de guerres ou de subsides aux alliés) extraordinaires et imprévues.

De là une action variable, intermittente, quelques pointes brillantes, et des rechutes pour cause d'épuisement. On ne pouvait avoir une armée vraiment permanente.

Cela est frappant en 1629, quand Richelieu finit l'affaire des huguenots; mais, celle d'Italie restant en pleine crise, il licencie trente régiments pour en lever d'autres six mois après. De même en 1636, il licencie sept régiments en janvier « pour les refaire en juin. » Économie de cinq mois, forcée peut-être, mais

---

peu avancée encore, c'est à lui-même que j'ai demandé des renseignements. Personne, à coup sûr, ne connaît mieux cette époque. Mais nous n'avons pas de document qui éclaircisse ce point. J'ai été réduit aux trois volumes *manuscrits de la Bibliothèque*, tellement insuffisants. — L'ouvrage estimable sur l'*Administration de Richelieu*, dont je parle dans le texte, est celui de M. Caillet. M. Caillet est savant, exact, judicieux (sauf le chapitre de l'éducation auquel je reviendrai). — Du reste, ce qui fait sentir partout les embarras financiers de Richelieu, ce sont ces licenciements de troupes au moment les plus graves, mesures absurdes si elles n'avaient été commandées par la nécessité.

qui faillit perdre la France; en juillet, rien n'était refait, et l'ennemi arriva à vingt lieues de Paris.

La souffrance du grand homme d'affaires qui menait cette machine poussive à mouvements saccadés devait être cruelle. Et l'on comprend très-bien qu'il fût toujours malade. L'insuffisance des ressources, l'effort continuel pour inventer un argent impossible, d'autre part, l'intrigue de cour et je ne sais combien de pointes d'invisibles insectes dont il était piqué, c'était de quoi le tenir dans une agitation terrible. Mais ce n'était pas assez encore; vingt autres diables hantaient cette âme inquiète, comme un grand logis ravagé, la guerre des femmes, la galanterie tardive, plus la théologie et la rage d'écrire, de faire des vers, des tragédies!

Quelle tragédie plus sombre que sa personne même! Auprès, Macbeth est gai. Et il avait des accès de violence où ses furies intérieures l'eussent étranglé, s'il n'eût, comme Hamlet, massacré ses tapisseries à coups de poignard. Le plus souvent il ravalait le fiel et la fureur, couvrait tout de respect, de décence ecclésiastique.

L'impuissance, la passion rentrée, s'en prenaient à son corps; le fer rouge lui brûlait au ventre, lui exaspérait la vessie, et il était près de la mort.

Son plus grand mal encore était le roi, qui, d'un moment à l'autre, pouvait lui échapper. L'Espagne, la cour, attendaient la mort de Louis XIII. Sa femme, son frère, chaque matin, regardaient son visage et espéraient. Valétudinaire à vingt-huit ans, fiévreux, sujet à des abcès qui faillirent l'emporter en 1630, il avait beau se dire en vie, agir parfois et montrer du courage, on soutenait qu'il était mort, du moins qu'il ne s'en fallait guère.

C'était un curieux mariage de deux malades. Le roi aurait cru le royaume perdu, si Richelieu lui eût manqué. Et Richelieu savait que, le roi mort, il n'avait pas deux jours à vivre. Haï tellement, surtout du frère du roi, il devait s'arranger pour mourir avec Louis XIII. Et c'est par là peut-être qu'il plaisait le plus au roi, triste, défiant et malveillant, et qui ne l'aimait guère, mais qui toujours pouvait se dire : « Si je meurs, cet homme est pendu. »

Cette double chance de mort où ses ennemis avaient leur espoir fut justement ce qui le rendit fort et terrible. Il avait des moments où il parlait et agissait comme en présence de la mort; et alors le sublime, qu'il cherche si laborieusement ailleurs, arrivait de lui-même.

Il y touche, en réalité, dans tels passages de l'allocution qu'il tint au roi au retour de La Rochelle, pardevant ses ennemis, la reine mère et le confesseur du roi, le doucereux Jésuite Suffren.

Il y dit tout, sa situation vraie, ce qu'il a fait et ce qu'il a reçu, ce qu'il possède, ce qu'il a refusé. Il a de patrimoine vingt-cinq mille livres de rente, et le roi lui a donné six abbayes. Il est obligé à de grandes dépenses, surtout pour payer des gardes, étant entouré de poignards. Il a refusé vingt mille écus de pension, refusé les appointements de l'amirauté (40,000 francs), refusé un droit d'amiral (cent mille écus), refusé un million que les financiers lui offraient pour ne pas être poursuivis.

Il demande sa retraite, non définitive, mais momentanée; on le rappellera plus tard, s'il est encore vivant et si on a besoin de lui. Il explique très-bien qu'il est en grand danger, et qu'il a besoin de se mettre quelque temps à couvert. Veut-il se rendre nécessaire, se constater indispensable, et s'assurer d'autant mieux le pouvoir ? Si son but est tel, on doit dire qu'étrange est la méthode, bien téméraire. Il parle avec la franchise d'un homme qui n'a rien à ménager. Il ose donner à son maître, peut-être comme dernier service, l'énumération des défauts dont le roi doit se corriger. Et ce n'est pas là une de ces satires flatteuses où l'on montre un petit défaut, une ombre, un repoussoir habile pour faire valoir les beautés du portrait. Non, c'est un jugement ferme et dur, fort étudié, comme d'un La Bruyère, d'un Saint-Simon qui fouillerait à fond ce caractère cent ans après, un jugement des morts, et par un mort. Promptitude et légèreté, soupçons et jalousie, nulle assiduité, peu d'application aux grandes choses, aversions irréfléchies, oubli des services et ingratitude. Il n'y manque pas un trait.

La reine mère dut frémir d'indignation, et aussi de terreur peut-être, sentant que l'homme qui osait une telle chose oserait tout; et que, si ferme du haut de la mort, il comptait peu la mort des autres.

Le Jésuite dut tomber à la renverse, s'abîmer dans le silence et l'humilité.

Le roi sentit cela, et le reçut comme parole testamentaire d'un malade à un malade, et d'un mourant à un mourant.

Richelieu, prié, supplié, resta au ministère. Il était

difficile qu'il se retirât en pleine crise. La guerre des huguenots durait en Languedoc, et la guerre d'Italie s'ouvrait.

Richelieu, appelé par le pape, autant que par le duc de Mantoue, avait là une belle chance qui pouvait le sortir de tous ses embarras. Vainqueur de La Rochelle, s'il sauvait l'Italie, il devait espérer que le pape le nommerait en France légat à vie, comme l'avaient été Wolsey et Georges d'Amboise. Vrais rois et plus que rois, puisqu'ils unirent les deux puissances, temporelle et spirituelle.

Les concessions énormes que le pape avait faites sur les biens ecclésiastiques à l'Espagne, à la Bavière, à l'Autriche, qui en usait si mal et qui allait lâcher ses bandes en Italie, les refuserait-il à celui qui venait le défendre de l'invasion des barbares? Ces bandes, menées par leurs soldats, n'auraient pas plus ménagé Rome que celles du luthérien Frondsberg et du connétable de Bourbon.

La grande question du monde alors était celle des biens ecclésiastiques. L'événement de l'Allemagne, cette année, c'est l'*Édit de restitution*, qui les transmet partout des protestants aux catholiques. En France, le clergé, le seul riche, ne donnait presque rien. En viendrait-on à le faire financer malgré le pape ou par le pape? C'était tout le problème.

Richelieu, très-probablement, en 1626, eut la première idée. Mais, en 1629, les circonstances changées l'amenèrent à la seconde.

Il délaissa brusquement la politique gallicane qu'il avait suivie dans la grande ordonnance que son garde des sceaux, Marillac, avait compilée de toutes les ordonnances gallicanes du xvi⁰ siècle.

C'est une question débattue de savoir si Richelieu, qui abandonna cette ordonnance en 1629, l'avait conçue et provoquée en 1627. Je le croirais. Il ne ménageait guère le pape alors. Il n'excepta point le nonce de la défense générale faite aux particuliers de visiter les ambassadeurs. Le nonce en jeta les hauts cris ; c'était la première fois qu'on défendait aux prêtres de communiquer avec l'homme du pape.

Notez que l'auteur de l'ordonnance, le garde des sceaux, Marillac, et son frère, depuis ennemis de Richelieu, étaient ses créatures, et alors ses agents, à ce point que le frère fut chargé de l'affaire qui lui importait le plus, la digue de la Rochelle. On ne peut guère admettre que Marillac ait fait à cette époque une si importante ordonnance à l'insu ou contre le gré de son protecteur Richelieu.

Cette ordonnance aurait été une grande révolution. Elle fait pour les curés justement ce que fit l'Assemblée constituante; elle dote le bas clergé aux dépens du haut. Elle entreprend de couper court à l'herbe fatale et stérile qui germait partout, d'arrêter l'extension des couvents, la multiplication des moines. On réforme les monastères. On désarme le clergé en lui défendant de procéder par censures contre les juges laïques. On ordonne aux juges d'église de procéder en français.

Dans un acte du même temps, Richelieu, sans oser retirer au clergé les registres de morts, naissances et mariages, lui adjoint des contrôleurs laïques, qui, de leur côté, publieront les bans à la porte des églises.

Que devait attendre Richelieu de son ordonnance gallicane[1]? Qu'apparemment les gallicans, pleins d'enthousiasme, les parlementaires saisis de reconnaissance, se déclareraient pour lui, et qu'à la faveur de ce beau mouvement il entrerait aux Hespérides qui avaient fait tout le rêve du xvı^e siècle, la participation de l'État aux biens ecclésiastiques.

Mais, en réformant le clergé, il entreprenait aussi de réformer la justice. Opposition des parlements. Résistance des gallicans au projet le plus gallican.

---

[1] Quand il la fit faire par Marillac, elle était tout à fait en harmonie avec ses actes d'alors, l'invasion de la Valteline, la reconstruction de la Sorbonne, la défense de communiquer avec le nonce, etc. En janvier 1629, il la fit recevoir au Parlement, voulant montrer encore les dents au pape, lorsqu'il allait le secourir, afin de le convaincre d'autant mieux de la nécessité de gagner un homme à la fois si utile et si redoutable, qui, dans un pli de sa robe, apportait la guerre et la paix. Le sens était : « Je maintiens l'ordonnance, prêt à la sacrifier si l'on me fait légat à vie. » Il paraît que la cour de Rome sut le leurrer un an de plus, et tirer de lui un démenti de l'ordonnance gallicane, la démarche violente contre Richer, vieux chef des gallicans. Cette démarche publique semblait river pour toujours Richelieu dans l'ultramontanisme. Rome alors se moqua de lui, croyant qu'il ne pourrait changer. Mais il changea encore en 1638, quand il lança Du Puy et son livre des *Libertés gallicanes*. Court moment, il est vrai. Il ne pouvait lutter sérieusement contre Rome, sans troubler la conscience d'un roi si maladif, craintif de la mort, de l'enfer.—J'insiste sur ces *contradictions successives* de Richelieu et aussi sur ses *contradictions simultanées* (par exemple, ses trois traités en sens contraires d'avril 1631, V. plus loin). Personne n'a cherché davantage à sauver l'apparence, à garder la fière attitude d'un homme tout d'une pièce et d'immuable volonté. Le fameux *Testament*, les

Richelieu, à ce moment, était au comble de la gloire. En réalité, la victoire lui appartenait à lui seul. Il avait vaincu non-seulement la Rochelle et les huguenots, mais les ennemis des huguenots, la cour, les parlements, les grands seigneurs, la reine mère. Tous l'avaient poussé à la chose, et tous l'y avaient délaissé. Le clergé même, en cette guerre qui était proprement la sienne, donna peu, et recula vite. Les saints, le trop ardent Bérulle, qui, par visions, prophéties, par raisons et par déraisons, avaient travaillé dix ans la croisade, l'entravèrent précisément quand elle fut engagée.

Nos Jésuites français, qui d'abord attaquaient Richelieu (par le fou Garasse), de concert avec ceux de

---

longs et laborieux *Mémoires*, sont combinés pour cet effet. Ils réussissent à donner l'admiration et le respect du grand labeur, de l'effort soutenu d'un homme qui fait route à travers tant d'obstacles; mais ils ne trompent nullement sur la fixité de sa politique. — Les *Mémoires*, bien examinés, discutés et serrés de près, faiblissent spécialement en trois points essentiels : 1° ils exagèrent les forts petits succès des campagnes d'Italie, si misérables en comparaison des conquêtes du XVIe siècle. Ici, quels résultats? On secourt Casal, on prend Pignerol, on laisse périr Mantoue, et on se coule à fond dans l'opinion des Italiens. L'effet du *Pas de Suse* eût été grand, si l'on n'eût, sur le champ, rentré en France et bientôt licencié trente régiments. — 2° Les *Mémoires* feraient croire que Richelieu, de bonne heure, agit sérieusement avec Gustave (ce qui est faux, il ne pensait alors qu'au Bavarois). Ils feraient croire du moins qu'il lui procura sa trêve de Pologne. Mais tout le monde y travaillait, surtout la Hollande ; et le seul qui réussit, ce fut Gustave, par une victoire qui découragea les Polonais. — 3° Richelieu s'efforce d'obscurcir, d'abréger, d'effacer ce qui, au fond, est le plus admirable en lui, sa lutte désespérée contre l'intrigue espagnole des deux reines.

Vienne, se rattachèrent bien vite à lui, au succès et à la victoire. La haute direction du *Gesù* de Rome vit sans peine cette dissidence apparente de l'ordre, et trouva bon d'avoir des Jésuites dans les deux camps, chez l'Empereur et contre l'Empereur. Ceux d'Autriche guerroyèrent avec l'épée impériale et inondèrent l'Allemagne de sang. Ceux de France conquirent pacifiquement, avec l'appui de Richelieu ; ils confessèrent et enseignèrent partout. Il étrangla pour eux la défaillante université de Paris.

Nos Jésuites, moins guerriers d'action que ceux d'Allemagne, l'étaient autant d'esprit. L'âme d'Ignace, romanesquement aventurière autant que patiente et rusée, vivait toujours dans l'ordre. Plusieurs, dans leurs chambrettes de la maison professe rue Saint-Antoine, créaient des flottes, des armées sur papier. D'autres, au grand collége de la rue Saint-Jacques, la verge en main, faisaient la guerre aux hérétiques absents, sur le dos de leurs écoliers. Rome répondait peu à cette ardeur guerrière. Sa piètre politique de neveux ne menait pas à grand'chose. Quand Sixte-Quint lui-même avait pris de si mauvaise grâce l'invincible *Armada*, que pouvaient espérer ces belliqueux Jésuites du Barberino Urbain VIII et des neveux Barberini? Richelieu, au contraire, après le coup de la Rochelle, était exactement l'idéal, le messie de leur désir, le prêtre militant, le prêtre cavalier, n'ayant d'aides de camp que des prêtres, et pour arrière-garde et réserve mettant partout des régiments jésuites. Par lui, ils firent leur entrée triomphale à La Rochelle, plus tard dans toutes les villes huguenotes du Languedoc et de Poitou. Il les fourra aux armées mêmes, « pour donner des remèdes et des bouillons aux soldats. »

Il s'imaginait avoir conquis l'ordre. A tort. Les Jésuites confesseurs du roi furent presque toujours contre lui. Dans les Jésuites écrivains, il eut quelques fanatiques, qui l'auraient voulu à tout prix chef de l'Église de France, légat du pape *à latere*, à vie. Un ou deux poussèrent si loin cette passion, qu'ils écrivirent que Paris pouvait avoir un patriarche, aussi bien que Constantinople (1638).

Vers 1629, tous les ordres religieux, moins un (l'Oratoire, créé par Bérulle), semblaient ralliés au cardinal ministre. Les Carmélites elles-mêmes, amenées ici et dirigées par Bérulle, à sa mort, prièrent Richelieu d'être leur protecteur. Il devint en réalité celui des Bénédictins de Cluny, de Cîteaux, de Saint-Maur; celui des Prémontrés. Il s'occupait très-spécialement des Mendiants, des Dominicains et des Carmes, les favorisait fort dans leurs affaires. Plusieurs de ses meilleurs espions, aux crises décisives, lui furent fournis par ces deux derniers ordres.

Grande tentation pour un ministre si attaqué, si menacé, à qui les fonds manquaient pour organiser la police, que de trouver dans tous ces moines une police officieuse! Partout, leur confessionnal devint pour Richelieu un vrai trésor d'informations.

Les ordres voyageurs, ceux qui, sous vingt prétextes (mendicité, prédication, missions, etc.), couraient, rôdaient, vaguaient, étaient les diverses familles encapuchonnées de saint François, Mineurs, Minimes,

Capucins. En eux, il trouva des agents pour les affaires extérieures, pour son espionnage d'Espagne, de Méditerranée. Le chef de cette administration équivoque était le fameux Du Tremblay, le Capucin Joseph, vieilli dans la diplomatie, homme très-dangereux, qui servit longtemps Richelieu, mais qui faillit le perdre. Il avait le goût, le talent de la police; tous les espions lui rendaient compte, et par son frère, gouverneur de la Bastille, le Capucin avait sous la main les prisonniers d'État. Sans admettre la part exagérée que ses biographes lui donnent dans la destinée de Richelieu, il est certain que Joseph avait contribué à son élévation, et qu'il eut longtemps sous lui un grand pouvoir. Les apparences pauvres et austères du Capucin imposaient fort à la simplicité de Louis XIII, qui même lui confia quelquefois ses petites affaires personnelles. Richelieu, dont les mœurs furent souvent attaquées, tirait quelque avantage de cette couleur monastique d'un gouvernement de capucins, et par-devant l'Europe catholique et surtout près du roi.

Dès 1625, Joseph fut l'auxiliaire de Richelieu, vivant dans son palais et dans son appartement même. En 1631, il fut tout à fait sous-ministre, ayant quatre capucins pour chefs des quatre divisions de son département.

Le curieux, c'est que ce politique avait eu pour vocation primitive l'idée d'une poétique croisade d'Orient, qu'il fit, du moins en vers, sous le titre baroque de la *Turciade*. La croisade eût été exécutée par un nouvel ordre de chevalerie, qui, chemin faisant, eût conquis l'Allemagne. Toute cette chevalerie aboutit à une simple mission de Capucins espions, que dirigeait le père Joseph vers l'Orient et dans tous les pays ennemis de la maison d'Autriche.

Par une alliance bizarre de tendances contradictoires, sous l'homme de police, il restait du poëte, du rêveur chimérique. Le père Joseph avait grande confiance dans un fou de génie, le Dominicain de Calabre, Campanella, qui, tenu vingt-sept ans dans les prisons espagnoles de Naples, écrivit là sa *Cité du Soleil*, plan de communisme ecclésiastique. Campanella, élargi en mai 1626, mais toujours en danger et poursuivi des Espagnols, fut révéré des nôtres comme ennemi capital de l'Espagne et comme oracle d'une politique nouvelle, plus hardiment machiavélique que Machiavel. Il se mêlait aussi d'astrologie. Quand Richelieu fut près de marier Monsieur à mademoiselle de Montpensier (origine première de la grande fortune des maisons d'Orléans), il hésitait, sentant qu'un tel colosse de propriété ferait ombre au trône même et diviserait la France. Le père Joseph, dit-on, obtint de lui de consulter Campanella, alors à Rome. Et l'oracle aurait répondu : *Non gustabit imperium in æternum.* Il ne sera pas roi de toute l'éternité.

Richelieu dit que Campanella lui fit donner en 1631 un avis essentiel à sa sûreté. Il vint en France en 1635. Il y vécut trois ans dans son cloître des Jacobins de la rue Saint-Honoré, et y fut visité, consulté de Richelieu, probablement vers 1638, au moment où le ministre aux abois sembla près de se jeter dans une politique révolutionnaire.

Mais tout cela est loin encore, et c'est à tort qu'on

montre le cardinal comme déjà entré dans ces idées audacieuses dix ans plus tôt, en 1628.

Vainqueur de la Rochelle à cette époque, très-vivement adopté des moines (comptant être légat pour prix de la campagne qui allait sauver l'Italie), il fut réellement et sincèrement dans une politique catholique. Le chef qu'il eût voulu à l'Allemagne, c'était le catholique duc de Bavière, s'il avait pu l'opposer à l'Autriche. Il fallut deux années pour qu'il se décidât à l'alliance du protestant Gustave, qui servit de prétexte à Rome pour lui refuser tout. La politique qu'il suivit ces deux ans, malgré l'éclat de deux pointes brillantes en Italie, n'aboutit pas. Le Bavarois craignait trop de se compromettre. Et la prophétie de Gustave-Adolphe finit par se vérifier : « Vous ne pourrez sauver Mantoue. »

CHAPITRE III

LA FRANCE NE PEUT SAUVER MANTOUE

1629-1630

L'éclipse de la France, pendant deux ans qu'elle passa én maçonnage, à murer La Rochelle, profita à nos ennemis. Le Danois et la ligue protestante succombèrent. Le vieux chef héroïque des marches turques, Bethlem Gabor, mourut bientôt. Leurs meilleurs hommes passèrent, des deux armées dissoutes, dans l'armée impériale. L'Espagne, notre alliée menteuse qui daignait nous tromper en 1627, n'en prend même plus la peine. De concert avec l'Empereur, elle travaille à force ouverte à déposséder un Français, le duc de Nevers, très-légitime héritier de Mantoue et du Montferrat.

Petits pays, mais grandes positions militaires. La seconde (et sa forteresse Casal), une clef des Alpes. La première, je veux dire Mantoue, la capitale des Gonzague, l'une des plus importantes places fortes de l'Europe, couvrait à la fois le pape, la Toscane et les Vénitiens. Le déluge barbare des armées mercenaires qui, d'un moment à l'autre, pouvait inonder l'Italie, devait d'abord heurter Mantoue, renverser cette digue. Ajoutez, ce qu'on ne voit guère dans les places fortes, que celle-ci, sous les Gonzague, profitant de toutes les ruines, abritant les arts fugitifs, concentrant les chef-d'œuvres ainsi que les richesses, était devenue un trésor, un musée; c'était, avec Venise, le dernier nid de l'Italie.

L'Espagne avait certes le temps et la facilité de prendre Casal et Mantoue. Richelieu et le roi étaient à la Rochelle. Et qui était au Louvre en 1628? Qui régnait effectivement? L'intime alliée de l'Espagne, la reine mère, son conseiller Bérulle, qui voulait qu'on livrât Casal. Ajoutez la jeune reine espagnole, Anne d'Autriche, l'*inamorata* de Buckingham, galante et paresseuse, que ses dames intrigantes avaient mise partout dans la coalition d'Espagne et d'Angleterre, de Savoie et Lorraine, en 1627. Les deux reines étaient pour l'Espagne; si elles n'osaient agir, elles pouvaient paralyser tout.

Richelieu, sans quitter le siége, ni seconder encore directement le duc de Nevers, avait favorisé ses efforts personnels. Nevers était parvenu à lever en France douze mille hommes qu'on lui menait en Italie (août 1628). Mais le pieux Bérulle, qui rêvait avant tout un bon accord entre le roi catholique et le roi très-chrétien, craignit qu'un succès de Nevers ne fâchât trop les Espagnols et n'empêchât la paix. Il fit écrire par la reine mère à Créqui, gendre et successeur du roi du Dauphiné (Lesdiguières), de faire manquer l'expédition. Créqui refusa les vivres et les facilités que Nevers espérait. La désertion se mit dans cette armée trahie. Elle fut surprise à la frontière par les Espagnols et le Savoyard, beau-frère de Louis XIII. Bref, elle rentra, se débanda. Richelieu n'y put rien. La Rochelle le tint jusqu'en novembre. Tout fut remis à l'autre année.

Ainsi Marie de Médicis donna une armée à l'Espagne pour écraser la France en Italie.

Richelieu, revenu si fort, fut prié par le roi de rester au pouvoir; la reine mère ne souffla mot. Elle attendit qu'il fût aux prises en Italie pour agir encore par derrière. Il l'avait bien prévu, compris qu'on empêcherait tout, s'il n'emmenait le roi avec lui. Il l'enleva, pour ainsi dire, le 4 janvier 1629, en plein hiver, l'enleva seul, sans souffrir que personne l'accompagnât, pas un courtisan, pas un conseiller qui pût lui travailler l'esprit.

Il remettait beaucoup à la fortune. La peste était sur toute la route; le froid très-vif. Si ce roi, de santé si faible, tombait malade, quelle responsabilité! Ajoutez que l'argent manquait. Il n'avait que deux cent mille francs qu'il envoya de Paris. Est-ce avec cela qu'on nourrit une armée? Toute sa richesse était le roi. Il supposait que la présence du roi, son danger personnel à passer les Alpes en hiver, arracheraient des provinces voisines les secours nécessaires. Créqui en Dauphiné, Guise en Provence, devaient tout préparer : Créqui aider le passage des monts, Guise amener la flotte. Il y eut entre eux une entente admirable pour ne rien faire, pour obéir, non pas au roi, mais à sa mère, c'est-à-dire à l'Espagne. Les intendants n'agirent pas davantage. Le parlement de Dauphiné mit ce qu'il put d'obstacles aux approvisionnements. Point de vivres, point de mulets, point de canons, point de munitions. Chaque soldat n'avait que six coups à tirer. Et Richelieu persévéra. Il ramassa le peu qu'il put de vivres, et se présenta au passage. Il avait deviné d'un sens juste et hardi que le Savoyard prendrait peur et qu'il n'y aurait rien de sérieux.

Le fourbe croyait nous amuser. Il était pour nous, disait-il, mais il lui fallait du temps pour se dégager des Espagnols. Ce temps, il l'employait à élever des barricades à Suse, de fortes barricades, large fossé, gros mur. Derrière, trois mille hommes, bien armés. Une saison encore très-mauvaise; partout la neige (6 mars 1629). On attaqua gaillardement de face; et, ce qui fit plus d'effet, c'est que les Savoyards virent derrière eux les pics couverts de montagnards français.

Cela finit tout, et le roi passa. Il envoya dire poliment au duc, son bon parent, qu'il avait été désolé de le battre, qu'il ne demandait que de passer, d'avoir des vivres en payant, de pouvoir ravitailler Casal. Ce qui se fit en effet.

L'affaire surprit l'Europe et fit honneur au roi, qui, de sa personne et en cette saison, avait frappé ce coup, tandis qu'aucun roi (moins un, Gustave) ne sortait de son repos. L'empereur et le roi d'Espagne, par exemple, qui guerroyaient toujours, partout et si cruellement, ne bougeaient de leur prie-dieu.

L'effet moral aurait été très-grand si le roi avait pu rester en Italie. Mais il n'y laissa que cinq mille hommes, et en sortit. Ce furent, au contraire, les impériaux qui y entrèrent à ce moment (24 mai 1629). Ces bandes barbares tant redoutées, contre lesquelles le pape nous avait appelés d'avance, ce fut, tout au contraire, notre courte apparition de six semaines qui accéléra leur invasion. Ils saisirent les Grisons, les passages essentiels qui liaient les États autrichiens avec le Milanais des Espagnols.

Le roi était rentré en France, dès le 28 avril, pour achever la guerre protestante. On concentra cinquante mille hommes autour de Rohan aux abois, qui n'en avait pas douze mille, et qui tomba (3 mai 1629) à 'expédient misérable, criminel, inutile, de conclure avec l'Espagne un traité d'argent qu'on ne paya point. Les victoires de l'armée royale se bornèrent au massacre de la garnison de Privas, qui offrait de se rendre, et qu'on égorgea. Des bourgeois mêmes, bon nombre furent pendus, tous dépouillés, leurs biens confisqués. Cet exemple barbare eût été répété sur d'autres villes si l'affaire d'Italie, plus brouillée que jamais, n'eût donné hâte de finir la guerre. Elle fut conclue le 24 juin 1629, sous la condition de démanteler toutes les villes protestantes.

Richelieu, en quittant le Languedoc, recommanda la modération. Mais en même temps il établit partout d'ardents convertisseurs qui suivirent bien peu ce conseil, des Jésuites surtout, des Capucins. Cette paix victorieuse, ces fondations de missions, le firent à ce moment l'idole du parti. Les évêques (une fois il en eut jusqu'à douze) venaient sur toute la route lui faire leur cour, et reconnaître leur chef et le futur légat.

Tout cela n'empêchait pas les impériaux de réussir en Italie. En Allemagne, la situation était chaque jour plus effrayante. Le Danois n'avait eu la paix qu'en sacrifiant honteusement ses alliés; notre envoyé n'y vint que pour être témoin de ce traité qui désarmait l'Allemagne. Richelieu se moque de nous en prétendant que ce fut le roi de France qui eut l'*honneur* de cette honte.

On sent ici, comme partout, que ce lent, lourd, prolixe échafaudage de sagesse diplomatique qui caractérise ses Mémoires, comme tant d'autres monuments de ce siècle bavard, n'a rien de sérieux. Un hasard immense plane sur les choses.

Il obscurcit, à force de paroles, des faits très-simples qui sautent aux yeux et dominent tout.

Waldstein grossissait d'heure en heure et ne pouvait plus s'arrêter. Du Danois détruit, du Hongrois fini, d'immenses recrues lui étaient venues, et plus qu'il ne pouvait en nourrir. Son armée, pleine d'armées, allait crever. Pour allégement, on avait envoyé un corps en Italie, on en prêtait un à la Pologne, et on faisait sans cesse filer des troupes sur le Rhin. La grosse masse restait vers la Baltique, comme une baleine énorme sur le rivage. Mais cette situation ne pouvait pas se prolonger. En mangeant un pays mangé, on ne trouvait plus rien. Et le grand marchand d'hommes allait être forcé d'être un conquérant, ou de périr. Cette superbe comédie d'un esprit ou d'un diable, invisible et muet, dans ce camp silencieux, il fallait qu'elle finît. Il était resté deux ans sans rien faire qu'un siége qui manqua (Stralsund). Il avait eu le temps d'étudier à fond la *Grande Ourse*, les étoiles du Nord. La faim, irrémissiblement, allait le tirer de sa contemplation, et, quoiqu'on dît qu'il voulait passer la Baltique, il n'aurait trouvé là-bas rien à manger que rocs et neiges, il eût fallu toujours qu'après une pointe en Suède, il retombât sur les pays qui pouvaient le nourrir, sur le Rhin, sur les riches villes impériales, sur Strasbourg et le gras évêché de Metz qui le menait en France. Un fou brillant, le duc de Lorraine (à qui nos reines envoyèrent un bonnet de fou), épris de la vie d'aventures, appelait le fléau sur son pays. Et les scélérats étourdis qui menaient Monsieur, frère du roi, l'avaient mis en rapport de lettres avec Waldstein lui-même, jouant au jeu horrible de ramener en France, dans les champs de Châlons, cette armée d'Attila.

Que faisait la France pendant que les bandes allemandes occupaient Worms, Francfort, la Souabe, puis les environs de Strasbourg, puis même un fort dans l'évêché de Metz? La France désarmait. Richelieu, en août 1629, licencie trente régiments, faute d'argent apparemment.

Il s'indigne de la démarche qu'on fit faire au roi près de l'Empereur, pour obtenir de sa bonne grâce l'investiture de Mantoue. Mais cette démarche n'était-elle pas conséquente, au moment où l'on désarmait?

Qu'arriva-t-il? L'effet du *Pas de Suse* se trouva tellement perdu, que l'Empereur exigea que le roi, avant de savoir sa sentence, quittât l'enjeu d'abord, livrât ce qu'il tenait, Casal. Et, d'autre part, ceux qui voyaient nos misérables variations, qui voyaient Richelieu occupé de sa guerre intérieure contre sa vieille amante, Marie de Médicis, occupé d'apaiser Monsieur à force d'argent, enfin, le pauvre roi pleurant à chaudes larmes entre son ministre et sa mère, ceux, dis-je, qui voyaient ce tableau d'intérieur, n'avaient garde de s'avancer pour nous, pour être abandonnés demain. L'Italie n'osa rien. Le pape n'osa rien. La Bavière n'osa rien. Et pas même les Suisses, pour protéger leurs propres membres, les Grisons. Qui donc ralentissait les barbares en Italie? La peste seule.

Je dis les barbares, et non les impériaux. Car, avec leur drapeau impérial, ces bons alliés et cousins de l'Espagne s'en allèrent tout droit piller la terre d'Espagne, le Milanais. De là, méthodiquement, ils devaient manger les États vénitiens, le Mantouan, s'assouvir sur Mantoue. Le duc et Venise, notre pauvre unique alliée, agonisaient de peur, et demandaient au roi du moins une parole, la promesse qu'il les défendrait. Le roi ne disait mot.

Richelieu prétend avoir pris de grandes précautions, mais quelles? 1° *Menacer la Savoie* pour qu'elle menaçât l'Espagne. Mais l'Espagne n'eût pu arrêter les barbares; 2° *Pousser la Bavière* à organiser contre l'Empereur une résistance catholique. Mais qu'eût fait l'Empereur? Il n'eût pu arrêter ni Waldstein vers la France, ni les brigands qui allaient à Mantoue;

3° *Ménager la paix au Suédois et le mettre en état d'agir.* La Hollande y travaillait aussi, et une victoire de Gustave sur les Polonais y fit plus que nos négociations. Une trêve fut signée le 15 septembre 1629. Gustave put, dès lors, songer à intervenir dans les affaires d'Allemagne. Ses préparatifs prirent *huit mois* (jusqu'en juin 1630). Et, pour *huit mois encore*, il n'agit qu'au bord de la Baltique. Donc, les impériaux eurent plus d'un an pour inonder la France, saccager l'Italie.

Quelles forces avait la France? Six régiments de recrues en Champagne (8,000 hommes), et neuf (12,000) de vieux soldats que Richelieu mena aux Alpes.

Waldstein avait 160,000 hommes, les plus aguerris du monde; et cela seulement sous sa main. Mais toutes les bandes campées sur le Rhin, même en Pologne, même en Italie, lui seraient venues à coup sûr, s'il eût signalé une grosse proie, comme la France à ravager, le pillage de Paris.

Aussi, cette fois, le roi resta au nord, et Richelieu, nommé son lieutenant, alla, connétable en soutane et généralissime, frapper encore un petit coup aux Alpes. Il en était comme dans ces éducations de prince où, chaque fois que le prince manquait, on fouettait son camarade. Si l'Espagne ou l'Empereur agissaient mal en Italie, on fouettait le Savoyard qu'on avait sous la main. On se gardait bien d'aller chercher en plaine des batailles de Pavie.

Richelieu improvisa encore l'hiver cette campagne avec une activité, une vigueur admirables. Il y était intéressé.

S'il eût pu cette fois, par quelque moyen indirect, et sans quitter les Alpes, faire rétrograder les barbares, le pape lui eût sans doute (il l'espérait, du moins) donné ce titre bienheureux de légat à vie, qui l'eût fait roi de l'église de France, et consolidé, éternisé dans les ministères. Aussi, son premier soin, en décembre, avant le départ, fut de forcer Richer, le célèbre doyen de l'Université, à se soumettre au pape et renier sa foi gallicane. Il était fort âgé. Le père Joseph alla, dit-on, pour terroriser le pauvre homme, jusqu'à la comédie de montrer des poignards, de dire qu'il fallait signer ou mourir.

Richelieu emmenait, comme hommes d'exécution, des généraux qu'il croyait sûrs, Montmorency, Schomberg. Comme le vieux duc de Savoie, notre parent et ennemi, était toujours la pierre d'achoppement, le cardinal avait imaginé d'abréger tout en le prenant au corps, le faisant enlever dans sa villa de Rivoli. L'affaire manqua par la chevalerie de Montmorency, qui devait faire le coup et qui avertit le duc. Alors on fit des siéges, on prit Pignerol, et, plus tard, Saluces, deux bonnes petites places. Mais on ne put entrer bien loin dans l'Italie.

Ce n'était pas ces petits succès-là qui pouvaient sauver Mantoue, et l'honneur de la France. Nos ennemis étaient aidés admirablement par la ligue des trois reines, de France et d'Angleterre. Henriette, de plus en plus maîtresse de Charles Ier, le livrait à l'Espagne, lui faisait demander la paix aux Espagnols, dès lors d'autant plus fiers et plus insolents pour la France. Au Louvre, Marie de Médicis avait repris son fils, et, lorsque Richelieu obtint que le roi viendrait à l'armée,

Marie et Anne d'Autriche le suivirent, s'établirent à Lyon pour ralentir et paralyser la guerre.

Le prétexte des reines était très-bon. Elles craignaient pour la vie du roi. Une peste épouvantable avait éclaté en Italie (celle que Mansoni peint dans les *Promesi Sposi*). Elles priaient, suppliaient le médecin Bouvard de garder son malade contre Richelieu qui l'entraînait. Louis XIII poussa à Chambéry, à Saint-Jean-de-Maurienne; la Savoie fut prise, comme toujours. Mais tout cela ne sauvait pas l'Italie. Les reines et le conseil, leur homme, le garde des sceaux Marillac, vieux dévôt, amoureux, qui traduisait l'*Imitation* et couchait avec la Fargis (la confidente d'Anne d'Autriche), toute cette cour travailla si bien, que le roi revint de Savoie. On lui rappela le danger de la Champagne, danger fort diminué pourtant, Gustave ayant débarqué le 20 juin en Allemagne et inquiétant les impériaux. N'importe, avec cela, on fit traîner les choses. L'armée du roi ne passa en Italie que le 6 juillet, trop tard pour y rien faire de grand, assez tôt pour apprendre la prise de Mantoue (18 juillet 1630).

Richelieu rejette sur Venise la faute du honteux et horrible événement. Cependant, par deux fois, elle avait ravitaillé la ville assiégée. Mais qu'était-ce que Venise alors? et comment lui reproche-t-on de n'avoir pu ce que le Roi de France lui-même ne pouvait? Il y avait fait passer furtivement trois cents hommes. Voilà un beau secours! Il est évident qu'au milieu de la peste et de tant de misères les nôtres se serrèrent aux Alpes, et n'allèrent pas voir au visage les vieux soldats, les brigands redoutables, qui tenaient Mantoue à la gorge. Les Vénitiens y allèrent, furent battus. C'était le sort des Italiens. Leurs Spinola, leurs Piccolomini, leurs Montecuculli, firent, en ce siècle, la gloire des armées étrangères. Mais, en Italie même, ils ne pouvaient plus rien, sur cette terre de désorganisation et de désespoir.

Il y avait quinze mois que les brigands avaient pris possession de l'Italie, qu'ils mangeaient en long et en large, sans distinction d'amis ou d'ennemis. Ils avaient désolé les Alpes des Grisons et la Valteline, cruellement écorché au passage le Milanais, les États Vénitiens; et alors ils étaient à sucer lentement l'infortuné pays de Mantoue, la campagne de Virgile. Altringer et Gallas, deux chefs de partisans, savants maîtres en ruines, qui déjà avaient longuement pillé l'Allemagne, appliquaient leurs arts effroyables aux populations plus désarmées encore de l'Italie. Le paysan endura tout; les pillages, les coups et les hontes, et souvent la mort par dessus, pour une larme ou pour un soupir. Le grand vengeur des guerres, la peste, impartiale, était venue ensuite, fauchant et les uns et les autres, les tyrans, les victimes. Le camp barbare se dépeuplait, et, d'autre part, Mantoue perdit vingt-cinq mille âmes. Les vivres n'y manquaient plus pour une population tant diminuée. La peste avait fait l'abondance. Mais, en revanche, il y avait peu, bien peu de soldats pour garder son enceinte immense. Le lac couvrait, il est vrai, la ville, et ses longues chaussées étroites où l'on n'arrive qu'un à un. Mais, le 17 juillet 1630, les assiégeants, apprenant que notre armée, le 6, était enfin en Italie, voyant le roi derrière et croyant (bien à tort) que ce nouveau François Ier irait en plaine se joindre aux Vénitiens, sortirent de leur torpeur; ils quittèrent leur camp, un cimetière, pour attaquer l'autre cimetière, qui était la ville. La nuit, par une belle lune, ils passent en barques, attaquent sur un point, en surprennent un autre, mal gardé. Le duc de Mantoue capitule, se sauve, lui et sa fille, laisse son peuple.

Y avait-il un peuple encore? Trop nombreux malheureusement. Si les rues paraissaient désertes, c'est que les familles malades, ou dans l'agonie de la peur, s'étaient blotties aux greniers ou aux caves, dans les coins des palais. Les brigands surent bien les trouver. On fit la chasse aux hommes. Les pauvres, généralement, avaient déjà échappé par la mort. Ce furent les riches, les nobles, des gens heureux longtemps, d'autant plus vulnérables, qui endurèrent le long supplice. La molle délicatesse de l'Italie, les hommes de l'*Aminte* et du *Pastor fido*, les princesses du Tasse, s'évanouirent devant la face atroce d'un rustre roux, endurci vingt ans à tuer. Que dire à ces bourreaux? Les madones vivantes furent aussi maltraitées que celles des musées que ces stupides jouèrent à mettre en pièces, au lieu d'en tirer des millions. La religion ne sauva rien. Les églises furent violées. Tout cela sous le drapeau catholique de l'Empereur, qui avait épousé une princesse de Mantoue.

Une singularité d'horreur qui ne s'est vue nulle part, c'est que cela ne se passa pas sur une ville résistante, ni même sur une ville vivante, mais sur la population dispersée, gisante, immobile, d'une capitale demi-déserte. Tout se fit en grande paix, dans le calme et le silence, sauf quelques cris de femmes ou ceux du patient qu'on *chauffait* pour qu'il dît où était son argent. Ils eurent toute sécurité et tout le temps, trois longs jours, trois affreuses nuits, pour torturer lentement, outrager à loisir. Et, quand on croyait avoir épuisé tout, d'autres venaient, bourreaux tout neufs, pour recommencer de plus belle. Ils ne respectèrent rien, pas même la peste, et désespérèrent les mourantes, au risque de mourir demain.

CHAPITRE IV

LUTTE DE RICHELIEU CONTRE LES DEUX REINES[1]

Juillet-Octobre 1630

Richelieu, trop évidemment, dans l'Europe catholique et le monde des honnêtes gens, seul, était l'ennemi. Sans lui, tout était paix profonde, ou du moins on ne demandait qu'à se réconcilier. C'est ce que le duc de

---

[1] La sécheresse des Mémoires est ici surprenante. Richelieu court comme sur du feu. Bassompierre, Brienne, Mareuil, Gaston, donnent quelques détails accessoires, extérieurs, et point du tout le fond. Nul moyen de comprendre la *crise de Lyon* ni la *journée des dupes*. Après cette journée (10 novembre 1630), on tire le rideau, on fait semblant de croire qu'elle finit tout, et l'on ne dit plus *rien pendant cinq mois*, sauf la fuite de Gaston et le traité de Suède. Ce traité sert de remplissage ; on le place en janvier, quoiqu'il n'ait été alors que rédigé, projeté ; il ne fut conclu qu'en avril. Ce silence de cinq mois, d'*une demi-année presque*, est évidemment convenu. C'est un mystère d'État.
Par un arrangement tacite, chacun a mieux aimé éluder, es-

Savoie fit dire au Roi. C'est ce qu'insinuait le pape, devenu le compère des Espagnols et de l'Empereur, depuis leur horrible succès de Mantoue. C'est, enfin, ce que vint dire à Louis XIII l'envoyé des deux reines,

quiver. Cela rend curieux. Mais, très-probablement, ce sont choses terribles et périlleuses.

Richelieu cependant avait la mauvaise habitude d'écrire, d'écrire toujours. Il ne rédigeait pas tous les soirs exactement, comme Mazarin, une note des faits de la journée. Il s'est fié généralement à la grosse compilation de ses Mémoires qu'il faisait faire. Mais, pour cette période si grave dont ses Mémoires parlent à peine, il ne s'est fié qu'à lui-même. Un terrible petit journal, écrit par lui, en est resté. Il a été publié en 1649.

Comment cette pièce fut-elle déterrée, publiée? Je suppose qu'au moment où Condé se brouilla avec la cour, à la fin de 1649, et se lia intimement avec l'héritier de Richelieu (en le mariant), qu'à ce moment, dis-je, Condé reçut de ce jeune duc le redoutable manuscrit de famille, et le lança dans le public par les imprimeurs hardis de la Fronde.

Son authencité ne peut pas être contestée. 1° Quoique ce soient de simples notes sèches et brèves, parfois obscures, quand on a beaucoup lu Richelieu, il est impossible de l'y méconnaître. Les faiseurs de la Fronde eussent fait un livre piquant; mais, entre eux tous, ils eussent travaillé des années sans rien faire qui, de près ou de loin, rappelât ce terrible petit livre. — 2° C'est un *memento* personnel, extraordinairement sérieux, d'un homme d'action qui se parle à lui seul; il est si occupé du fond, si inattentif à la forme, qu'il en oublie la grammaire; souvent il commence par la première personne, il dit *je*, puis il continue par la troisième, et dit *le cardinal*. — 3° Les rapports d'espions et de gens gagnés qui lui révèlent les détails d'intérieur font penser aux pièces de police qu'on trouva au 9 thermidor chez Robespierre. Mais ce qui ajoute aux révélations qu'obtient Richelieu un caractère bien plus naïf, inimitable et impossible à feindre, ce sont les mots imprudents de la reine, ses échappées colères, ses petites bouderies, les faiblesses, les violences par lesquelles elle se perdait. — 4° Non-seulement les faits dominants y sont fortement indiqués, mais on

Valençay, un homme très-brave, fort bien choisi pour un conseil de lâcheté.

Tous étaient pour la paix. Thoiras, qui défendait Casal, disait qu'il ne pouvait plus tenir. Nos généraux, d'Effiat, Montmorency, sauf un brillant combat,

y trouve marquées de légères nuances, peu importantes pour le résultat total de l'histoire, fort importantes pour la critique qui y sent le détail vivant et le trait précis de la vérité (par exemple, la malveillance que les reines, liguées contre Richelieu, gardaient l'une pour l'autre, p. 34 de l'éd. des *Archives cur.*, t. V). — 5° Enfin, ce qui est bien plus décisif que tout détail, c'est la force avec laquelle cette pièce essentielle vient juste s'encastrer dans la lacune, et s'adapter par tous ses angles aux angles précis du lieu vide, lequel, si vous ne l'y mettez, restera comme un trou impossible à combler, et, bien plus, une énigme irrémédiablement obscure.

Maintenant la reine avorta-t-elle réellement, comme les médecins et les femmes de la reine le dirent à Richelieu, ou l'enfant vécut-il? Dans cette dernière hypothèse, il faudrait faire remonter bien plus haut le commencement de la grossesse. Cet *aîné* de Louis XIV aurait pu être alors le fameux *Masque de fer*. L'histoire de celui-ci restera probablement à jamais obscure. Des écrivains, du reste fort légers, de peu d'autorité (Delort, Madame de Campan, etc.), en ont parlé, je crois, pour l'obscurcir et pour donner le change. On en pensera ce qu'on voudra. Mais on ne me fera pas croire aisément qu'on eût pris des précautions tellement extraordinaires, qu'on eût gardé à ce point le secret (toujours transmis du roi au roi, et à nul autre) si le prisonnier n'avait été qu'un agent du duc de Mantoue! Cela est insoutenable. Si Louis XVI dit à Marie-Antoinette qu'on n'en savait rien, c'est que, la connaissant bien, il se souciait peu d'envoyer ce secret à Vienne.— Il est même douteux que, si le prisonnier eût été, comme d'autres pensent, un *cadet* de Louis XIV, un fils de la Reine et de Mazarin, les rois qui succédèrent eussent gardé si bien le secret; mais très-probablement l'enfant fut un *aîné*, et sa naissance obscurcissait la question (capitale pour eux) de savoir si Louis XIV, leur auteur, avait régné légitimement.

ne purent et ne firent rien. D'Effiat était malade, Montmorency était, disait-il, ruiné. Il eût voulu devenir connétable. Mais, s'il le devenait, Créqui, le roi du Dauphiné, eût brisé son épée. D'autre part, Guise était en pleine guerre avec Richelieu pour son amirauté de Provence, Bellegarde pour un droit qu'il prétendait comme gouverneur de Bourgogne, etc. Toutes ces plaintes, ces disputes, ce procès général entre la cour et Richelieu, retentissaient au roi dans cette triste solitude des montagnes, et il en était accablé. Une forte tête, un homme bien portant, eût succombé; combien plus Louis XIII !

Il faut ici avoir pitié de lui, et dire ce qu'il était.

Plusieurs de ses très-bons portraits (surtout celui de Philippe de Champagne à Fontainebleau) le montrent au vrai, une longue figure de teint très-brun, à moustaches noires. Rien d'Henri IV, rien de Marie de Médicis. Les Espagnols, à son avénement, disaient que ce faux Louis était fils d'un des Orsini. Quoi qu'il en soit, il avait tous les goûts d'un prince italien de la décadence, bon musicien et même compositeur passable, peintre, réussissant dans je ne sais combien de petits arts et de métiers. La prodigieuse idolâtrie de la royauté et de lui-même où on l'éleva pouvait en faire un vrai tyran. Il n'avait pas beaucoup de cœur, était sec, dur, parfois cruel. Petitement dévot, sans tomber cependant à l'idiotisme des rois espagnols ni de Ferdinand II, le terrible mannequin des Jésuites. Louis XIII avait une conscience, n'était pas insensible à l'idée du devoir. Sa gloire de roi, *l'honneur de la couronne* et l'honneur de la France se confondaient dans son esprit. Richelieu tira parti de cela admirablement, et de son vice lui fit plusieurs vertus.

Le malheur était qu'on ne pouvait compter sur rien avec une créature si maladive, qui déjà trois ou quatre fois avait touché à la mort, que l'ennui consumait, que les soucis minaient, que les médecins ruinaient, exterminaient, par la médecine du temps, implacablement purgative, acharnée à chasser cette humeur noire, qui était sa vie même ; chassée, elle eût emporté tout.

Le premier médecin, Bouvart, de dévotion toute espagnole et vivant aux églises, l'homme des reines, leur organe, ordonna le retour à Lyon (7 août), l'oubli des pensées de la guerre. A quoi les reines ajoutèrent de vives prières pour que le malade se réconciliât avec ses bons parents, l'Espagnol et le Savoyard, avec l'Empereur. Quoi de plus chrétien? Les rois de l'Europe, en réalité, sont une famille. On le fit consentir à une trêve qui, le 1er septembre, devait livrer Casal aux Espagnols. Les Français n'y gardaient qu'un fort, qu'encore ils devaient livrer du 15 au 31 octobre s'ils ne recevaient secours.

Le roi promit de plus à sa mère, à sa femme, qu'il chasserait Richelieu, mais seulement « après la paix. » Brulart et le père Joseph la négociaient à Ratisbonne.

Richelieu, arrivant à Lyon, trouva la situation toute gâtée et malade autant que le roi. Le roi était encore debout ; mais il avait si mauvaise mine, qu'on voyait qu'il allait tomber. Le bon courtisan Bassompierre, homme de la reine mère, Guise, Longueville, le vieux duc d'Épernon, ne perdirent pas de temps pour s'assurer du roi. Lequel? Celui qui était à Paris, le frère de Louis XIII. Le roi de Lyon déjà ne comptait plus.

Ils saluèrent la royauté nouvelle, prirent les ordres de Monsieur pour l'arrestation de Richelieu. Les dames eussent voulu davantage. La sœur de Guise (princesse de Conti) eût préféré sa mort, et elle fit acheter des poignards. Les Espagnols y avaient toujours songé. Et Campanella en avait fait avertir Richelieu. La reine Anne d'Autriche n'y répugnait pas trop. Elle disait seulement : « Il est prêtre. »

Dans ses Mémoires, tout politiques, Richelieu couvre tout cela de respect, de silence. Il ménage les deux reines, ménage les princes étrangers. Mais, dans le petit journal, écrit par lui, pour lui, chaque soir, et qui donne une mention des avis, des rapports d'espions, de toutes les informations qui lui venaient, on y voit bien plus clair. Ces témoignages, du reste, sont pour la plupart confirmés par tous les mémoires, actes et lettres publiés depuis.

Or, voici le dessous des cartes. L'intrigue et la guerre politique couvraient une guerre de femmes.

Richelieu avait été l'amant de Marie de Médicis, plus âgée de vingt ans. Et il ne l'était plus. Ses ennemis ont fait mille contes ridicules sur le libertinage de cet homme si occupé, si maladif, si espionné, observé spécialement par un roi très-sévère.

Dans la vérité, Richelieu avait alors une vie sombre et prudente, très-réservée. Comme tant d'autres ecclésiastiques, il ne se fiait qu'à une parente, une espèce de fille adoptive, sa nièce, madame de Combalet, qui tenait sa maison et avait soin de lui. C'était une jeune femme, jolie, modeste, austère. Quand elle avait eu le bonheur d'être quitte d'un fort pauvre mari, pour ne plus y être reprise, elle fit vœu de se faire Carmélite, s'habilla comme à cinquante ans, prit une robe d'étamine et ne montra plus ses cheveux. Seulement, comme son oncle aimait fort les bouquets, elle ne manquait guère, en l'allant voir, d'avoir des fleurs au sein.

Tout était singulier dans cette jeune femme. On la disait malade secrètement. Nul galant. Mais elle avait un grand attrait. Des dames en étaient éprises et folles, jusqu'à quitter mari, famille et tout, pour s'établir chez elle, la soigner et faire ses affaires. Pour elle, elle semblait uniquement occupée de son oncle, qui eut longtemps la prudence de ne point lui faire de dons excessifs. Ce ne fut que peu avant sa mort qu'il fit tout d'un coup sa fortune, la fit duchesse d'Aiguillon.

Il l'aimait fort. En 1626, quand la mort de Chalais exaspéra la cour, on pinça Richelieu à cet endroit sensible. On fit scrupule à sa nièce de vivre avec ce damné prêtre, cet homme de sang. Elle eut honte, elle eut peur, renouvela son vœu. Le cardinal, troublé, consulta et s'enquit si le vœu était valable. Ses docteurs lui répondirent : Non. Mais elle n'était pas plus tranquille, elle voulait se mettre au couvent. L'oncle n'y sut remède que dans une étrange démarche. Quoique fort mal avec le pape alors, il chargea notre ambassadeur d'obtenir de Sa Sainteté un bref qui interdît le couvent à sa nièce. Elle n'en garda pas moins à la cour, où elle était dame de la reine mère, une tenue de Carmélite, toujours fort sérieuse et ne levant jamais les yeux.

Les reines la haïssaient, et pour son oncle, et comme espion, enfin comme contraste à leur vie et reproche muet. Elles l'abreuvaient de fiel et la mortifiaient tout le jour.

Une autre Carmélite régnait, fleurissait à la cour, madame Du Fargis, née Rochepot, qui avait été trois ans au couvent de la rue Saint-Jacques, mais, il est vrai, sans faire de vœu. Elle s'était liée (là sans doute) avec la nièce du ministre, quoique connue déjà par maints scandales. On lui fit épouser ce Du Fargis, notre ambassadeur en Espagne, qui y signa la paix contre ses instructions, en 1626. Quand on chassa les dames complaisantes qui, au Louvre et ailleurs, avaient si mal gardé la jeune reine contre Buckingham, on leur substitua la Fargis, plus complaisante encore et bien plus dangereuse. Elle était jolie, ardente, effrontée, tout à fait propre à aguerrir la reine par ses exemples. Agent de l'Espagne, elle lui faisait des amis de tous ses amants. C'était Créqui, c'était Cramail, c'était le vieux garde des sceaux, etc. Tel était, dans l'absence de la Chevreuse, le Mentor de la jeune reine.

La vieille reine, non moins honteusement, était menée par un Provençal d'Arles, un musicien aventurier, qui, pour mieux gouverner la dame, s'était fait médecin, et, pour l'assotir tout à fait, étudiait en astrologie. Dans le petit journal de Richelieu, on voit toute l'importance du docteur. Le rival du grand homme, son antagoniste en Europe, ce n'est pas Spinola, ni Waldstein, ni Olivarès. C'est Vaultier. La reine mère crie et pleure pour Vaultier. La question suprême est de savoir si Vaultier remplacera Richelieu, d'abord dans la maison de la reine mère, puis dans l'État, dans le gouvernement.

Le roi s'alita le 22 septembre, et le 30 fut à la mort. Au dedans, au dehors, on agit vivement. On écrivit en Bretagne, en Bourgogne, pour que des deux bouts de la France il y eût explosion contre Richelieu. On écrivit au prince de Condé qu'il se hâtât de quitter celui que tous quittaient et qui allait périr.

Voyons un peu chez le roi comment les choses se passent. Du 20 au 30, ce fut le plus grand trouble. La médecine la plus violente, les remèdes les plus héroïques ne pouvaient guérir Louis XIII. Il allait à la selle quarante fois par jour et rendait le sang pur. L'intrépide Bouvart était à bout et consterné. Saignée sur saignée, médecine sur médecine, rien n'y faisait. La maladie semblait, malignement moqueuse, augmenter d'heure en heure pour humilier la Faculté.

C'était un spectacle lamentable de voir ce moribond, tant de selles, tant de sang. La cour était fort mal logée, et l'étiquette au diable. Chacun entrait, venait, voyait. Tel priait, tel pleurait. Le 1er octobre, il y eut grande scène. Le roi mourant communia et demanda pardon à tout le monde.

C'est de ce mot chrétien que Brienne voudrait abuser pour nous faire croire que le roi fit satisfaction à sa femme. Et il ajoute, comme un sot, que le mourant même promit de se guider *par ses conseils!...* Conseils d'une telle étourdie, si compromise et le jouet visible de son entourage éhonté!

Tous les autres témoins nous disent le contraire. Ils attestent que le malade était plus défiant que jamais, qu'il démêlait très-bien l'intérêt qu'on avait à sa mort. A ce point, qu'il refusait tout, sauf ce qu'il recevait directement de la main de son premier valet de chambre, un bon homme allemand, Béringhen.

Ce Béringhen devenait extrêmement important. Et, si quelqu'un pouvait *in extremis* tirer quelque chose de la main mourante, vraisemblablement c'était lui. Ni le confesseur Suffren, ni le médecin Bouvart, n'exerçaient d'ascendant.

Monsieur croyait succéder à coup sûr. Cependant un homme plusieurs fois gracié, noté en des actes publics comme lié aux ennemis de l'État, aurait été aisément contesté, spécialement de Richelieu, sûr de périr si Monsieur était roi.

Une autre personne craignait cet avénement : c'était la jeune reine, jadis bien avec Monsieur, alors mal, parce que le prince rieur et ses bouffons s'égayaient sur les petites aventures de la reine et ses fausses couches. Que n'était-elle enceinte! Elle eût été régente, et Monsieur était écarté! Mais, si elle ne l'était pas, il ne lui restait qu'à épouser cet homme méprisé, et qui riait d'elle tout le jour. C'était le plan de la reine mère, laquelle comptait bien gouverner. La reine Anne serait restée dépendante et petite fille.

On dit qu'une chose violemment voulue et désirée se réalise, qu'un véhément désir parfois crée son objet. J'ignore ce qui en est. Ce qui me semble sûr, c'est que la reine, qui avait tant d'intérêt à être grosse, le devint en effet.

Elle ne le déclara point. Mais, quatre mois après, la chose étant visible pour tous, le confident médecin

Bouvart n'osa le nier. Elle avorta en mars 1631, par un moyen artificiel, comme on verra, et probablement à six mois.

Le roi l'avait quittée en mai 1630 ; il la revit à la fin d'août, étant déjà malade et en pleine fièvre. Ils se réconcilièrent le jour où il crut mourir, se brouillèrent encore, restèrent brouillés. Je ne vois pas quand il put être père.

N'importe. Qu'elle fut grosse au jour de la mort, elle était sauvée. Elle restait reine régente, ou du moins présidant le conseil de régence. Elle subordonnait la reine mère et Monsieur, qui n'était plus que son premier sujet.

Il suffisait pour cela que le roi, s'il testait en forme ordinaire, tout en reconnaissant son frère, laissât ajouter la petite réserve naturelle, qui était de *style*, quand le mourant était un homme marié : « *Sauf le cas où notre très-chère épouse seroit enceinte.* »

Mais, si le roi n'aimait pas son frère, il n'aimait guère non plus sa femme. Défiant comme il était, il aurait bien pu être assez malicieux pour effacer ce mot.

Il était bien essentiel qu'on s'assurât de l'homme qui, seul en ce moment, paraissait lui inspirer un peu de confiance, de Béringhen, non pas pour qu'il agît directement, mais seulement pour veiller les moments où la haine du roi pour son frère serait plus forte que sa malveillance pour sa femme. Ce moment, de lui-même allait se présenter. A grand bruit, de Paris, arrivait une armée, les amis de Monsieur avec tous leurs amis, les Guise, les Créqui et les Bassompierre.

Déjà ils étaient sûrs du gouverneur de Lyon, de sorte qu'ils tenaient le roi dans leurs mains. Si le 2 ou le 3, le 4 octobre, dans leur impatience d'héritiers, ils venaient le troubler et le faire tester pour Monsieur, les deux gardes du lit, Béringhen et la veuve, n'avaient qu'à surveiller le testament, et le mourant, plus que jamais irrité contre Monsieur, n'eût point fait à la reine l'injure de lui biffer la réserve naturelle en tout héritage.

Comment acquit-on Béringhen ? Comme on acquiert un jeune homme, faible et doux, fort galant, sans défense contre les femmes. Celle qui menait l'intrigue, la confidente d'Anne, la Fargis, s'en saisit par un coup d'audace. La cour était campée à Lyon dans un hôtel étroit. Chacun couchait où il pouvait. Béringhen, dans les rares moments où la fatigue l'obligeait de prendre un peu de repos, se jetait sur un matelas, à deux pas de son maître, dans une pièce de passage où on allait et venait. La Fargis n'hésita pas. Sans crainte des passants, sans pudeur du mourant, qui aurait pu entendre, elle alla s'établir dans le lit du valet de chambre, et on les vit entre deux draps.

Il ne manquait plus qu'une chose, c'était que le roi se hâtât de mourir. Les deux partis étaient en présence. La reine Anne tenait la Chambre, et les amis de Monsieur tenaient la ville. Quel que fût le vainqueur, Richelieu périssait. Il se trouva tout à coup seul. Il avait parlé à Bassompierre. En vain. Il parla à M. de Montmorency, à qui il avait donné espoir de le faire connétable. Mais tout ce qu'il tira de son caractère généreux, ce fut l'offre de le faire sauver de

Lyon ; offre très-dangereuse, car c'était le pousser à s'accuser lui-même. En le sauvant ainsi, il le perdait.

Les médecins avaient saigné six fois en six jours cet homme pâle qui n'avait point de sang. Ils essayèrent encore de lui en tirer le 2 octobre. A ce moment, la nature le sauva. La vraie cause du mal, ignorée des docteurs, un abcès à l'anus, creva. Tout fut fini. Quoique très-faible, il se mit sur son séant, parla de se lever.

Le jour même arrivaient Guise, Créqui, Bassompierre, représentants du nouveau roi. Ils furent consternés, terrifiés, de trouver cet homme mort qui se levait de son tombeau. Richelieu était près de lui. Il lui montrait que les impériaux se jouaient de lui à Ratisbonne. Il en tira, le 2, un ordre ferme qui semblait annoncer la résurrection de la France, ordre à l'ambassadeur Brulart de revenir; le père Joseph, son auxiliaire, pouvait rester, n'ayant pas caractère pour signer un arrangement. Du reste, Richelieu se croyait bien sûr de Joseph, son très-intime confident.

L'Empereur, qui jusque-là empêchait la paix en n'offrant qu'un traité impossible, avait hâte alors de la faire, d'abord parce que Gustave avançait, deuxièmement, parce qu'il savait que Louis XIII avait promis, dès la paix faite, de chasser Richelieu. Joseph et Brulart, fort pressés des impériaux et sans doute de nos deux reines, étaient dans un grand embarras. Il y a loin de Lyon à Ratisbonne. Joseph reçut-il les nouvelles du 1er octobre, la communion du roi mourant? ou celles du 2, sa résurrection? On l'ignore. Mais, quand il eût eu les dernières, même le roi vivant, Richelieu pouvait périr si Joseph consommait le traité de paix qui devait faire son expulsion.

Donc, au total, Joseph semblait tenir le fil des destinées de Richelieu [1]. C'était son homme, mais il ne l'aimait pas. Joseph croyait l'avoir créé, et avoir créé un ingrat. Le ministre ne faisait pas ce qu'il voulait

[1] Joseph tenait le fil des destinées de Richelieu. — *Le véritable père Joseph*, de Richard, est un livre léger, fait un demi-siècle après, et qui, dans certains points, mérite peu de confiance. Cependant l'auteur écrivait d'après des manuscrits que nous n'avons plus, surtout d'après les *Mémoires d'État* de Joseph. Il y a nombre de faits fort vraisemblables, ailleurs obscurs et à peine indiqués, ici très-clairs et mis en pleine lumière. Au reste, quoiqu'à l'exemple de tous les biographes il donne à son héros une importance exagérée, il ne surfait pas du moins sa vertu. Richard est amusant. Il semble nous promettre de beaux secrets de la politique du temps : « on voit bien l'aiguille au cadran, dit-il ; mais, si l'on voyait les roues et les ressorts cachés ! » Le dessous est beau en effet. Il montre son Joseph marchant toute sa vie de trahison en trahison. Il trahit Ornano. Il décide Gaston à trahir Chalais. Il habille un jeune comte en Capucin pour aller à Bruxelles et surprendre les lettres qui mèneront Chalais à la mort. En 1632, il conseille de faire mourir Montmorency, de ne pas tenir parole à Gaston. Il trahit deux fois Richelieu, et en signant le traité de Ratisbonne (1630), et en tirant parole du roi de faire revenir sa mère, malgré le ministre (1638).

Sur tout cela, Richard le croit le grand homme du temps. — L'ouvrage n'est pas moral, mais il est curieux. Richard, qui probablement copie le plus souvent Joseph, éclaire beaucoup de choses sans le savoir, sans soupçonner la portée de ce qu'il dit. On suit très-bien chez lui la lutte discrète, la haine cachée des deux grands *amis* l'un pour l'autre, la duplicité de Joseph, qui, comme ministre de Richelieu, conseille des choses violentes et hasardeuses, mais qui, en dessous, travaille souvent le roi en sens contraire, qui parle pour et contre Gaston, pour et contre Marie de Médicis, etc.

pour sa fortune. Avec ses sandales de capucin, sa ceinture de corde, cette comédie d'humilité, il visait au chapeau, qui sans doute lui eût donné moyen de supplanter son ami. Richelieu, qui le voyait venir, essaya, dès 1628, de s'en débarrasser, de le claquemurer dans une ville morte, à La Rochelle, dont il l'eût fait évêque. Mais Joseph, non moins fin, déclina l'honneur de cet enterrement, et s'obstina à rester Capucin.

En acceptant le traité de l'Empereur contre les instructions de Richelieu, il avait deux chances pour une. Si le roi mourait, le nouveau roi l'approuvait, le louait. Et, si le roi ne mourait pas, les deux reines montraient au convalescent le traité de Joseph, et, la *paix étant faite*, lui faisaient chasser Richelieu. Qui succéderait à celui-ci ? Il n'y avait qu'un homme capable, Joseph encore. Il devenait ministre, et, de plus, cardinal. Le pape se joignait à l'Empereur pour le presser de faire la paix.

Le fameux Capucin était un homme aimable, obligeant, qui, tout agent qu'il fût de Richelieu, avait trouvé moyen de rester bien avec tout le monde. C'est lui qui, en 1626, fonda l'énorme fortune d'Orléans, en décidant Richelieu, malgré sa répugnance, à donner à Monsieur mademoiselle de Montpensier. Monsieur l'aimait, et dit avec regret à la mort de Joseph : « C'était l'ami des princes. »

Il mérita ce titre à Ratisbonne. Pressé, prié, il consentit que Brulart, son collègue, signât la paix. Lui, Capucin indigne, il déclinait un tel honneur. Mais on lui mit la plume en main, et sans doute on lui dit que le pape le voulait, qu'en s'abstenant il perdrait pour jamais le chapeau. Il signa (13 octobre 1630).

Cet acte, œuvre de Vienne, était un monstre d'équivoques et de piéges qui compromettait tout :

1° L'*honneur*. En Italie, le commissaire de l'Empereur entrait à Casal; les Français et les Espagnols sortaient, mais avec grande différence, les Espagnols pour rester à deux pas; notre duc de Mantoue, sans protection et tout seul, restait comme un mouton à la garde des loups;

2° Ce beau traité *compromettait la France*, lui interdisant l'alliance avec les ennemis de l'Empereur (dès lors avec Gustave); il ouvrait le royaume, il y avait une phrase qui eût pu faire rendre à l'Empire les Trois évêchés;

3° La paix n'était pas pour la seule affaire d'Italie, mais générale, donc *comprenant l'Espagne*, qui n'avait rien demandé, et qui restait tout à fait libre de signer ou de ne pas signer. Le traité nous liait les mains et n'obligeait pas l'ennemi.

Joseph a dit qu'il avait signé pour gagner du temps; que le roi pouvait, après tout, ne pas ratifier. Trèsmauvaise raison. Dans le désir général de la paix, dans les rapides entraînements de la France, ce chiffon de traité une fois répandu et connu, tout devait aller à la dérive, son premier et son grand effet étant justement d'écarter la main forte qui tenait la corde tendue.

Le tant désiré parchemin s'envole à Lyon, comme la colombe de l'Arche. Saisi et baisé des deux reines, il est ébruité dans toute la ville, célébré à cor et à cris. La paix! la paix!... Les feux de joie s'allument. Les reines au balcon, croyant, dans la fumée, voir s'évanouir Richelieu.

Cela le 20. Et, le 26, le même effet en Italie, sous Casal, effet décisif et terrible sur notre armée. Richelieu, du 2 au 26, avait obtenu du roi réveillé un effort désespéré; il avait de ses mains arraché aux intendants, envoyé l'argent nécessaire. Plus, des renforts. Plus, l'ordre précis du roi de donner la bataille, et, si on la gagnait, de ne pas s'amuser à ménager l'Espagne, mais de finir ces comédies et d'entrer dans le Milanais. Cette armée était sous trois maréchaux, Schomberg et d'Effiat, deux hommes de talent et très-sûrs, le troisième suspect (l'agent des reines), Marillac, frère du garde des sceaux. Mais ce Marillac dut marcher. Schomberg, ayant l'ordre précis et répété, ne voulut plus attendre une heure, et mena l'armée à l'ennemi. Les Espagnols étaient perdus. Leur grand général Spinola venait de mourir, et leur courage aussi. Les Français, pleins d'élan, allaient leur passer sur le corps, et d'autant plus sûrement qu'ils avaient carte blanche, non plus pour secourir une méchante ville de Piémont, mais pour s'en aller voir Milan, la Lombardie.

A ce moment, comme du ciel, un secours vient aux Espagnols, l'envoyé du pape, l'abbé Mazarino. C'était le 26, et, depuis plusieurs jours, le traité fait le 13 avait été apporté en Piémont. Une semaine entière, probablement, Mazarin le garda en poche, devinant bien, le rusé comédien, le parti qu'il en tirerait. Aux premières salves, faites de loin, sans danger encore, notre abbé se présente aux rangs français, court, se démène, fait signe d'un mouchoir le long des premiers rangs; il va, vient, voltige à cheval, criant : La paix! la paix!

Ce n'était pas assez pour arrêter Schomberg, qui, le matin encore, dans une dernière lettre du roi, avait lu qu'il ne reconnaissait pas cette paix. Mais c'était assez pour détremper ceux (il y en a en toute armée) qui ne marchent pas volontiers. C'était assez pour faire crier à Marillac que tout était fini. Schomberg lui-même se rangea à cet avis, tant il vit les esprits changés et l'armée refroidie.

Le résultat de cette farce était de finir la résistance de Casal.

Assiégeants, assiégés, Espagnols et Français s'en vont. Mais les impériaux (pires qu'Espagnols) y entrent, un commissaire de l'Empereur, avec une armée de domestiques allemands.

Ce joli trait de Mazarin commença la carrière de ce grand Mascarille.

Tout le parti espagnol en Europe, et nos reines surtout, en firent, en ornèrent la légende. Et quoi de plus touchant? Entre deux armées engagées, dans la première furie, sous une grêle de balles, ce jeune homme intrépide (mousquetaire avant d'être prêtre) se précipite, brave mille morts pour arrêter l'effusion du sang.

Tant de courage, d'humanité, de charité chrétienne... Tout à la fois la légende d'un saint et celle d'un héros de roman!...

Telle fut la noble et charmante auréole sous laquelle

fut bientôt présenté à notre Espagnole Anne le sauveur de l'armée d'Espagne. Admirable rencontre! mystérieuse prédestination! On fit remarquer à la reine que cet ange de paix avait des traits du beau, du noble Buckingham, du héros qu'elle avait aimé.

CHAPITRE V

JOURNÉE DES DUPES. — VICTOIRE DE RICHELIEU SUR LES
REINES ET MONSIEUR

De novembre 1630 à juillet 1631

L'effort du grand ministre, les nobles velléités du roi à son réveil, avaient donc avorté. On devait croire le roi indigné contre ceux qui lui avaient enlevé une victoire certaine, une conquête probable. Or, le contraire advint. En gardant encore son ministre, il assura de nouveau aux reines que, « la paix faite, il le renverrait. » (Fin d'octobre 1630.)

Par quelle prise avaient-elles ressaisi le roi ? Par la plus imprévue : une femme, un amour... Cet insensible, ce malade saigné à blanc, si pâle, qui faisait presque peur, on trouva l'art de le rendre amoureux !

L'aventurier Vaultier, musicien de la reine mère,

qui s'était fait son médecin et astrologue, était un esprit pénétrant. On lui doit cet hommage. Il devina que ce moment où un homme échappe à la mort, où, les cierges de l'extrême-onction s'éteignant, il voit la vraie lumière, se croit rené, il est infiniment sensible par sa faiblesse même, enfant, tendre et poète, sous l'enchantement de sa nouvelle aurore.

Donc, il advint que cette aurore, cette belle lumière de vie dont la nature se pare pour un mourant ressuscité, Louis XIII la vit un matin tout animée, charmante, dans une demoiselle de quinze ans, une blonde du Midi. L'avisé Provençal avait cherché, trouvé la petite fille au fond du Périgord, l'avait fait venir avec sa grand'mère, qu'il gagna en lui promettant de devenir dame d'atours de la mère du roi.

On savait parfaitement par quel concert d'éloges, organisé et concordant comme par hasard, on pouvait faire aimer quelqu'un de Louis XIII. On lui donnait de temps à autre un favori, un camarade d'amusement ou de chasse. En hommes, c'était assez facile, plus difficile en femmes. Le sentiment qu'il avait de son insuffisance le rendait plus timide. Mais ici, le grand intérêt que les reines avaient à la chose leur donna de l'adresse. On prépara le roi à voir cette jeune merveille, et, quand il fit ses relevailles (pour ainsi dire) et alla rendre grâces à Saint-Jean de Lyon, le coup désiré fut frappé.

Le roi, plein de reconnaissance, ayant bien remercié Dieu, resta encore à entendre un sermon. Là, les yeux errants du convalescent tombèrent sur la nouvelle venue, mademoiselle de Hautefort. L'*Aurore* comme l'appelaient ses compagnes pour son teint rose, ses cheveux rutilants, illuminée sans doute du reflet des vitraux, apparut un rayon d'en haut et la résurrection elle-même à ce Lazare. Il eut honte d'avoir un carreau sous les genoux quand elle n'en avait pas, et, sans s'inquiéter de ce qu'on en dirait, il suivit son sentiment poétique et lui fit porter son carreau. Une fille du Nord eût été abîmée d'étonnement et d'embarras, eût fait quelque gaucherie. Mais celle-ci, d'une légère rougeur, du vif éclat de ses yeux bleus, transfigurée, prit le carreau, et, sans s'en servir, le posa près d'elle avec respect. Et tout cela d'un si grand air, d'une telle noblesse virginale, que tout le monde en fut ébahi.

Voilà le roi, dès ce jour, sorti de la vie sauvage où l'avaient tenu ses favoris de chasse et autres, Luynes, Baradas, récemment Saint-Simon. Le voilà assidu désormais chez les reines, sans cacher aucunement qu'il y va pour mademoiselle de Hautefort. Il fait pour elle des vers, de la musique, lui parle de sa chasse comme à un camarade, de ses ennuis et même des affaires du royaume, parfois de son ministre. Elle, sans rechercher l'honneur de ces confidences, elle y répond modestement, avec adresse et présence d'esprit. Parfaitement dévouée aux reines, à sa chère maîtresse, Anne d'Autriche (si innocente et si persécutée), elle dit à merveille, d'une vivacité naïve et gasconne, les petits mots qu'on lui fait dire, du reste, ne parlant qu'en chrétienne, pour l'union de la famille royale, pour le soulagement du pauvre peuple et la fin de la guerre.

Richelieu se noyait. Et voilà que cette enfant, innocente et charmante, presque sans s'en douter, lui met la pierre au cou.

Le naufragé imagina de se reprendre à une vieille planche, la reine mère, à son ancien attachement. Puisque, de toutes parts, le vent était à l'amour et que l'amour lui faisait la guerre, il entreprit d'y recourir lui-même. Il avait fort vieilli, il est vrai ; il avait déjà les joues creuses, le poil gris, l'air fantôme qu'on lui voit au portrait du Louvre. Mais enfin, la bonne dame avait toujours vingt ans de plus. Un homme de tant d'esprit, et qui avait cet esprit dans les yeux, ne pouvait-il, à force de tendres respects, de mensonges, réveiller au vieux cœur l'étincelle des beaux jours passés ? Un Vaultier tiendrait-il contre Richelieu en présence ? Celui-ci prit un parti héroïque, ce fut de s'établir sur le terrain de Vaultier même, dans le propre bateau, l'appartement et l'alcôve mouvante où la reine descendait la Loire pour aller à Paris. Elle passait les jours au lit ; lui à ses pieds, agenouillé sur des coussins, comme on faisait alors.

Spectacle intéressant ! Et quel dommage que Saint-Simon ne fût pas né ! La passion première parut revenue tout à fait. C'était un doux concert de mots charmants en italien entre la vieille haineuse et le prêtre enfiellé. *Amico del cor mio!* disait-elle. Lui, il était ému, rêveur, visiblement fervent et plein de religion, mais troublé sans doute de tant de beauté.

Qui tromperait et mentirait le mieux ? C'était la question. La Florentine avait l'émulation de Catherine de Médicis. Mais, parmi ses douceurs, telle venimeuse œillade put révéler au grand observateur la plaie qui lui restait et que rien ne guérit. La Fargis avait eu soin de lui dire que le cardinal et sa nièce (qui, comme tous les caractères sombres, avaient des échappées bouffonnes) égayaient leurs ébats à faire la comédie des galants transports de la vieille en baragouinage italien.

Long et pénible fut ce tête-à-tête du bateau. Dès qu'elle en descendit, le cardinal partit grand train et rejoignit le roi à Auxerre. Le roi, loin des beaux yeux d'*Aurore*, avait quelque peu réfléchi. Une chose le rendait soucieux, c'était d'apprendre peu à peu comme on avait travaillé aux huit jours où il était mort et dans quelle tendre intimité on était avec l'homme de l'Espagne, Mirabel, alors à Bruxelles, qu'on fit revenir. Il avoua à Richelieu que la reine mère était toujours contre lui et n'oubliait rien pour le perdre.

La bataille était pour Paris. Le champ de bataille était le Luxembourg, où la reine mère promenait sa fureur dans sa galerie de Rubens. Quoique le roi n'eût rien promis *qu'après la paix*, elle voulait sur l'heure qu'il chassât Richelieu (11 novembre 1630). Celui-ci, averti, accourt, veut entrer, se défendre ; mais la porte est fermée ; il entre par une autre. Il s'explique, il prie et il pleure. Une effroyable averse d'injures est la réponse. Le roi s'enfuit et se sauve à Versailles.

On a dit que Richelieu, en ce moment, se crut perdu, qu'il fallut le conseil, la fermeté du cardinal de la Valette, pour lui rendre le courage et le faire aller aussi à Versailles. J'en doute fort. Sa ténacité indomptable est bien prouvée. Il avait près du roi un ami, il est vrai, un petit ami, Saint-Simon, ex-page que le roi avait fait premier écuyer. Ce favori obscur, sans grande action, avait pourtant cela d'être près du roi à toute heure. Il n'avait pas les charmes et les heureux moments de mademoiselle de Hautefort, mais en revanche l'assiduité; nuit et jour, il était le très-discret écho, sourd, non retentissant, des plaintes du roi. Il faisait profession de ne se mêler de rien, de n'avoir aucune initiative. Il savait dire : « Oui, Sire, » donner la réplique, simple, indispensable. Le roi, s'affligeant de son abandon et du fardeau d'affaires qu'allait lui laisser Richelieu, aurait dit d'un ton de regret : « Où est-il, maintenant ? » A ce mot, qui n'était pas une demande, l'autre répondit cependant : « Mais, Sire, il est ici. »

Richelieu, comme de dessous terre, reparut et changea le roi. Il lui montra avec respect, mais lui montra pourtant, qu'en France, en Italie, partout, on se moquait de lui; qu'il avait perdu à Casal les résultats de deux campagnes, que l'Empereur en était maître, donc l'Espagnol (c'était même chose); que le pape était devenu tout impérial, que Venise demandait grâce à l'Empereur, qu'ici l'homme des reines, le vieux garde des sceaux, Marillac, là-bas, son frère le général, étaient excellents Espagnols; que sa cour, son conseil, n'avaient pour chef réel que l'ambassadeur Mirabel, appelé secrètement par la reine Anne à Paris.

Le Paris de la Ligue avait eu pour roi Mendoza. Il

ne tenait pas à Mirabel qu'il ne jouât le même rôle. Il trouvait dans le Parlement force têtes pointues pour l'écouter, ou des sots importants, ou des fous imprudents qui auraient joué au jeu insensé de s'appuyer sur l'ennemi « dans l'intérêt des libertés publiques. » Le roi eut honte, eut peur d'une telle situation. Il reprit les sceaux au vieux Marillac, l'exila, fit arrêter l'autre Marillac à l'armée. Mais il était encore si incertain, qu'il lui fallut du temps pour se décider à donner les sceaux à Châteauneuf, un homme énergique et capable que lui désignait Richelieu. Il s'assura de Paris et de la police du Parlement en nommant Lejay premier président.

Mais, comment la reine mère allait-elle prendre tout cela ? C'était l'inquiétude du roi. Il envoya quelqu'un, à deux heures de nuit, de Versailles à Paris, pour réveiller le père Suffren, au noviciat des Jésuites, et le prier d'intervenir et de calmer sa mère.

Cette journée, qu'on appela *journée des dupes* (11 novembre 1630), ne fut point décisive au fond, comme on l'a dit. Richelieu n'était sûr de rien ; le roi restait chagrin de voir que lui seul eût raison.

Il n'avait pas eu assez peur. On n'avait pu, sur des preuves certaines, lui faire voir, lire, toucher le complot. Heureusement pour Richelieu, en surveillant la Lorraine, le centre ordinaire des intrigues, il saisit sur la route (décembre 1630) un médecin du roi, Senelle, chargé et surchargé de lettres pour la reine Anne, pour la Fargis et autres.

Que contenaient ces lettres ? On ne le sait pas trop. Dans le procès qu'on fit, on n'ose lever qu'un coin du voile. On parle de complots contre la vie du roi, sans en alléguer d'autres preuves que des recherches astrologiques qu'on faisait pour savoir l'époque de sa mort. Curiosité, il est vrai, mauvaise et très-sinistre. On a vu que les pronostics de la mort d'Henri IV y avaient très-réellement contribué, encouragé les meurtriers, qui se crurent sûrs de le tuer au jour prédit, marqué là-haut.

Les deux reines et Monsieur ne souhaitaient qu'une mort, celle de Richelieu. On en avait souvent parlé, mais toujours on disait que, si Monsieur faisait tuer Richelieu, le roi le ferait mourir. Cela aurait pu arriver. Louis XIII, malade, comme Charles IX, avait sous les yeux son histoire. Dès son enfance, endoctriné par de Luynes, il tenait de lui cette opinion que Charles IX fut empoisonné par Catherine, et qu'il n'eût pas péri s'il eût fait périr son frère.

Donc, Monsieur devait y songer, attendre encore.

La mort de Richelieu exigeait la mort préalable du roi, qui, du reste, semblait ne devoir tarder; il ne se rétablissait point. Mais les valets parfois sont plus impatients que les maîtres; il se pouvait que ceux de Monsieur ou des reines perdissent patience et donnassent au roi malade quelque suprême médecine. L'Église y eût gagné, et l'âme aussi de Louis XIII. Car il allait se perdre, faire le grand péché d'Henri IV qui lui coûta la vie, l'alliance protestante. On le disait partout depuis un an pour irriter les catholiques, quoiqu'en réalité il ne traita que l'année suivante.

Dans la riche collection de lettres qu'on saisit, parmi celles qui étaient écrites à la reine, aux grands personnages, il y en avait une pour une vieille bourgeoise, de nom fort significatif, mademoiselle du Tillet.

Cette vieille était un vrai bijou du Diable, dont elle avait l'esprit. Une destinée tout à rebours. Pour sa laideur, elle avait été adorée du duc d'Épernon. Et, pour sa roture de petite bourgeoise, elle régnait dans la maison de Guise, faisait la pluie et le beau temps. Il y avait quelque chose là-dessous. Elle ne bougeait du Luxembourg, où la reine mère la traitait avec grande considération. C'était une sibylle, une espèce d'oracle; on répétait et on retenait ses mots. On la consultait en affaires, comme on fait des grands hommes qui, en leur temps, ont accompli des choses ardues et hasardeuses. Comment s'en étonner? Elle passait pour avoir été dans le secret de Ravaillac.

Mais elle était très-fine, et cette fois, pas plus que l'autre, on ne put la prendre. Interrogée, elle plut à Richelieu en parlant outrageusement de la Fargis.

La découverte des lettres mit les trois cabales en déroute et en division. Chacun sacrifia les deux autres.

Monsieur traita, promit d'être l'ami de Richelieu, qui acheta ses favoris. Il promit à la reine de parler pour elle, et parla plutôt contre.

La reine mère traita aussi pour sauver son Vaultier. Elle envoya le nonce du pape à Richelieu lui dire qu'il y avait moyen de s'arranger. Puis, inquiète, elle lui envoya encore le père Suffren pour le prier de venir, et, quand il fut venu, très-douce, elle lui dit qu'elle avait réfléchi et qu'elle sentait bien que les affaires du roi ne pouvaient se passer de lui. Elle consentit à aller au conseil, et là, faisant bon marché de la jeune reine, sa belle-fille, elle trouva fort bon qu'on punît la Fargis, qui ne pouvait guère l'être sans qu'Anne en demeurât tachée.

Mais la plus embarrassée était la jeune reine, dont la grossesse apparaissait. Elle ne fit pas beaucoup d'effort pour la Fargis; elle pensa à elle-même, et, avec la faiblesse d'une femme en cet état, chargea et dénonça sa grande amie. Elle dit cette chose ridicule, trop visiblement improbable, qu'elle (la reine Anne) avait défendu le cardinal, refusé de le perdre, et que cette méchante Fargis avait forgé les lettres pour l'en punir et la perdre elle-même.

Richelieu, absolument maître de la situation, montra pour la reine une grande douceur. Il craignit de déchirer le rideau de gaze légère qui couvrait le triste intérieur de la famille royale. Il craignit de rendre le roi ridicule. Il craignit peut-être pour Anne elle-même. Car cet homme, qui semblait si sec, aimait les femmes pourtant. Il croyait la reine fragile; il la voyait tombée jusqu'à l'avilissante faiblesse d'accuser son amie. Il espéra dans cette mollesse de nature, et crut qu'un jour ou l'autre, dans quelque embarras où l'étourdie se jetterait encore, il l'aurait à discrétion.

Donc, il se contenta d'éloigner cette Fargis. Il la laissa s'enfuir, ce qui rendait le procès impossible. Mais, contre son attente, la Fargis partie (30 décembre 1630), la reine se désola et s'emporta; elle montra pour la perte de celle qu'elle venait d'accuser un inexplicable désespoir. Elle disait tantôt qu'elle savait qu'on voulait la renvoyer en Espagne, tantôt la faire mourir pour que la nièce du cardinal pût épouser le roi. Elle priait, pleurait aussi, pour conserver un valet d'intérieur auquel elle tenait d'une manière étonnante, son apothicaire. Elle en fit une affaire d'État. De couronne à couronne, l'Espagne demanda à la France, par son ambassadeur, que cet indispensable serviteur fût rendu à la reine. On le lui rendit pour deux mois, et avec cette clause, qu'il ne la verrait qu'au Louvre et en présence d'une dame très-sûre.

Son embarras tenait à l'éloignement de sa garde-malade et de l'homme qui pouvait simplifier son état. Il devenait visible. Richelieu, malicieusement, envoyait voir souvent comment elle se portait. Exaspérée, elle dit : « Mais qu'il vienne lui-même !... Il sera le très-bienvenu ! »

Cet état ne l'empêchait pas de s'agiter, de recevoir des agents de Lorraine ou de trotter aux Carmélites, pour voir Mirabel en cachette, ou un anglais papiste, lord Montaigu, agent de sa belle-sœur Henriette, et mêlé dans tous les complots.

Intrigues misérables, sans résultat possible. L'Espagne n'avait aucune chance de soulever le peuple en ce moment. Le seul complot qui eût pu réussir, c'était de profiter de la passion du roi pour mademoiselle de Hautefort, de le faire succomber, et, par elle, de s'emparer de lui entièrement. Innocente, mais dévouée, passionnée pour sa maîtresse, cette enfant (de seize ans) eût donné sa vie pour la reine, et peut-être un peu plus encore. L'intérêt de l'Église, d'ailleurs, eût tout couvert. Quel beau texte pour les casuistes ! une douce faiblesse qui empêchait un crime (l'alliance protestante), qui chassait Richelieu, le démon de la guerre, qui rendait la paix à l'Europe et réconciliait la grande famille chrétienne!.., Près d'un tel dévouement, qu'était-ce que celui de Judith, qui ne sauva que Béthulie?

La jeune victime était toute leur ressource en ce naufrage. Vaultier le dit dès Lyon. Son collègue, le pieux médecin Bouvart, à Saint-Germain, quand la reine fut visiblement grosse, n'osa plus tarder, mit les fers au feu. Il se jeta un jour dans un long discours à la Sganarelle, que le roi ne pouvait comprendre. Le sens qu'il démêla à la fin, c'est qu'il n'était malade que de chasteté (comme un de ses aïeux qui en mourut, dit-on); mais que lui, ce serait grand dommage s'il en mourait. Et, comme le roi s'impatientait, demandait où il en voulait venir, à quel remède, saignée, médecine ou lavement... Bouvart, embarrassé, insinua que la vraie médecine, c'était mademoiselle de Hautefort.

Bouvart était un sot. Un homme que lui-même purgeait, dit-on, deux cents fois par an, était bien à l'abri de ces basses tentations. Il fut scandalisé. C'est tout ce qu'on gagna.

Cependant les choses pressaient. On fit un essai plus direct. Le fait est très-connu, mais de date incertaine. Je n'hésite pas à le placer au moment où la reine, dans une situation urgente, eut besoin d'emporter la chose.

Un jour, en souriant, mademoiselle de Hautefort tenait, laissait voir un petit billet. Voilà le roi curieux. Il veut savoir ce que c'est. En badinant toujours, elle recule, et le roi avance, curieux et intrigué de plus en plus. Il la prie de le laisser lire, avance la main pour prendre. Elle le cache dans son sein. Le roi est arrêté tout court et ne sait plus que faire. Cela se passait devant la reine. Elle fit une chose hardie, et qui pouvait avoir de grandes conséquences. Elle prit les mains de la jeune fille, et la tint pour que le roi pût la fouiller.

Mais Louis XIII fut plus embarrassé encore. Il recourut à l'expédient (ridicule, excellent) de prendre de petites pincettes d'argent qui étaient là, et, chastement, de ce lieu délicat, sans contact, enleva la lettre.

Que serait-il arrivé si les choses s'étaient passées autrement? On rira si l'on veut, on se moquera de ceux qui donnent aux petites causes une grande portée. Il n'y a rien de petit au gouvernement monarchique.

Si les pincettes ne s'étaient trouvées là, si Louis XIII n'eût pas été homme à les prendre, il serait arrivé que le roi eût senti la débonnaireté de la reine, goûté sa complaisance, compris ce que dit madame de Motteville : « Que la reine désirait qu'il aimât mademoiselle de Hautefort. » Enfin sa conscience dévote eût cédé, étouffée par cette connivence de la personne intéressée.

Mademoiselle de Hautefort ne se fût pas sacrifiée pour n'en retirer rien. Aussi ardente et résolue qu'elle avait été vertueuse, le pas fait, elle aurait mené bien loin le roi dans le sens de la reine. Victoire complète de l'Espagne et du pape. Chute et procès de Richelieu. Nulle alliance avec Gustave-Adolphe.

Mais Louis XIII ne fut pas assez inintelligent pour ne pas comprendre. Il méprisa ceux qui l'entouraient, et se donna solidement et fortement à Richelieu.

Celui-ci, qui connaissait mieux son homme et son malade, en contraste avec l'impuissante corruption de la cour, réussit par l'austérité. Le roi aimait le Capucin Joseph.

Richelieu, non-seulement rappela Joseph, mais lui organisa un ministère de Capucins. Joseph eut quatre principaux secrétaires de son ordre, un état de maison, des chevaux, des voitures, des logements aux résidences de la cour.

Mais rien ne fit meilleur effet auprès du roi que de voir le ministère peuplé de ces robes grises. Rien n'affermit mieux sa conscience et dans ses sévérités pour sa mère, et dans ses résistances au pape, dans l'alliance avec Gustave. Il crut que beaucoup de choses étaient permises à un roi qui faisait aller les Capucins en carrosse.

Du reste, Richelieu, qui connaissait Joseph et l'avait expérimenté le premier fourbe de la terre, tout en le grandissant ainsi, le mit parfaitement dans sa main. Il dit aimer tant ce cher frère qu'il ne le logerait qu'avec lui. Lui et ses Capucins, ses employés, son petit ministère, tout fut établi chez le cardinal, au même étage, dans son appartement et sous ses yeux, de sorte qu'uil pût toujours lui-même espionner ce chef des espions.

Le tenant de si près, il l'employa à dire au roi certaines choses difficiles, à ouvrir certains avis violents, se réservant pour lui des dehors de modération. Le Capucin, né homme d'épée, passait pour en garder l'esprit, et on en faisait cent histoires plaisantes. On disait, par exemple, qu'un jour, disant sa messe, il reçut un officier qui venait prendre un ordre pressé pour une surprise de place : « Mais, s'ils font résistance? » dit l'officier. « Alors tuez tout, » dit le bon père, et il reprit sa messe interrompue.

Richelieu ne pouvait, sans une mauvaise couleur d'ingratitude, parler contre son ancienne protectrice, la reine mère. Peut-être fit-il parler Joseph, et, par lui, enleva la grande mesure de la séparation de la mère et du fils.

Monsieur, le 31 janvier, ayant repris la guerre par une sortie furieuse et une bravade qu'il vint faire chez le cardinal, on acheva de persuader au roi, excédé de ces orages, qu'avec sa mère et son frère il n'aurait jamais de repos.

Il alla à Compiègne avec toute la cour, mais partit, y laissa sa mère sous la garde de M. d'Estrée, lui faisant dire qu'il la priait d'aller à Moulins, d'y rester. On lui enleva Vaultier, pour le lui rendre, disait-on, dès qu'elle serait à Moulins.

Le lendemain (25 février 1631), on mit son fidèle Bassompierre à la Bastille.

La sœur de Guise, princesse de Conti, fut exilée avec trois duchesses, dont deux étaient aussi de la maison de Guise.

Monsieur s'enfuit en Franche-Comté, sur terre espagnole, le 11 mars, avec le secours de sa mère, qui lui remit les pierreries de sa défunte femme. Elle-même, laissée sans gardes à Compiègne, sur je ne sais quel avis qu'on lui donna, s'enfuit aux Pays-Bas (18 juillet 1631).

C'est ce que voulait Richelieu.

Trois gouverneurs de provinces, Guise, Elbeuf et Bellegarde, avaient quitté la France. On les fit condamner à mort par le parlement de Dijon, ainsi que la Fargis, et Senelle aux galères. Le roi lui-même avait été à Dijon pour assurer la Bourgogne, gouvernement du fugitif Bellegarde.

Le roi fit ce voyage en mars, et partit de Dijon le 2 avril, pour revenir. Ce fut en mars que la reine avorta.

Richelieu avait eu la complaisance de laisser revenir près d'elle la Chevreuse, qui promettait de le servir désormais.

Monsieur en plaisanta. Il dit dans son exil « qu'on avait fait revenir la Chevreuse pour donner plus de moyens à la reine de faire un enfant. » (*Journal de Richelieu*, Arch. cur., t. V, p. 71.)

On lit dans le même journal, p. 41, cette note curieuse :

« Madame Bellier a dit au sieur Cardinal, en grandissime secret, *comme la reine avoit été grosse* dernièrement, qu'elle s'étoit *blessée*, que la cause de cet accident était *un emplâtre* qu'on lui avoit donnée, pensant faire bien. Depuis, Patrocle (écuyer de la reine) m'en a dit autant, et le médecin ensuite. »

Le roi ignora-t-il cette grossesse? Et Richelieu fût-il tellement magnanime pour sa belle ennemie, jusqu'à la couvrir de son silence?

Je ne l'imagine pas..

Je crois plutôt qu'il laissa ce triste secret arriver au roi, pensant ne pouvoir s'affermir sur une meilleure base que sur le mépris de la reine.

Ce qui est sûr, c'est qu'Anne d'Autriche avorta en mars, et que Richelieu, définitivement vainqueur et maître, osa, au mois d'avril, clore et signer son traité avec Gustave, dressé dès le mois de janvier.

CHAPITRE VI

GUSTAVE-ADOLPHE[1]

1631

Voilà quatre-vingts pages pour le récit de trois années. Et qu'ai-je raconté? Rien du tout.

Ce rien est quelque chose. Car c'est le fond du temps. La grandeur de l'effort, le sérieux des tentatives, la complexité des combinaisons, l'ostentation savante d'une grosse machine politique et diplomatique, entravée par la moindre chose, qu'il faut raccommoder sans cesse, et qui crie, gémit, grince pour donner un minime effet, voilà ce qu'on a vu. Les infortunés machinistes, Sully et Richelieu, par une force très-grande

---

[1] C'était ici le lieu d'en parler; mais j'ai dû à ce grand homme le respect de commencer par lui mes Éclaircissements. Je ne pouvais d'ailleurs, dans une histoire de France, l'envisager que de profil. La vieille histoire d'*Arkenholz*, sortie des pièces et des récits originaux, est toujours excellente. Elle nous a sauvé beaucoup de pièces importantes qui, je crois, n'existent plus ailleurs. Je parle de celles qui racontent la mort de Gustave, le sac de Magdebourg, etc.

de sagesse et de volonté, atteignent de petits résultats éphémères.

Que reste-t-il de Sully, à cette époque, des bonnes volontés d'Henri IV? Et ce retour que Richelieu, en 1626 comptait faire aux économies de Sully, cet espoir de réforme, que sont-ils devenus? Louis XII et François Ier conquirent la Lombardie avec moins de labeur que Richelieu ces deux petites places de Pignerol et de Saluces qu'il nous fait tant valoir. Le résultat unique et réel qu'on ait obtenu, c'est l'amortissement définitif d'une grande force vive par où jadis la France fut terrible à l'Espagne ; je parle du parti protestant, de la marine protestante.

Du reste, l'impuissance est le trait marqué de l'époque. Chacun sent nettement que quelque chose meurt, et on ne sent pas ce qui vient.

Les vigoureux génies qui, dans ce siècle, ont un moment prolongé l'autre, Shakespeare et Cervantès, ont une intuition fort nette de ces pensées de mort. Ils jouent avec la leur et ne regrettent rien.

« Pleurez-moi seulement ce moment où la cloche tintera pour dire que je vais loger avec les vers... Oubliez-moi et ne répétez point ce pauvre nom de Shakespeare. »

L'Espagnol est plus triste, car il s'obstine à rire. Après une histoire fort plaisante : « Je sens bien à mon pouls que dimanche il ne battra plus. Adieu, gaieté! adieu, plaisanterie! adieu, amis! A l'autre monde ! »

C'est la fantaisie, direz-vous, qui part avec Shakespeare et Cervantès. Une sérieuse renaissance va commencer, de prose et de bon sens. Voici venir les gens de Port-Royal, l'austérité du jansénisme, des efforts méritoires pour mettre la raison dans la foi. Il est curieux de voir pourtant comment les fondateurs eux-mêmes jugeaient de la situation. Jansénius et Saint-Cyran, jeunes en 1613, à l'occasion de Gauffridi, *prince des magiciens* (V. le volume précédent), concluaient que le temps de l'Antichrist était venu, le dernier temps du monde. Vers 1653, Saint-Cyran, au principe même de la réforme de Port-Royal, montre infiniment peu d'espoir. Il dit en propres termes à Angélique Arnauld : « Il se fera une réformation dans l'Église... Elle aura de l'éclat et éblouira. Mais ce sera un éclat qui ne durera pas longtemps et qui passera. »

En résumé, ce siècle même, à sa bonne époque, dans ses vigoureux commencements jusqu'à Pascal, manque du haut et fécond caractère qui marqua le xvie siècle à son aurore. Je parle de l'*espoir*, du signe décisif où le héros se reconnaît, la *joie*.

J'en ai parlé fortement pour Luther, qui, parmi ses tempêtes, offre pourtant ce signe, la grande joie révolutionnaire, destructive et féconde, et la charmante joie des enfants.

J'en ai parlé pour le sublime fou de la Renaissance, l'engendreur du Gargantua, qu'on range avec les fantaisistes, et qui, tout au contraire, eut la conception première du monde positif, du monde vrai de la *Foi profonde*, identique à la science.

Je ne vois au xviie siècle que deux hommes gais, Galilée et Gustave-Adolphe.

Galileo Galilei, fils du musicien qui trouva l'opéra,

et musicien lui-même, élève des grands anatomistes de Padoue, qui lui apprirent à fond le mépris de l'autorité, professait les mathématiques. En littérature, son livre, c'était l'Arioste ; il laissait là le Tasse et les pleureurs.

Deux choses un matin lui tombent dans les mains, un gros livre d'Allemagne et un joujou de Hollande. Le livre, c'était l'*Astronomia nova* de Keppler (1609) et le joujou, c'était un essai amusant pour grossir les objets avec un verre double.

Keppler avait trouvé les mouvements des planètes, affermi Copernic et pressenti Newton. Galilée, au moyen de l'instrument nouveau qu'il organise, suit la voie de Keppler, et, derrière ses planètes, il voit la profondeur des cieux (1610).

Foudroyé et ravi, saisi d'un rire divin, il communique au monde la joie de sa découverte. Il en fait un journal : *Messager des étoiles*.

Puis les célèbres dialogues. Nulle pompe, nulle emphase ; la grâce de Voltaire et le style le plus enjoué.

Voilà la vraie grandeur.

Nous la trouvons la même dans le maître de l'art militaire, Gustave-Adolphe, créateur de la guerre moderne. Si l'on veut croire ce qu'il disait, qu'il l'apprit d'un Français, il restera du moins le héros qui la démontra.

Vrai héros et grand cœur, dont ses ennemis, terrassés, ne bénirent pas moins la douceur et l'inaltérable clémence.

Ce qui étonnait le plus en lui, c'était surtout son

étonnante sérénité, son sourire en pleine bataille. La conception du bon Pantagruel, du géant qui voit de haut les choses humaines, semblait s'être réalisée dans ce véritable guerrier. Il n'eut ni le génie morose de notre Coligny, ni le froid sérieux du Taciturne, ni l'âpreté farouche du prince Maurice. Tout au contraire, une humeur gaie, des traits de bonhomie héroïque.

Cet enjouement de Galilée et de Gustave-Adolphe, des deux hommes vraiment supérieurs, est un trait fort spécial, fort étranger au temps, et qui n'y a nulle influence. Le temps est sec, et triste, sombre.

Gustave n'apparut que pour un jour, pour montrer une science nouvelle, vaincre, périr. Galilée, pendant très-longtemps, influa peu; vingt ans après sa découverte, le jeune Descartes, qui va en Italie, ne le visite point et semble ignorer qu'il existe. La révolution de Luther, en l'autre siècle, a couru en un mois par toute l'Europe, et jusqu'en Orient. Celle de Galilée est négligée vingt ou trente ans, comme serait un badinage astrologique. Personne n'en sent l'énorme portée, morale et religieuse.

Avant de faire connaître la révolution militaire qu'opéra Gustave-Adolphe, il n'est pas mal de le montrer lui-même.

C'était un homme de taille très-haute (quelques-uns disent le plus grand de l'Europe). Très-large front. Nez d'aigle. Des yeux gris clairs (assez petits, si j'en crois les gravures), mais pénétrants. Il avait pourtant la vue basse, et il eut de bonne heure, étant Allemand par sa mère, beaucoup d'embonpoint. Sa grande force d'âme et de corps, sa paix profonde dans le péril où il passait sa vie, et l'absence absolue de trouble, n'avaient pas peu contribué à le faire gras. Cela le gênait un peu ; on ne trouvait guère de chevaux assez forts de reins pour le porter. Mais cela le servait aussi. Une balle, qui eût tué un homme maigre, se logea dans sa graisse.

Il était fort sanguin, et il avait parfois de petits moments de colère, fort courts, après lesquels il se mettait à rire. Il s'avançait aussi trop en bataille, comme un soldat. Sans ces défauts, les seuls qu'on lui reproche, on aurait pu le croire plus haut que la nature humaine.

Il était étonnamment juste, et trouvait bon que ses tribunaux suédois le condamnassent en ses affaires privées. Il apparut dans cette horrible guerre de Trente ans, où il n'y avait plus ni loi ni Dieu, comme un divin vengeur, un juge, la Justice elle-même.

L'approche seule de son camp, irréprochablement austère, était une révolution. Un de ses hommes, qui venait de prendre les vaches d'un paysan, sent une main pesante qui se pose sur son épaule. Se retournant, il reconnaît le bon géant Gustave, qui lui adresse avec douceur ces fortes paroles : » Mon fils, mon fils, il te faut t'aller faire juger. » Ce qui voulait dire : Te faire pendre.

Il était le représentant du principe opprimé, le protestantisme, celui de la liberté de l'Europe. Car son père ne fut roi de Suède que par la ruine du catholique Jean. Il fut le roi de la défense nationale contre la Pologne et les Jésuites. Son père le désignait, enfant, comme le vengeur de cette cause. « Je n'achèverai pas, disait-il ; ce sera celui-ci. » L'Allemagne le comprit ainsi. Et, quand il eut vingt ans (1614), les grandes villes impériales, si éclairées, Strasbourg, Nuremberg, Ulm, voulaient déjà le nommer leur défenseur contre la maison d'Autriche. Le landgrave de Hesse l'appelait aussi.

Il avait eu une éducation très-forte. Il écrivait et parlait l'allemand et le hollandais, le latin, l'italien et le français. Il entendait le polonais et le russe. Mais ce qui était plus important, c'est que, dans la trêve de douze ans entre la Hollande et l'Espagne, nombre d'officiers, de toute nation, qui vinrent servir en Suède lui apprirent à fond toute cette savante guerre de Hollande. Situation très-favorable. Il se trouva, en réalité, le successeur du prince Maurice.

C'était la guerre des siéges, des canaux, des marais. Mais, pour la stratégie proprement dite, la guerre des grandes manœuvres en plaine, le maître était en Suède. Pontus de la Gardie (de Carcassonne) l'avait entrevue, et son fils Jacques la trouva tout entière, la réalisa, l'enseigna à Gustave.

Né en 1585, Jacques avait dix ans de plus que lui. La nécessité de faire face avec une petite infanterie à l'immense cavalerie polonaise et aux profondes masses russes le força d'avoir du génie et d'inventer. Il pénétra jusqu'à Moscou. Et ce qui prouve que l'homme en lui fut aussi grand que l'homme de guerre, c'est que les Russes, battus par lui, eussent voulu le canoniser.

La Suède parut quelque temps irrésistible. Elle reprit Calmar sur le Danemark. Elle conquit la Finlande, imposa la paix à la Russie. Elle conquit la Courlande, la Livonie, la Prusse polonaise, imposa la paix à la Pologne.

En Pologne déjà, Gustave se trouva en face des impériaux, venus comme alliés. Il allait les retrouver en Allemagne, sur la côte du Nord, pour l'empêcher d'accomplir, ce qui semblait le mouvement naturel de sa conquête, le tour de la Baltique.

Ce n'était pas une querelle accidentelle, mais naturelle, essentielle et fondamentale; la Baltique, visiblement, allait appartenir à quelqu'un ; à Gustave ? à Waldstein ? Celui-ci assiégeait Stralsund, et Gustave la lui fit manquer (1628).

Dès 1625, la Suède, sous Jacques la Gardie et Gustave, avait planté le drapeau de la réforme militaire, fait hardiment (elle si pauvre!) son plan pour une armée de quatre-vingt mille hommes. Et quelle prime offrait-elle ? Un code d'une sévérité extraordinaire. De plus, elle supprimait presque les armes défensives.

Un Français avait trouvé un principe de guerre opposé aux trois guerres d'alors. On peut le formuler ainsi : que ce qu'il y avait de plus fort, ce n'était pas l'élan des Turcs, la tempête de cavalerie, ce n'était pas la pesanteur des cuirassiers impériaux, ni même les murs et les savantes fortifications de la Hollande, — mais bien les murs humains, le ferme fantassin en plaine et la poitrine de l'homme.

Et, bien loin de faire des carrés épais comme ceux des Espagnols, des Janissaires, des rangs serrés contre les rangs, qui, une fois rompus, s'embrouillaient de plus en plus, il mit ses hommes en files simples, et du vide derrière, disant : « Si la cavalerie vous rompt, laissez passer, et reformez-vous à deux pas. »

Cette confiance extraordinaire à la force morale eut son effet. Et cette belle tactique suédoise tenta les braves au point que beaucoup quittaient des services lucratifs, et la Hollande même, pour venir prendre part à la guerre hasardeuse où, pour rempart, on n'avait que le cœur.

Ainsi apparut dans la guerre le vrai génie moderne qui méprise les sens et la platitude du sens commun, qu'on appelle souvent le bon sens, et qui, le plus souvent, est la routine. Les sens, le sens commun, avaient dit que le ciel était une voûte de cristal à clous d'or. Galilée n'en crut rien, y vit et y montra un abîme infini. Les mêmes sens disaient que le plus sûr en guerre était de se mettre derrière des cuirasses et des murs. Gustave n'en crut rien, et il crut, d'après la Gardie, que le vrai mur, c'est l'homme ferme, et que cette fermeté mobile, dégagée des armures de limaçon sous lesquelles on traînait, est le secret de la victoire.

Dans ces hardis joueurs qui venaient à cette noble loterie, on voyait un bon nombre de nos Français réfugiés de Hollande. L'armée suédoise était surtout, avant tout, l'armée protestante. L'alliance française, qui eût été désirable à Gustave en 1627, quand Richelieu faisait la guerre au pape en Valteline, lui fut extrêmement antipathique en 1629, quand Richelieu, vainqueur de la Rochelle, appelé par le pape en Italie, était chanté et célébré par tout le parti catholique. Et, d'autre part, le ministre, qui alors comptait sur Rome, et déjà se croyait légat, n'eût eu garde de tout gâter par une telle alliance. Il tenait cependant près de Gustave un militaire distingué, Charnacé, qui négociait, semblait vouloir traiter, se mêlait fort des affaires de Gustave (de sa trêve avec la Pologne). Ce qu'il voulait surtout, c'était d'inquiéter l'Empereur, de retenir Waldstein au Nord, tandis que le duc de Lorraine et Monsieur l'appelaient en France.

Une alliance que préférait Gustave était celle de Bethlem Gabor, son beau-frère, le chef des Marches turques, qui tenait l'Empereur par derrière. Mais il mourut en novembre 1629. Gustave eût volontiers pris des subsides du roi d'Angleterre, directement intéressé aux affaires d'Allemagne pour la spoliation de son parent, le Palatin. Mais Charles, en lutte avec sa nation, et sous l'influence de sa femme Henriette, n'était nullement ennemi de la maison d'Autriche. Gustave ne l'ignorait pas ; il jugeait déjà Charles comme aurait fait Cromwell, et voyait dans son employé Vane un traître, un employé de Madrid.

Quant au Danois, la terreur de sa défaite l'avait mis si bas, que, pour se sauver seul, il sacrifiait tous ses alliés protestants. Bien plus, il entrait (en dessous) dans un honteux traité avec l'aventurier, le grand marchand de meurtres, Waldstein, et il allait mêler le sang de cet homme au sang royal en épousant sa fille, riche des pleurs de l'Allemagne !

Donc, Gustave était seul.

Richelieu ne vint sérieusement à lui que fort tard, le 24 décembre 1629. Ayant alors vaincu la cour par la découverte des lettres qui dévoilaient les trois cabales, à cette époque aussi décidément désabusé du pape, il offrait de l'argent à Gustave pour qu'il passât en Allemagne. A quelles conditions? En promettant de respecter l'usurpation que la Bavière avait faite du Palatinat. Or, c'était le point grave dans les affaires de l'Allemagne. L'électorat du Palatin, transmis à la catholique Bavière, était le signe suprême de la victoire des catholiques. En respectant cela, quoi qu'on fît, on ne faisait rien. Richelieu n'appelait Gustave en Allemagne qu'en l'entravant, voulant qu'il s'abdiquât et s'énervât d'avance.

Et cela pour trois cent mille francs!... Richelieu offrait cette somme *pour chaque année*. Mais y aurait-il plusieurs années? La première, dans une si grande et si terrible lutte, ne serait-elle pas la victoire ou la mort?

La question fut décidée par le sénat de Suède, indépendamment de la France. Le chancelier Oxenstiern était contre le passage. Le roi et le sénat furent pour : 1° parce qu'on avait déjà un pied en Allemagne, Stralsund, qu'on avait défendu contre Waldstein et qu'on voulait garder; 2° pour garder (chose grave pour un pays pauvre comme la Suède) le gros revenu de la douane de Dantzig qu'on venait d'acquérir ; 3° pour garder surtout la Baltique. Waldstein s'y établissait décidément, comme maître du Mecklembourg. Il s'intitulait follement *propriétaire des mers du Nord*. Mais l'Espagne, mais la Hollande, avec leurs grandes flottes, ne l'auraient pas laissé paisible. Elles seraient venues se battre dans la Baltique, s'y faire des établissements. Et le Suédois n'eût plus été chez lui.

Donc, on résolut le passage. Le 20 mai 1630, Gustave apporta aux États de Suède son unique enfant dans ses bras (la petite Christine), la leur remit, leur fit ses adieux, et il chanta son psaume (le quatre-vingt-dixième) : « Rassasie-nous, le matin, de ta Grâce... Nous serons joyeux tout le jour ! »

Le 24 juin, il débarqua en Allemagne, près de l'île Rugen, avec quinze mille hommes. Il écrivit ses griefs à l'Empereur, l'appelant sans souci de l'étiquette, dans sa bonhomie de soldat : « Notre ami et cher oncle. » A quoi Ferdinand, exaspéré, ne répondit pas moins avec une douceur jésuitique « qu'il ne se rappelait pas avoir fait de la peine au roi de Suède. »

Celui-ci, en touchant ce rivage désolé de l'Allemagne, fut bien surpris de voir que ce peuple, qui l'appelait depuis si longtemps, qui semblait vouloir l'appuyer, le nourrir, « qui lui aurait donné son cœur même à manger, » ne bougea plus, se recula plutôt de lui avec terreur. Tant la tyrannie exécrable de Waldstein les avait brisés. Le Poméranien, obligé de recevoir Gustave à Stettin et ne pouvant lui résister, en fit à Vienne les plus basses excuses. Les électeurs de Saxe, de Brandebourg, en qui il espérait, ne lui envoyèrent personne. Ils envoyèrent à l'Empereur, à sa diète de Ratisbonne. Bref, Gustave n'eut ni ami ni ennemi sérieux. Il eut beau laisser tout ouvertes les portes de Stettin pour inviter les impériaux à venir l'attaquer. Ils restèrent à distance. Il prit des villes, il prit l'embouchure de l'Oder, et n'en fut pas plus fort. Sa guerre était tout autre que celle des impériaux. Ils prenaient tout et affamaient les villes. Lui, il leur apportait du pain.

Cette situation dura presque une année (de juin en juin). Les princes protestants, au lieu de se joindre à Gustave, exploitèrent seulement sa présence en Allemagne pour faire peur à l'Empereur à Ratisbonne, et obtenir de lui la destitution de Waldstein.

Cette affaire fut poussée d'ensemble et par les protestants (Saxe et Brandebourg) et par le catholique duc de Bavière, qui espérait succéder à Waldstein comme général des forces de l'Empire. Mais la destitution de celui-ci n'était que nominale. Simple particulier, il n'en restait pas moins le chef secret de ces loups effrénés qui n'eussent jamais trouvé un si bon maître, c'est-à-dire si cruel ni si tolérant pour le crime.

On a dit à la légère que le père Joseph avait fait son beau traité à Ratisbonne pour obtenir de l'Empereur la destitution. Chose prouvée fausse par les dates. Waldstein fut destitué en septembre, le traité signé en octobre (1630).

En décembre, Gustave était encore fort seul dans le nord de l'Allemagne, dans un affreux désert. Il croyait y périr. Le 4, il écrit à son ami Oxenstiern en lui donnant courage, mais sans cacher qu'il espère peu, et il lui recommande son enfant, sa mémoire. C'est peu de jours après qu'il reçut l'offre de Richelieu, un subside, une entrave, un très-faible subside; avec la condition de s'abstenir des plus riches pays de l'Allemagne, des gras électorats ecclésiastiques du Rhin, et de respecter la Bavière. De janvier en mars, dans sa grande misère, il résista encore, dit Non. Cependant il avait contre lui l'armée de Tilly. Et l'Empereur songeait à rappeler Waldstein en lui donnant la dictature militaire de l'Allemagne. Deux armées catholiques allaient se former contre lui, tandis que les princes protestants tergiversaient. Il prit enfin la plume, signa et reçut l'argent catholique, secours minime et illusoire, trois cent mille livres pour la première année, et libéralement un million pour chaque année suivante, probablement après sa mort.

Il signa. Et pourquoi? Pour avoir le nom de la France. Il rendit public, imprima cet acte que Richelieu voulait secret. L'effet en fut immense. Ce nom, réellement, donna des ailes à sa fortune.

Avril 1631 est mémorable par les traités contraires que fit la France en même temps.

Le 22 avril fut ratifié le traité avec Gustave-Adolphe contre l'Empereur.

Le 6 avril, avait été conclu, à Chérasco, un traité de la France avec l'Empereur. Ce traité pour l'Italie seule, il est vrai, mais qui permettait à Ferdinand de retirer une armée d'Italie et de l'envoyer contre Gustave.

Troisièmement, en mai, Richelieu fit un traité secret avec la Bavière (rival secret de l'Empereur, ennemi public de Gustave), que la France eût voulu faire respecter du roi de Suède pendant que le Bavarois envoyait contre lui Tilly.

Honteuse politique et misérable imbroglio. Mais les événements déchirèrent les fils brouillés de cette toile d'araignée.

D'abord, le cabinet jésuite de Ferdinand, très-sottement rusé pour ne tromper personne, déclare aux protestants qu'il renonce à leur faire des procès *religieux* pour les restitutions ; on ne fera que des procès *civils ;* les gens de loi de l'Empereur vont s'établir chez chaque prince et s'immiscer partout dans le régime intérieur des États. En réalité, plus de princes, plus de gouvernements ; la justice impériale aurait remplacé tout.

Il s'éleva un cri d'indignation contre une telle hypocrisie. Et, au même moment, un fait horrible perça le cœur de l'Allemagne, Magdebourg brûlé et quarante mille hommes égorgés par Tilly au cri de *Jesus ! Maria !* Lui-même écrit paisiblement : « On n'a rien vu de tel depuis la ruine de Jérusalem. »

Ce fut le fruit des hésitations de l'ivrogne électeur de Saxe, qui, parmi les brouillards du vin, croyait tenir la balance entre Gustave et l'Empereur, ne faisait rien et paralysait tout.

Tilly marcha vers lui, et, dans sa peur, il fallut bien alors que le Saxon se réfugiât sous la main de Gustave. Celui-ci entraîna encore le Brandebourg, et il avait déjà le Mecklembourg, la Poméranie. Le courageux landgrave de Hesse, si loin de sa protection, seul sur le Rhin, se déclarait aussi pour lui.

L'approche de Tilly s'annonça à la Saxe par l'incendie de deux cents villages. Il n'était pas loin des armées suédoises et saxonnes. Mais il voulait attendre l'armée des bourreaux de Mantoue pour en fortifier celle des bourreaux de Magdebourg. Notre traité de Chérasco lui faisait espérer ce gros renfort. Gustave ne lui donna pas le temps de le recevoir. Le 7 septembre, il le défit et l'anéantit à Leipzig. Ce fut le solennel essai de la tactique nouvelle.

Gustave fit un usage habile, heureux, d'une rapide et mobile artillerie légère. Il dit aux fantassins : « Ne tirez pas avant d'être assez près pour voir le blanc des yeux. » Et, comme la masse pesante des cuirassiers impériaux pouvait les alarmer, il dit : « Poignardez les chevaux. »

Les vieux régiments de Tilly combattirent avec une fureur inexprimable, d'autant qu'ils perdaient leur métier, que dès lors la chance était aux Suédois. Mais ils furent écrasés. Leur fuite fut plus sanglante encore que la bataille. Car la terre délivrée, la terre se souleva, les montagnes du Hartz fondirent sur eux, et les pierres sur tout le chemin semblèrent s'être changées en paysans armés pour consommer cette juste vengeance et cette punition de Dieu.

Il n'y eut jamais victoire si belle. C'était celle du peuple, celle de l'humanité, de la pitié, de la justice.

Gustave pouvait faire ce qu'il voulait, aller où bon lui semblerait, à droite ou à gauche ; — ou tout droit au midi, par la Bohême ruinée, aller frapper l'Autriche à Vienne ; — ou bien, au sud-ouest, aller s'établir et se refaire dans les pays non ruinés, dans les bonnes terres de prêtres sur le Rhin, et, s'il le fallait, en Bavière.

Le chancelier Oxenstiern, qui était loin, eût voulu qu'on allât à Vienne. Gustave, qui était près, jugea qu'il fallait aller vers le Rhin.

Tous l'en blâment. Moi, non. Ce misérable Empereur, qui avait fait de ses mains une Arabie de la Bohême, qui avait épuisé ses États patrimoniaux et bu leur sang, d'où tirait-il un peu de moelle encore ? Des pays de l'ouest, des princes-prêtres qui l'aidaient malgré eux. La main mise sur ceux-ci, et la perfidie bavaroise étant neutralisée, d'un seul revers à gauche, Gustave eût abattu l'Autriche.

Il chargea donc la Saxe d'envahir le désert de Bohême, et il s'en alla vers le Rhin, guerroyant à son aise, ménageant tout le monde, riant avec les prêtres, dont ses Suédois buvaient le vin. Il était sûr de réussir s'il n'avait d'obstacle que ses ennemis.

Mais il pouvait aussi trouver obstacle en ses amis, en ses alliés malveillants. En approchant du Rhin, il allait toucher Richelieu.

CHAPITRE VII

COMMENT RICHELIEU PROFITA DES VICTOIRES DE GUSTAVE

1632

Quand Richelieu vit son ami Gustave venir à lui à travers toute l'Allemagne, faire sans obstacle deux cents lieues vers l'Ouest et arriver au Rhin, il fut étonné, j'allais dire effrayé. Quel dérangement de l'équilibre! quelle énorme prépondérance du parti protestant! Il n'avait deviné en rien ce roi de Suède. Il l'avait mesuré à la mesure de Spinola, de quelque autre bon général, et il avait compté sur une guerre hollandaise où les deux partis, faisant pied de grue, restaient des dix ans à se regarder.

Gustave était bien plus qu'un général. C'était une révolution.

Bien vite Richelieu fit trois choses :

Il poussa son roi en Lorraine dès le lendemain de la

bataille de Leipzig, pour profiter, happer quelque dépouille (octobre 1631). Chose peu difficile dans ce grand moment de terreur.

Deuxièmement, il avertit les catholiques, et en général les princes d'Allemagne, de se réfugier tous sous la garantie du traité de France, dans une neutralité armée, de n'aider ni Gustave ni l'Empereur. Neutralité qui, plus tôt aurait été favorable à Gustave, mais qui, lorsqu'il était vainqueur, devenait son obstacle. S'avançant seul et si loin, il avait besoin d'être aidé si l'on voulait que sa victoire fût sérieuse, durable, fatale à la maison d'Autriche.

Enfin Richelieu invita Gustave même à ne pas profiter de son succès, à laisser ces prétendus neutres garder leurs forces entières et se tenir armés, au profit réel de l'Autriche, dont ils restaient les secrets alliés, et demain les auxiliaires actifs, au premier revers du Suédois.

Il semble qu'il eût cru, pour ses trois cent mille francs, avoir acquis Gustave pour le diriger, l'arrêter, le mener ici et là. Voilà que, sans avoir rien fait, on voudrait limiter, détourner la conquête de cet Alexandre le Grand. Il ne touchera pas à la Bavière, évitera l'Alsace, tournera Trèves, respectera Mayence, n'ira pas en Lorraine, dont le duc était allé le provoquer et se faire battre.

Gustave eut la bonté de répondre qu'il ne lui était pas facile d'épargner tous ces princes amis de l'Autriche; que le Bavarois jouait double, armait en faisant négocier; qu'on savait ses pensées, et par lui-même, ayant intercepté ses lettres; que l'ennemi, d'ailleurs, qui venait de lui disputer l'Allemagne à Leipzig, était le Bavarois Tilly.

Gustave n'avait pas la moindre idée de se détourner en Lorraine. La protection dont Richelieu couvrait un pays que l'on n'attaquait pas n'était qu'un prétexte pour y prendre des gages, s'y établir comme protecteur. Quant à l'Alsace, Gustave pensait certainement à Strasbourg, qui l'avait appelé, comme bien d'autres villes. Richelieu n'y pouvait trouver à redire, lui qui, aux derniers dangers de Strasbourg, n'avait osé lui donner des secours que l'autorisation d'emprunter quelque argent aux marchands de Paris!

La protection que Richelieu offrait aux catholiques d'Allemagne n'était pas sérieuse. Il n'était pas armé encore, et, quoiqu'il se vante d'avoir eu au printemps suivant cent mille hommes, on a peine à le croire. En comptant bien les trois armées qu'il eut, on n'en trouve que cinquante mille. Mais alors, à la fin de 1631, il n'avait encore presque aucune force. C'était par le nom seul du roi qu'il voulait arrêter Gustave et lui faire respecter ces petits princes. Tous leurs ambassadeurs vinrent se grouper auprès de Louis XIII. Ils en tirèrent une sotte confiance. Les moindres en prirent une assurance ridicule pour chicaner, marchander avec une force irrésistible.

On le vit à Francfort. Les Francfortois le prièrent de passer son chemin, disant que, s'il leur faisait manquer à la fidélité qu'ils devaient à l'Empereur, ils pourraient bien être privés du privilége de leurs foires. Ce qui leur valut la verte semonce qu'on va lire :
« Vous ne parlez que de vos foires; mais vous ne parlez

pas de conscience et de liberté... Si j'ai trouvé la clef des places, de la Baltique au Rhin, je trouverai bien encore celle de Francfort... Suis-je venu ici pour moi-même ? Non, c'est pour vous et pour les libertés publiques. — Que Votre Majesté nous permette du moins de consulter monseigneur l'archevêque de Mayence... — C'est moi qui suis monseigneur de Mayence. Et, comme tel, je vais vous donner une bonne absolution qui vaudra bien la sienne... Pour la Bavière, n'y pensez pas; j'ai déjà pris de ses canons que je pourrais vous faire entendre... » — Là, les voyant tout blêmes, il reprit sur un ton plus gai : « Je ne suis pas votre ennemi. Mais j'ai besoin de votre ville... Votre Allemagne est un vieux corps malade; il faut des remèdes héroïques. S'ils sont un peu forts, ayez patience. Moi, j'en ai bien. Je ne suis pas ici pour me divertir. Je couche sur la dure avec mes hommes, tandis que j'ai là-bas une belle jeune femme avec qui je n'ai pas couché depuis longtemps... Bref, Messieurs de Francfort, vous me tendez le bout du doigt; moi, je veux votre main entière pour vous donner la main. Je vois bien la manœuvre... mieux que je ne vois celle de vos braves soldats. Pour des paroles, la seule à quoi je me fie, c'est celle de Dieu; il est ma garantie, avec ma propre prévoyance. »

Il avait dit : « Je suis électeur de Mayence et duc de Franconie. » Il jugeait avec raison que l'Empire était fini. On le voyait crouler à la première impulsion.

Les deux mensonges s'en allaient.

Le mensonge autrichien (de tant de peuples unis

d'eux-mêmes, disait-on) était violemment démenti, et par la Bohême qui, en deux mois, passa à la Saxe, et par la Hongrie, demi-soulevée, et par l'Autriche elle-même qui voulait armer contre l'Autrichien.

Et le grand mensonge allemand, la fiction du saint-empire, la sotte comédie d'élire un prince réellement héréditaire, tout cela finissait aussi. Tous ces princes et principicules, valets-nés du plus fort, qui, sous l'ombre du grand vautour, mangeaient, suçaient le plus patient des peuples, il leur fallait quitter le jeu. Un vengeur et un protecteur arrivait à l'Allemagne pour briser à la fois et ses faux protecteurs, et le fléau de l'armée des brigands. Il avait été droit à Francfort, au champ d'élection, pour couper court avant tout à la vieille farce qu'ils allaient jouer encore, de faire un faux roi des Romains dans le fils de l'Autriche. Gustave, avec son titre de prince des Goths que portent les rois de Suède, assurait ne connaître rien au vieux droit de l'Empire. Son droit, c'était Leipzig, la vengeance et la délivrance de l'Allemagne, prouvée si incapable de se délivrer elle-même.

Nul doute qu'en présence du fléau exécrable qui rongeait le pays, l'armée générale des voleurs qui se refaisait sous Waldstein, il ne fallût un gardien de l'Allemagne qui campât, l'épée nue, non pas sur la Baltique au petit bord, mais au cœur, sur le Rhin. Un grand royaume armé du Rhin était la seule condition de salut pour cette race infortunée, si Dieu avait assez pitié d'elle pour conserver Gustave-Adolphe.

La Suède lui est-elle étrangère? Elle parle un dialecte germanique, et Gustave spécialement était Allemand par sa mère. D'où vint donc cette répulsion, cette antipathie, cette froideur ? D'elle-même, l'Allemagne est jalouse. Si grande et si féconde, matrice et cerveau de l'Europe en plusieurs de ses grandes crises, elle ne devrait rien jalouser. Et le Suédois encore moins qu'autre chose. Grand vainqueur, mais très-petit prince, très-pauvre, une force passagère qui ne pouvait tirer consistance et durée que d'une extrême bonne volonté de l'Allemagne. Elle lui manqua réellement. Les princes, ceux du moins qui ne furent pas forcés par la présence de Gustave, suivirent de leur mieux le conseil de Richelieu, de rester impartiaux et de garder une juste balance entre Dieu et le Diable, entre leur sauveur et leur exterminateur. La bourgeoisie des villes impériales, qui, quinze années plus tôt, avait appelé Gustave, lui venu, se montra prudente, fine et avisée, politique, aidant le moins possible celui qui combattait pour tous, chicanant au libérateur ce que le lendemain elle donna généreusement aux brigands.

Il me faut bien ici laisser les grandes choses pour conter les petites, voir maintenant comment Richelieu, en entravant Gustave, profita de ses victoires, exploita habilement la terreur de son nom et grappilla sur sa conquête.

L'histoire est identique ici à l'histoire naturelle. L'astucieux corbeau suit l'aigle ou va devant, attentif à se faire sa part, s'invitant au repas et relevant les restes même avant la fin du festin.

L'attention qu'il a dans ses Mémoires à brouiller son récit, à intervertir les dates de mois et jours, empêche d'observer que chaque pas de Louis XIII suit chaque victoire de Gustave; que nos succès sont les contre-coups naturels des grands succès de là-bas. Il est bien entendu que la plupart des auteurs de mémoires et historiens ont reproduit soigneusement ce désordre. Rétablissons le synchronisme des affaires d'Allemagne et de celles de France qui en étaient les résultats.

Richelieu ne bougea avant que Gustave eût gagné sa bataille de Leipzig (7 septembre 1631). A l'instant, il emmena le roi avec quelques troupes qu'il avait en Champagne (23 octobre), et fondit sur la Lorraine allemande, investit Moyenvic, petite forteresse de l'évêché de Metz, que les soldats de l'Empereur occupaient et fortifiaient. Le drapeau impérial flottant sur Moyenvic n'empêcha pas le roi d'y entrer (27 décembre 1631). Après la déchirure qu'y venait de faire à Leipzig l'épée du roi de Suède, ce drapeau n'était qu'un lambeau.

L'étourdi duc de Lorraine avait pris justement ce temps pour provoquer à la fois les deux rois. D'une part, il avait chez lui le frère de Louis XIII et le mariait secrètement à sa sœur. De l'autre, il s'en allait, dans ce moment terrible où le torrent de Suède emportait tout, se mettre devant. Éreinté et jeté au loin, il ne rentra chez lui que pour y voir le roi de France. Le roi eut pourtant la bonté de le recevoir, de lui dire qu'il le protégerait contre Gustave (qui ne songeait guère à l'attaquer), mais que, pour rassurer Gustave sur les intentions du duc de Lorraine, lui Louis XIII prendrait *en dépôt* sa ville de Marsal et ses salines, le meilleur de son revenu (6 janvier 1632).

Le duc de Lorraine méritait cela, et pis. On ne peut qu'applaudir à une ruine si méritée. Cependant Richelieu mit à sa spoliation successive, qui dura deux ans, un luxe de ruse et d'astuce absolument inutile avec ce petit prince qui ne pouvait ni se défendre ni se faire défendre par les impériaux ou Espagnols. Il prit la Lorraine en trois fois, par trois cessions successives, tenant, ce semble, à ne rien prendre que par le consentement forcé du spolié, et non comme conquête, mais comme amende et punition. Enfin il le désespéra au point qu'il alla se faire reître.

Le second grand coup de Gustave, la défaite, la mort de Tilly (5 avril 1632), donna à Richelieu une force inouïe au dehors, au dedans, pour frapper ici les amis, là les alliés de l'Espagne.

L'Espagne, battue sur le Rhin par un petit parti suédois, tombait dans le ridicule. Et ses malheurs la faisaient radoter. Elle en était à faire sa cour au pape pour qu'il tirât le glaive spirituel, octroyât la croisade contre le prince des Goths. Elle priait Venise et la Toscane de vouloir bien faire avec elle une ligue italienne. Venise s'en moquait et soudoyait Gustave-Adolphe.

On comprend le mépris avec lequel Richelieu reçut l'intervention des deux protégés de l'Espagne, la reine mère et Gaston, dans le procès qu'il faisait faire au maréchal Marillac. Ils avaient cru faire peur aux juges, effrayer la commission qui procédait. Richelieu prit sur lui le danger possible et futur. Il rassura les juges en leur laissant l'excuse de pouvoir dire plus tard, s'il le fallait, qu'il les avait forcés. Il fit faire le procès chez lui-même à Rueil. Marillac, comme général, s'étant fort mal conduit, avait montré une inertie perfide dans les moments critiques. La trahison pourtant était difficile à prouver. Il fut condamné comme voleur, ayant détourné de l'argent, l'argent des vivres, gagné sur la vie du soldat. Sa condamnation et sa mort, malgré les menaces insolentes qu'on faisait de Bruxelles, furent une victoire sur l'Espagne, sur ses alliés, la mère et le fils (10 mai 1632).

L'Espagne ne désespérait pas d'opérer ici par nos traîtres une petite diversion. En mettant Gaston à la tête d'une bande de deux mille coquins de toute nation (qu'on disait Espagnols), on le lançait en France, où les Guise, les Créqui, les d'Épernon, et autres, même Montmorency, faisaient espérer de le soutenir. Les Espagnols promettaient tout, une armée aux Pyrénées, une flotte en Provence, etc. Et cela au moment où, de toutes parts, ils étaient enfoncés, battus, perdus, ne pouvaient plus se reconnaître. Louis XIII en fut si peu inquiet, qu'il prit ce moment pour mordre encore un bon morceau dans la Lorraine. Alléguant que Gaston avait fait en Lorraine sa petite armée, il passa au fil de l'épée deux régiments lorrains, campa devant Nancy (23 juin). Le duc, non secouru, est réduit encore à traiter, et, cette fois, cède trois forteresses.

Lui et Gaston avaient agi comme des enfants. Au défaut de l'Espagne, ils comptaient sur Waldstein; ils appelaient Waldstein, comme s'il eût pu bouger, étant alors en face de l'épée de Gustave. Seulement, comme celui-ci était obligé de se concentrer devant Waldstein, il était faible sur le Rhin, presque autant que les Espagnols. Cela permettait à Richelieu d'avancer entre les uns et les autres, de profiter de la terreur des princes-prêtres et de se garnir les mains. Les Suédois avaient préparé, Richelieu recueillait. Il arrivait, comme protecteur des catholiques, pour escamoter les conquêtes, le prix du sang des Suédois. C'est ainsi que ceux-ci, ayant battu les Espagnols dans l'archevêché de Trèves, et croyant avoir pris Coblentz, virent sur la forteresse flotter le drapeau d'une garnison française que l'archevêque y mit lui-même.

Telle était l'union de ces bons alliés. Mais l'effet moral de l'alliance n'en était pas moindre. « Ces deux puissances jointes ensemble, dit Richelieu, on sentoit qu'il n'y avoit rien en terre qui pût résister. » Donc, le pauvre Gaston put continuer en France son pèlerinage solitaire. Pas une province ne bougea, pas une ville n'ouvrit ses portes. Les gouverneurs qui avaient donné espoir, d'Épernon, Créqui, se gardèrent bien de se déclarer. Une seule chose était dangereuse, c'est que Valençay, qui tenait Calais, avait promis de l'ouvrir à l'Espagne. Mais l'Espagne n'y fut pas plus à temps qu'elle ne le fut aux Pyrénées pour soutenir Montmorency, gouverneur du Languedoc. Celui-ci s'était brouillé avec Richelieu, fort maladroitement, pour un chevalier comme il était, sur une question d'argent. Richelieu et d'Effiat, son surintendant des finances, avaient fait l'entreprise d'introduire en Languedoc, comme dans tous les pays d'états, *l'impôt réglé par les élus*. Impôt, il est vrai, non voté, donc d'un arbitraire élastique, mais en revanche dégagé des surcharges insensées, honteuses et monstrueuses, que les états votaient pour dons aux gouverneurs et autres grosses têtes de l'assemblée. Montmorency y perdait cent mille francs. Belle et noble occasion pour faire la guerre civile!

Montmorency n'entraîna les états que par la force en emprisonnant les récalcitrants. Mais il n'entraîna pas du tout nos protestants des Cévennes, ni ceux des villes, Narbonne, Nîmes, Montpellier. Ils n'avaient garde d'armer contre Richelieu, qu'ils croyaient ami de Gustave.

Qui croirait que Gaston, Montmorency, ces pitoyables fous, eurent l'idée ridicule d'écrire à Gustave, d'imaginer que, n'étant pas content de Richelieu, il leur enverrait des secours? autrement dit, que Gustave coopérerait avec les Espagnols?

Gaston n'était qu'un page, et ne méritait que le fouet. Son frère, pour châtier ou ramener cet enfant prodigue, lui envoya, pour pédagogues, deux protestants, la Force et Schomberg, avec quelques mille hommes. Leur besogne fut peu difficile. Gaston était plus fort que Schomberg, comme nombre. Mais, comme force morale, il était nul; il apportait à la bataille le découragement de l'Espagne, sa reculade universelle et l'entrain des défaites. Schomberg avait, tout au contraire, la France et le roi derrière lui, plus l'alliance du redouté vainqueur, la lointaine terreur et l'invincibilité de Gustave. Gaston le sentait bien. Montmorency peut-être aussi. Mais il n'osa pas reculer, et, les yeux fermés, à peine suivi, ce vaillant fou plongea dans les rangs de Schomberg. Il n'eut pas le bonheur d'être tué ; il fut blessé et pris (1er septembre 1632).

Schomberg était trop politique pour faire prisonnier l'héritier du trône. Gaston pouvait s'enfuir. S'il eût fait retraite vers la mer, il aurait reçu au rivage six mille Napolitains que l'Espagne lui faisait passer. Mais Schomberg négocia avec lui, lui fit espérer que, s'il ne fuyait pas, il aurait de bonnes conditions. Il resta, les posa lui-même comme s'il eût été vainqueur, exigeant des choses excessives, qui auraient été la honte du roi, des places de sûreté pour lui, le rétablissement des condamnés, entre autres, celui de la Fargis près de la reine Anne. Pendant ce temps, on le tournait, on l'enveloppait, on passait au midi entre lui et l'Espagne. Il lui fallut baisser de ton. Bullion, homme de Richelieu, arriva, et lui dit qu'il n'avait de salut que dans une soumission complète. Mais quelle ? La plus déshonorante, avec deux clauses terribles : promesse de dénoncer à l'avenir les complots qu'on fera pour lui, engagement de ne prendre aucun intérêt à ceux qui l'ont suivi et de ne pas se plaindre s'ils subissent ce qu'ils méritent.

Gaston (à en croire ses lettres et ses mémoires écrits par un des siens) avait peur et horreur d'avaler cette infâme médecine. On lui dit que c'était la seule chance d'apaiser son frère et de sauver Montmorency. La femme du prisonnier pria Gaston elle-même de trahir son mari en paroles pour le sauver en acte. Le roi pourtant ne fut pas engagé, Bullion n'ayant pouvoir ni caractère pour promettre la grâce en son nom.

La situation était analogue à celle d'Henri IV dans

l'affaire de Biron, avec cette différence que Montmorency n'avait rien de la noirceur de l'autre, qu'il était aimé de tout le monde et méritait de l'être pour ses charmantes qualités. C'était un pauvre esprit, léger et indécis (comme sa parole même, il bredouillait un peu), mais le cœur sur la main, un attrait tout particulier de naïveté chevaleresque. Toute la cour, toute la noblesse de France, étaient à genoux devant le roi et priaient pour lui. Faire périr un tel homme, et dans son Languedoc même, où il était adoré, et dont lui et ses pères étaient gouverneurs depuis si longtemps, cela paraissait un horrible coup. Et un coup qui serait vengé. Monsieur avait dit que, si l'on touchait à cette tête, il connaissait plus de trente gentilshommes qui poignarderaient Richelieu.

Celui-ci nous a conservé la délibération. On y voit qu'il donna les raisons pour et contre, faisant valoir surtout les raisons pour la mort, l'avantage de décourager à jamais le parti de Monsieur, la grande difficulté de garder un tel prisonnier; puis se démentant tout à coup, et concluant à le garder comme otage.

Il est trop évident qu'il voulait que le roi eût seul la responsabilité d'un pareil acte. Mais le roi n'avait rien de spontané, nulle initiative. On avait beau lui arranger la chose, lui bien montrer la question. Il fallait que quelqu'un le poussât par un avis exprès, lui fît signer la mort. Le panégyriste du père Joseph, écrivain ailleurs très-peu grave, mérite ici quelque attention quand il affirme, « d'après des mémoires sûrs, » que le Capucin eut l'honneur de la chose, qu'il mena toute l'affaire, d'abord la trahison de Bullion, l'espoir dont il leurra Monsieur, puis le conseil de mort. Richelieu mit Joseph en avant et le fit parler avant lui. Il le connaissait vain, aimant à se faire fort d'énergie machiavélique et à faire blanc de son épée. Joseph parla d'autant plus ferme, qu'il sentait trouver faveur et appui dans le cœur de Louis XIII, porté de sa nature à la sévérité. Montmorency, condamné au Conseil, le fut immédiatement par le Parlement de Toulouse, décapité le même jour (30 octobre 1632).

L'étonnement fut extrême en France et en Europe. On ne l'eût jamais cru, et personne ne l'aurait prévu. Chacun baissa la tête, et sentit bien qu'après ce coup il n'y avait de grâce à attendre pour personne. L'effet fut plus terrible que celui de la mort de Biron. Montmorency était si aimé, que ce fut pour beaucoup comme une perte de famille, un coup tout personnel, l'effet d'un frère décapité.

On fit comme pour Biron. On calma les parents en leur donnant les biens du mort. Le mari de sa sœur, le prince de Condé, le plus avare homme de France, tendit la main, reçut. Principale origine de cette énorme fortune des Condé. Celui-ci en 1609 n'avait pas dix mille francs de rente. Sa femme l'enrichit, puis la mort de son beau-frère, qui lui valut Écouen, Saint-Maur et Chantilly. Richelieu, déjà malgré lui, avait fondé les Orléans (1626) et fonda encore les Condé. Montmorency, qui mourut comme un saint, lança pourtant, par testament, une rude pierre au front de Richelieu. Il lui fit un don, lui légua un tableau de prix.

Plusieurs des amis de Montmorency, de ses principaux gentilshommes, furent mis à mort, et leur fidélité punie. Chose nouvelle qui scandalisa, indigna. Elle brisait les vieux attachements de vassal à seigneur, de client à patron, de *domestique* à maître. Nul maître désormais que le roi et l'État.

Sévérité terrible, mais nécessaire. C'était le commencement du règne de la loi. Et, dans les mœurs, dans l'opinion d'alors, il y avait à oser cela et péril et grandeur.

L'effet voulu fut obtenu. Pour longtemps les partis restèrent décapités, la guerre civile impossible, et l'Espagne n'eut plus de prise. Les complots furent réduits aux chances de l'assassinat.

Dès ce jour, beaucoup désirèrent violemment la mort de Richelieu. Et cela, il faut le dire, moins encore pour son audace que pour le mélange d'une basse cruauté de robe longue qu'on crut y voir mêlé. On trouva monstrueux qu'un des gentilshommes de Montmorency fût envoyé aux galères ramer avec les forçats. Pour l'échafaud, à la bonne heure. On trouvait même que l'acte hardi de la mort de Montmorency avait été fait lâchement. Il l'avait voulue sans nul doute, et n'avait pas osé la conseiller. Il y avait montré le courage d'une âme de prêtre, ne frappant pas lui-même, mais poussant le couteau.

Il se sentit très-seul. Le spectacle de cette cour terrifiée, mais désolée, était effrayant pour lui-même. Le roi avait tenu bon au moment décisif. Mais n'aurait-il pas de retour? Par un revirement surprenant et qu'on put croire timide, à ce moment de grande audace, Richelieu envoya à Madrid et fit des ouvertures aux Espagnols.

Gustave-Adolphe avait pâli, et Richelieu, par un sens froid, exact, de la destinée du héros, jugeait qu'il était temps de l'abandonner. Waldstein et l'armée des brigands avaient ressuscité, et l'Allemagne ne secondait pas sérieusement son libérateur. Quand Gustave vint contre Waldstein défendre Nuremberg, la capitale du commerce et l'arche sainte du génie allemand, on le laissa deux mois languir, s'épuiser là de misère et de maladies.

Richelieu calcula qu'il fallait profiter d'une situation encore entière et de l'effet moral qu'allait avoir ce coup de vigueur sur Montmorency. Avant l'exécution, il fit partir Beautru (le bouffon, l'*esprit fort* et l'excellent espion), de manière qu'il fût à Madrid quand la nouvelle de la mort arriverait, à temps pour voir la mine piteuse des Espagnols et pour en profiter. Beautru les trouva en effet abattus, détrempés, d'autant plus tendres aux avances imprévues de Richelieu. Il saisit ce moment pour dire qu'après tout on n'était pas ennemi, et il présenta les prisonniers espagnols que renvoyait le cardinal. On s'arrangea, d'abord pour l'Italie.

Chose agréable à l'Espagne, qui pourrait en tirer des forces pour agir sur le Rhin contre les Suédois. Agréable, honorable au pape, qui, depuis quatre ans, s'entremettait fort pour la paix, faisait trotter son Mazarin et jouait son petit rôle. Enfin chose agréable à notre jeune reine espagnole, à sa cour, qui, par mademoiselle de Hautefort, n'était pas sans influence sur le roi. La bonne entente avec Rome et l'Espagne allait peut-être atténuer l'effet du sang versé, adoucir quelque peu les haines, faire rentrer le cardinal dans le concert des honnêtes gens.

Il semblera bien étonnant, bizarre, absurde, que justement alors Richelieu, couvert d'un tel sang, voulût plaire à la reine! On ne peut pourtant en douter. Ce qu'on a dit du goût qu'il avait pour Anne d'Autriche et de ses tentatives près d'elle est incertain pour le temps qui précède et démenti pour le temps qui va suivre. Mais, pour ce moment où nous sommes, la chose est sûre et constatée.

On l'a vu en avril 1631 l'espionner, la désespérer, en surveillant sa grossesse. On le verra en 1635 demander son divorce à Rome et vouloir la chasser. Mais aujourd'hui (novembre 1632) il est galant près d'elle, lui fait sa cour semble en être amoureux.

Tyrannique esprit de cet homme, de précipitation sauvage et sans respect du temps. La tête de Montmorency vient de tomber le 30 octobre, presque sous les yeux de la reine. Et il lui faut sourire et accepter des fêtes, descendre avec lui la Garonne, se laisser promener en France, et loger et coucher chez lui!

Il semblait espérer justement dans le deuil de la reine, dans sa terreur et son abaissement. Depuis l'avortement d'avril 1631, sa situation était fort humble. Le roi n'en tenait pas le moindre compte, et venait tous les soirs chez elle pour mademoiselle de Hautefort sans lui dire un seul mot. On l'avait amenée au voyage du Midi, moins comme reine que comme otage, comme une prisonnière suspectée qu'on ne pouvait laisser à

Paris. Elle semblait n'être venue que pour aller d'exécution en exécution, sur le Rhône d'abord, puis en Languedoc. L'étrange demande de Gaston de rendre la Fargis à la reine disait assez qu'il restait encore quelque lien entre la reine et son beau-frère. L'indifférence haineuse du roi dut s'en accroître. Il la laissa aux mains de Richelieu, et s'en alla droit à Paris.

A celui-ci d'en faire ce qu'il voudrait, de la régaler et fêter dans l'intérêt du traité espagnol. C'est le prétexte qui couvrit son changement à l'égard de la reine. Changement inespéré, douce surprise pour elle, rassurée tout à coup. Surprise forte pour un cœur de femme. Elle pouvait défaillir et mollir, laisser prendre de grands avantages à l'audace d'un homme tout-puissant, d'un vainqueur, disons d'un maître, et qui voulait ce qu'il voulait.

Richelieu n'était beau ni jeune, et ne ressemblait pas à Buckingham. En revanche, il l'avait battu ; le brillant fanfaron était mort ridicule. Richelieu, au contraire, nécessaire aux Suédois, et désiré des Espagnols, semblait l'arbitre de l'Europe, grandi des victoires de Gustave, des succès de Lorraine, de la défaite de Monsieur. Même la tragédie de Toulouse, pour laquelle on avait pleuré, elle le servait peut-être au fond. Les femmes aiment qui frappe fort, et parfois ceux qui leur font peur.

Donc ce triomphateur, menant la cour vaincue, la reine souriante et tremblante, descendait doucement de Garonne en Gironde. A Bordeaux, sa victoire devait doubler encore par la mortification, le désespoir du vieux gouverneur, le duc d'Épernon. Il touchait aux quatre-vingts ans. La fête eût été belle si la rage remontée l'eût expédié et que le cardinal eût pu l'enterrer en passant.

Vain espoir! A Bordeaux, tout change.

Vicissitude étrange de la destinée qui s'amuse à nous prendre au plus beau moment, en pleine fête et couronnés de fleurs, pour nous tordre le cou!... Les violentes émotions de Richelieu, sa préoccupation terrible, l'effort qu'il avait fait, son audace craintive, enfin, par-dessus tout, le tourment de l'espoir, tout cela fut plus fort que lui. Et il fut frappé à Bordeaux.

Il n'y avait pas à lutter avec ce mal. L'irritation de la vessie, l'impossibilité d'uriner, semblent du premier coup l'approcher de la mort. L'augure fâcheux d'une mort subite vient le frapper, Schomberg mort en soupant. Et déjà, en Allemagne, il a perdu d'Effiat, général, financier, homme universel, son autre bras droit. Tout s'assombrit. La reine part en avant. Les fêtes qu'il lui préparait chez lui (à Brouage) et dans sa conquête sur son champ de gloire à la Rochelle, tout se fera sans lui. Pour comble, le vieux coquin d'Épernon, insolent d'être en vie, vient chaque matin, à grand bruit, avec toute une armée de spadassins, pour lui tâter le pouls et le voir au visage, lui aigrissant son mal par ces accès de peur. Qui l'empêche, en effet, d'enlever le malade, de le mettre au château Trompette, sinon dans l'autre monde? Le roi eût été en colère, mais on l'eût entouré, calmé, félicité, et, dans la joie universelle, il eût accepté les faits accomplis.

La reine, quitte à si bon marché, continuait joyeusement son voyage, profitait pleinement des fêtes du cardinal, que sa présence aurait gâtées. Il y eut à la Rochelle des magnificences incroyables, arcs de triomphe, joutes, combat naval, des danses et des concerts. Une extrême gaieté, car on disait qu'il était mort ou qu'il allait mourir. On dansait. Cependant la reine, qui palpitait d'espoir, impatiente, envoya son bon La Porte, un confident valet de chambre, pour s'assurer de l'heureux événement. « Je le trouvai, dit La Porte, entre deux petits lits, sur une chaise où on le pansait. Et on me donna le bougeoir pour l'aider à lire les lettres que je lui apportais. » Il interrogea fort La Porte pour savoir ce que faisait la reine, si M. de Châteauneuf, le garde des sceaux, y allait souvent, *et s'il y restait tard*, s'il n'allait pas ordinairement chez madame de Chevreuse, etc. Mais il ne s'en rapporta pas au valet de chambre, et recueillit des notes exactes sur ceux qui avaient ri et sur ceux qui avaient dansé.

Le bal ne dura pas, et la joyeuse cour revint au sérieux tout à coup, apprenant deux nouvelles qui changeaient le monde. Richelieu avait uriné, et Gustave-Adolphe était mort (16 novembre 1632).

CHAPITRE VIII

RICHELIEU, CHEF DES PROTESTANTS — SES REVERS
— LA FRANCE ENVAHIE

1633-1636.

Le monde a vu et perdu une chose bien rare, un vrai héros, et, avec lui, une admirable chance de salut. Si Gustave-Adolphe eût vécu, on arrivait dix ans, quinze ans plus tôt, à la paix de Westphalie.

Il ne fit qu'apparaître, et n'en reste pas moins un bienfaiteur du genre humain. Sa victoire eut deux résultats qu'on n'a pas assez remarqués. Elle sauva les villes impériales, non-seulement Nuremberg, mais Strasbourg, mais Augsbourg et toutes, que l'armée des brigands aurait certainement visitées. La sienne, la primitive armée libératrice, s'épuisa devant Nuremberg et y laissa ses os; mais elle y eut le succès admirable de détruire en même temps le monstre militaire, l'armée de Waldstein. Celui-ci, à Lutzen, ayant perdu ses hommes de confiance, fut en réalité éreinté pour jamais. Il ne les remplaça que par de petits officiers, brigands de troisième ordre, parmi lesquels l'Autriche trouva sans peine un assassin.

Répétons-le, Gustave ne mourut pas en vain. Il fit la grande chose pour laquelle il était né. Il coupa la tête au dragon, au gouvernement de soldats qui eût anéanti la civilisation de l'Europe.

La menue monnaie de Waldstein, toute cette populace de bons généraux qui continueront la guerre de Trente ans, perpétuent les misères, mais ne renouvellent pas le danger du monde.

Chaque fois que j'entre dans Strasbourg ou Francfort, dans Nuremberg, ce grand musée, dans la splendide Augsbourg, dans ces puissants foyers du génie allemand d'où jaillirent Gœthe et Beethoven et tant d'autres lumières, je me remémore avec un sentiment de religion le grand soldat Gustave, qui sauva l'Allemagne, et qui sait? la France peut-être.

Et je dis à ces villes : « Où seriez-vous sans lui?... Dans les ruines et les décombres, les cendres où finit Magdebourg. »

Tout ce que l'histoire fabuleuse avait conté du héros fut accompli ici et à la lettre : Sauver le monde, mourir jeune et trahi.

On sait sa mort. A cette furieuse bataille de Lutzen, il accable Waldstein, le bat, le blesse, le crible, le renverse, lui tue ses fameux chefs, l'homme surtout qui fut la guerre même, ce Pappenheim, qui, en naissant, eut au front deux épées sanglantes. Il revenait, paisible et pacifique, confiant comme à l'ordinaire, de la terrible exécution. Il n'avait avec lui qu'un Allemand, un petit prince qui avait passé, repassé plus d'une fois d'un parti à l'autre. Un coup part, et Gustave tombe. L'homme suspect qui l'accompagnait s'enfuit et alla droit à Vienne (16 septembre 1632).

Il avait fait beaucoup, et beaucoup lui restait à faire. S'il eût vécu quelques années de plus, non-seulement il eût imposé, forcé la paix, mais il eût obtenu un résultat moral immense; il eût imprimé au cœur abaissé de l'Europe un idéal grand, fort, fécond.

L'allégresse héroïque qui fit ce bon géant calme et serein, et «joyeux tout le jour,» elle eût été comme une aurore morale dans cette sombre époque. C'est l'effet d'une telle force de tout rasséréner et de tout élever à soi. Chacun regarde, admire, et grandit d'avoir regardé. La moyenne générale change. Tous gagnent un degré; même les moindres sont moins petits. Le vrai héros, de loin, et là même où il n'agit pas, par cela seul qu'il est, imprime à tous une gravitation par en haut; le monde aspire et monte, hausse vers le niveau de son cœur.

Le politique, le grand homme d'affaires, comme fut Richelieu, ou tel grand militaire, tel soi-disant héros, n'ont point du tout cette influence. Leur forte tension, et le bras d'airain, par lesquels ils serrent les ressorts, bandent la machine à casser presque, n'ont après, pour effet définitif, qu'une détente déplorable, une énervation générale. Et le monde en reste aplati.

L'idée de Richelieu, celle de l'équilibre et du balancement des forces, était-elle une idée vitale qui renouvelât l'esprit européen? Point, du tout. L'équilibre peut avoir lieu entre vivants ou entre morts. Le très-faux semblant d'équilibre qu'on obtint à la longue par le traité de Westphalie, on ne l'eut réellement que par l'épuisement définitif et par voie d'extermination.

Maintenant, osons le dire, Richelieu se méprit sur le fond de son idée même. En cherchant l'équilibre entre protestants et catholiques, il ne s'aperçut pas que les protestants isolés, débandés, n'étaient pas même un parti, tandis que les catholiques avaient la force et l'unité d'une faction.

Quand Rome, Vienne, Madrid, les Jésuites, illuminèrent et firent des fêtes pour la bataille de Lutzen, ce n'était pas seulement pour la mort de Gustave, mais pour la ruine de Waldstein, qui, rendu et fini, bientôt tué, allait restituer à l'Empereur son rôle de chef des armées catholiques et donner à ce parti, lié si fortement, l'unité absolue [1].

Qui dit l'Empereur, dit les Jésuites. Ils sont les vainqueurs des vainqueurs.

La guerre, menée par des hommes de paix, par des

---

[1] Un récit curieux et inédit de cet événement est celui que l'abbé Fontana écrit à monseigneur Panzirole la même année 1634. Il l'appelle *Valestayn*. Mais le célèbre général signait lui-même *Waldstein*. — Il y donne d'abord la version officielle des impériaux, avec des circonstances nouvelles, puis il ajoute : « Plusieurs répandent que la trahison de Waldstein n'est point avérée ; que ce sont ses ennemis, les Espagnols et Bavière (sans doute le duc de Bavière), qui ont tout fait pour le faire paraître coupable. » (*Extraits des Archives du Vatican*, conservés à nos *Archives de France*, carton L, 386.)

hommes qui n'y vont pas, ne peut manquer d'être éternelle. La médiocrité, la platitude et la bassesse, centralisées au cabinet jésuite, vont de Vienne s'étendre partout comme un pesant brouillard de plomb.

Où est le général en chef après Waldstein? Au prie-dieu, entre deux Jésuites. En réponse à cette question, ceux-ci avec satisfaction vous auraient montré là leur ouvrage, leur créature et leur propriété, un petit homme gras, qu'ils tiennent jour et nuit, gardent à vue, mènent, ramènent de l'oratoire à la chapelle. Créature étonnante ! Il serait curieux d'expliquer comment ces pères ont couvé, fait éclore cette espèce jusque-là inconnue en histoire naturelle. On avait bien le fanatique, mais on n'avait pas le *bigot*. Heureux mélange du sot, du furieux, combinaison savante d'aveugle docilité et de stupidité sauvage. Le fanatique était terrible ; mais enfin il avait des yeux; il risquait par moments d'entrevoir des lueurs. Mais rien ici ; le sens de la vue manque. Aussi quelle force et quelle roideur ! Nulle courbe ; une droite ligne de férocité sotte qu'on n'eût imaginée jamais.

On ne peut contester qu'il n'y ait là une puissance réelle. L'absence de doute et de scrupule, la parfaite unité automatique, garde cet être à part des tergiversations humaines. En lui est scellée l'unité du parti catholique. Parti très-fort, qui ne peut se disjoindre. Que le pape ait des velléités pour la France, que l'Espagne parfois soit tentée de traiter à part, ces petites inconséquences n'ont aucune portée. L'un et l'autre essentiellement sont unis à l'Autriche. Même le Bavarois, rival jaloux de l'Autrichien, comment s'en séparerait-il ? Richelieu, bien à tort, a bâti sur cette espérance. Comment ne voit-il pas la fatale unité, l'indissolubilité de ce parti, où la Bavière et tous, par la grande question de spoliation territoriale, sont liés, attachés, collés et cimentés ensemble. Le drapeau de l'Empereur, c'est *l'Édit de restitutio*.

Les protestants, qu'étaient-ils en substance ? La transition du christianisme à la liberté, la liberté naissante, sous forme encore chrétienne.

La liberté, c'est la variété spontanée du génie humain. Elle arrivait avec vingt masques qui ne se reconnaissaient pas encore dans leur unité intime. Les calvinistes, à chaque instant, étaient maudits, trahis par les luthériens et les anglicans. Le grand traître, c'était l'Angleterre de Charles Ier, au jugement de Gustave. Entre les luthériens, le Danemark frappé, effrayé, laissa les autres ; la Saxe, même le Brandebourg, ne furent pas plus fidèles. L'Allemagne luthérienne, en masse, était jalouse des Suédois, applaudissait peu leurs victoires.

Les protestants, si faibles par leur division nécessaire, furent un moment liés par un miracle. Ce miracle est Gustave-Adolphe.

Il fallait le laisser aller. Richelieu ne le pouvait pas avec son roi dévot. Et il ne le voulait pas non plus, étant prêtre, cardinal, légat de Rome en espérance. Il soutint, fortifia moralement les catholiques, c'est-à-dire les plus forts. Voilà quel fut son équilibre en 1632.

Somme toute, ce grand homme d'affaires ne montra pas beaucoup de prévoyance. Il ne prévit pas le rapide succès de Gustave, puis se l'exagéra. Il ne prévit pas la mort de Gustave, et agit comme s'il devait vivre toujours, comme si un homme mortel, un héros toujours en bataille, était le danger futur de l'Europe plus que la faction durable de Vienne. Il ne prévit pas la fidélité forcée de la Bavière à l'Autriche. Il ne prévit pas l'infidélité de Saxe et de Brandebourg, qui le poussèrent à la guerre, et puis le plantèrent là.

Frappé par la mort de Gustave, par la mort de Waldstein, qui unifiait le parti catholique et lui restituait sa prépondérance intrinsèque, il fallut bien alors, tellement quellement, qu'il suppléât Gustave, qu'il entreprît le rôle étrange et impossible de chef des protestants, lui cardinal; que d'abord il payât la guerre, puis la fît. Avec quoi? Avec des officiers tellement ses ennemis, qu'ils amaient mieux les Espagnols et désiraient être battus.

En janvier 1633, quand on le rapporta à Bordeaux, et que Louis XIII alla dix lieues au devant du malade, il paraissait très-fort. Il frappa ses ennemis, frappa ses faux amis. Mais maintenant quels seront les vrais? Nous avons vu comment le P. Joseph l'avait trahi à Ratisbonne. Montmorency, naguère ami à Lyon dans la crise de 1630, a tourné et péri. Châteauneuf, son ami à la Journée des dupes, mais depuis gagné par les dames, a dansé pour sa mort; il le fait arrêter. Son instrument, d'Estrées, qui, en 1631, se fit pour lui garde, presque geôlier de la reine mère, d'Estrées même, cette fois, est du complot. Il a peur et se cache. Richelieu est forcé de le chercher, de le rassurer, de le reprendre; à quel autre se fierait-il mieux?

Il est trop évident que personne ne croit que Richelieu puisse durer. Il mourra, ou le roi mourra. Et d'ailleurs le roi peut changer. Comment lui reste-t-il? C'est ce qu'on a peine à comprendre. Comment supporte-t-il la vie que lui fait Richelieu?

Premièrement, celui-ci lui a chassé sa mère, la tient dehors, et ferme solidement la porte, lui faisant, pour rentrer, la condition impossible de livrer son confesseur qui, dit-on, veut faire tuer le cardinal.

Deuxièmement, il maintient le roi en défiance de l'unique personne qu'il aime, lui démontrant sans peine que la gracieuse Hautefort est au fond l'espion de la reine, et lui redit tout ce qu'il dit.

Au moins ce roi dévot s'épanchera-t-il au confessionnal? Point du tout. On lui prouve que le Jésuite Suffren appartient à sa mère, et tout à l'heure que Caussin, l'un de ceux qui succèdent, intrigue pour Anne d'Autriche.

Voilà un roi bien seul, bien ennuyé. De moins en moins, sa santé lui permet la chasse. Et Richelieu, de plus en plus, lui interdit d'aller à la guerre.

Par quoi donc le tient-il? Serait-ce par le douteux Joseph, si peu sûr en lui-même, par le ministère capucin?

La nécessité politique le pousse à chaque instant à des choses qui devraient être intolérables à la conscience du roi. En janvier 1633, pour l'affaire Montmorency, il lui faut proscrire cinq évêques. Il lui faudra bientôt agir contre le pape, qui approuve le mariage de Monsieur avec une Lorraine, qui accorde à l'Espagne les moyens de la guerre, l'argent de l'église espagnole, en refusant à Richelieu de faire payer le clergé français.

Richelieu ménagea au roi l'amusement d'achever l'affaire de Lorraine en entrant lui-même à Nancy.

La conquête fut menée comme une saisie judiciaire ; le prétexte en justice, passablement grotesque, fut le *rapt* commis sur Gaston, un homme de trente ans, par la jeune princesse de Lorraine, qui en avait dix-huit.

En réalité, le roi était mené par la force des choses à se saisir de la Lorraine, comme chemin de l'Allemagne, où il devenait le chef réel du parti protestant.

Il avait travaillé l'hiver à refaire l'unité discordante de ce pauvre parti, qui paraissait s'abandonner lui-même. En avril 1633, il signa une ligue avec quatre cercles d'Allemagne, et avec les Suédois, à qui il promettait un million par année. Secours insuffisant. On le lui dit. Et il y parut bientôt à Nordlingen, où Bernard de Weimar, général allemand des Suédois, fut battu par les Impériaux (août 1634). L'Allemagne, à la discrétion de l'empereur, priait Richelieu de prendre Brisach, Philipsbourg, le haut Rhin, mais d'armer et d'intervenir, de descendre en champ clos, de remplacer Gustave.

Ainsi l'attraction fatale de cette guerre terrible, affamée d'hommes, entraînait la France. Et personnellement Richelieu, par son intérêt de ministre et ses passions d'homme, n'y était pas moins attiré. L'Espagne le minait au Louvre. Serait-ce toujours impunément que le roi irait chaque soir chez la reine écouter cette fille dévote, dangereuse et charmante, qui lui parlait pour sa maîtresse ? Le plus fort levier de l'Espagne était à Paris même. Richelieu lui avait déjà ôté la prise de la reine mère. Il devait lui ôter encore celle que lui donnait la petite cour de la reine Anne. Cette cour, qu'on voudrait croire délicate, élégante, n'en était pas moins la fabrique des plaisanteries fort sales et fort grossières qui couraient sur le ministre, sur sa vessie, ses urines, sur un ulcère caché qu'aurait eu, disait-on, sa nièce. On n'y épargnait rien pour faire arriver au roi cent contes ridicules sur ses mauvaises mœurs, ses déclarations à la reine, ses visites à Marion Delorme, les escapades invraisemblables d'un malade de cinquante ans, et si souvent au lit. Ces sottises, lors même qu'on les prouve fausses et controuvées, diminuent un homme à la longue, l'avilissent, fatiguent ceux qui le défendent; ils finissent par croire que, dans tant de choses fausses, il y a un peu de vérité.

En 1634, Richelieu avait pris enfin deux grandes décisions : rupture ouverte avec l'Espagne, renvoi de la reine espagnole.

Cette dernière mesure eût été un grand coup en Europe. Elle eût indiqué qu'on faisait peu de cas des forces de l'Espagne, puisqu'on ne craignait pas de rompre sans retour avec elle, par un outrage personnel, d'homme à homme et de roi à roi.

Une dépêche de Philippe IV (arch. Simancas, ap. Capefigue) montre qu'il fut extrêmement effrayé. Elle nous apprend que Louis XIII était tout décidé, qu'il voulait faire entendre raison à la reine par l'ambassade même d'Espagne, en lui faisant craindre un procès scandaleux qui l'eût couverte de honte, et qui l'eût perdue en Espagne même, dans sa famille humiliée. Cette terreur agit si bien sur Philippe IV, qu'il charge son ambassadeur d'une démarche assez basse près de Richelieu, voulant l'apaiser *par tous les moyens*, lui offrant tout, lui faisant dire qu'un esprit si vaste, si avide de gloire, ne pouvait trouver un champ digne de lui qu'auprès du roi d'Espagne et dans les moyens infinis de la monarchie espagnole.

La même dépêche nous apprend que M. de Créqui, le gouverneur du Dauphiné, homme si important, et influent en Italie, était envoyé à Rome pour le divorce. Vaine ambassade. Il était évident que le pape, même sous la pression du parti français, n'en viendrait jamais à faire une telle injure au roi d'Espagne, à la maison d'Autriche, avec qui ses rapports secrets étaient bien plus intimes.

En tout, sur tout, à ce moment, le pape était contre la France. Il lui refusait l'argent qu'il donnait à l'Espagne. Richelieu, pour obtenir un don du clergé de France sans l'autorisation de Rome, fit valoir aux évêques qu'il n'allait commencer la guerre que pour délivrer un évêque, l'électeur de Trèves, enlevé par l'Espagne et prisonnier à Vienne. Cette pieuse croisade devait s'exécuter par l'épée protestante des Suédois et des Hollandais. Par son traité avec ceux-ci, Richelieu leur donnait moitié des Pays-Bas, s'adjugeait l'autre.

Richelieu accuse Henri IV d'avoir imprudemment voulu la guerre au moment de sa mort. Henri y était pourtant mieux préparé, plus en état d'y frapper de grands coups. Il dit à tort qu'il avait assez d'argent, de troupes, des places en bon état. Fontaine-Mareuil et autres disent le contraire, et l'événement ne prouva que trop bien qu'ils avaient raison.

Il ne vit pas, ne prévit pas. Ce qu'il aurait pu voir, c'était son isolement réel, combien il était haï, et le profond bonheur que tout le monde aurait à le faire échouer. Et il ne prévit pas que l'argent manquerait dès la seconde année, que la France, au lieu d'envahir, serait elle-même envahie.

Il y avait du jeune homme en ce grand homme, et de fortes chaleurs de cœur. Deux fois l'audace en choses improbables lui avait réussi, et dans la tentative de dompter la mer à la Rochelle (n'ayant pas de marine encore), et dans celle de forcer les Alpes au Pas de Suze (n'ayant pas même de poudre). Donc, il se remit à la chance, dans cette guerre contre l'Espagne, guerre contre la reine, guerre contre la cour, contre tous ses ennemis.

Pour leur crever le cœur, le jour même où il envoya la déclaration de guerre à Bruxelles, il exigea que l'on rît à Paris. Il fit représenter une comédie sur son théâtre, dont il fit l'ouverture (16 avril 1635). Il voulut voir la mine que ferait cette cour ennemie, et si elle oserait ne pas rire. La pièce, les *Tuileries*, avait été esquissée par lui-même, écrite par Rotrou, Corneille et trois autres. Mais le drame était l'auditoire, et les spectateurs étaient le spectacle. Devant la face pâle du pénétrant esprit, du revenant qu'on voyait au fond de sa loge et qui surveillait tout, on travaillait à être gai.

Plus d'un de ses applaudisseurs se vengèrent de

leur lâcheté de courtisans par leur perfidie à l'armée. Ils y vinrent impatients de se faire battre et prêchant la désertion.

Il y avait bientôt quarante ans que la France n'avait fait la grande guerre. Et personne ne la savait plus. Nos gentilshommes duellistes n'étaient pas du tout des soldats. Pas un général sérieux, sauf Rohan, Thoiras, qui moururent, sauf peut-être le jeune Feuquières et le très-vieux La Force. Turenne est encore un enfant. Personne qui mérite confiance. Richelieu, en 1630, avait trois généraux à l'armée d'Italie, qui commandaient chacun son jour. En 1635, il suit une méthode moins absurde, mais mauvaise encore, deux généraux à chaque armée, et l'un d'eux un parent ou ami du ministre qui observe l'autre, l'empêche de trahir. Au nord, ce fut Brézé, son beau-frère, et sur le Rhin, le cardinal la Valette. Prétexte pour ne point obéir. La noblesse ne veut prendre l'ordre d'un général prêtre. L'armée, arrivée à Mayence, lui signifie qu'elle n'entrera pas en Allemagne. A quoi bon? Le parti protestant qu'on veut secourir est dissous, puisque Saxe et Brandebourg ont traité avec l'Empereur. Loin de pouvoir rejoindre les Suédois, la Valette est forcé de faire une retraite désastreuse. Aux nouveaux corps qu'on envoie, les anciens prêchent la révolte. L'arrière-ban, convoqué, vient ajouter l'insolence féodale d'une chevauchée de gentilshommes qui veulent bien servir le roi en France, mais non ailleurs, et encore faire seulement leurs quarante jours, le petit service de l'*ost*, d'après les *us* de saint Louis. Ni guet, ni garde; tout cela est au-dessous de la noble gendarmerie. Charger, à la bonne heure; une bataille, et aujourd'hui, sinon ils retournent chez eux.

Tout manqua de tous les côtés. La grande invasion des Pays-Bas n'eut d'autre effet que la ruine d'une ville, l'horrible saccagement de Tirlemont. En Italie, quoiqu'on eût pour soi le Savoyard, on resta, on échoua devant une bicoque.

Bref, la première campagne resta de tout point ridicule. Madrid dut être satisfaite. Mais le Louvre l'était bien plus, et la cour nageait dans la joie.

Richelieu réussirait-il mieux en 1636? Il n'y avait pas d'apparence. L'argent manquait. Il avait entrepris, en commençant la guerre, une chose hardie, et révolutionnaire alors, d'alléger quelque peu la taille du peuple en faisant payer quelques exemptés, les gros bourgeois pour une partie de leurs fiefs, les ecclésiastiques propriétaires pour ce qu'ils possédaient d'étranger à l'Église. Très-vive irritation. Elle ne fut pas moindre dans les gens d'épée quand, pour punir l'armée du Rhin, il déclara dégradés de noblesse ceux qui quittaient l'armée; les officiers non nobles envoyés aux galères, et les soldats punis de mort.

Il lui avait fallu licencier cette armée. Et, d'autre part, celle du Nord était retenue en Hollande au service des Hollandais, qui ne la renvoyèrent qu'en plein été. Donc, la France était découverte. Une invasion n'était pas improbable. Le divorce demandé à Rome, le plan pour partager les Pays-Bas, c'étaient deux crimes, deux injures personnelles que la maison d'Autriche brûlait certainement de venger.

Richelieu fit visiter nos places du Nord par un

homme qu'il croyait très-sûr, par Sublet Du Noyer¹. C'était un petit homme, de méchante mine cagote et d'âme pire, mais un bœuf de labour qui, ni jour ni nuit n'arrêtait, qui satisfaisait le maître de quelque

> ¹ Richelieu doit être jugé relativement aux difficultés infinies de sa position. La dévotion du roi, ses ménagements pour Rome, l'espoir de devenir légat, lièrent le ministre aux Jésuites, et l'empêchèrent d'être ce que la fierté de son génie l'aurait fait être, un gallican, un sorboniste (lui, fondateur de la Sorbonne nouvelle). Ce qui étonne le plus, c'est que dans sa politique et son intérieur même, il les subit par l'ascendant croissant d'un homme affilié à la Société, d'un sot fieffé, dangereux, haineux, venimeux, mais le scribe des scribes et d'un travail énorme : Sublet du Noyer. Richelieu le fit, en 1633, secrétaire d'État de la guerre, le chargea fort imprudemment d'inspecter nos places en 1636, crut aux rapports de l'ignorant, ce qui nous valut l'invasion et les faciles succès de l'ennemi qui vint presque à Paris. Cette bévue, qui devait le faire chasser, fut au contraire récompensée. Il fut chargé de fortifier des places, de diriger des siéges, d'organiser la marine : il eut la surintendance des bâtiments et manufactures, la surveillance de l'imprimerie royale, etc. Richelieu, accablé, malade, ne s'occupait plus que de l'extérieur, et bien plus encore des complots dont il était environné. Sublet régna, à tort et à travers ; il a laissé partout des marques de son génie, l'érection des églises jésuites à pots de fleurs, la destruction des œuvres les plus hautes de la Renaissance, spécialement de la sublime *Léda* de Michel-Ange, l'unique tableau qu'il eût peint à l'huile, qui était à Fontainebleau. Cet animal, chargé de recevoir le Poussin que Richelieu appelait de Rome et logeait aux Tuileries, eut l'impertinence de lui tailler la besogne, exigeant qu'il lui fît tant de chefs-d'œuvre par mois. Le Poussin se sauva à Rome. — L'attraction des sots pour les sots rendait Sublet très-cher au roi. Ils disaient leur rosaire ensemble. Cela enhardit fort le petit homme, si bien qu'en dessous il commençait tout doucement à trahir le roi pour la reine, croyant être par elle archevêque de Paris. Le mourant le mit à la porte. Et la reine, une fois régente, ne se souvint plus de Sublet, qui prit la chose à cœur, et, comme le pauvre père Joseph, creva d'ambition rentrée (1645).

charge dont on chargeât son dos. Il faisait toujours plus, il faisait toujours trop. Un ministre homme d'esprit, à qui les affaires n'ôtaient nullement l'ambition littéraire, trouvait bien doux de trouver là toujours les grosses épaules voûtées de ce Sublet pour y mettre tout ce qu'il voulait. La facilité plate d'expédier passablement une foule de matières qu'il ne connaissait point rendait ce terrible commis en état de suffire à tout. On lui mit dessus la marine où il ne savait rien, et il s'en tira assez bien. On ajouta la guerre, et tout alla très-mal ; mais était-ce sa faute ?

Par l'entraînement des affaires, peu à peu, tout alla à lui. Il avait deux choses pour lui : son énorme travail, qui semblait consciencieux, et sa bassesse de nature, peinte en sa face de hibou, qui empêchait de croire qu'il pût avoir aucune prétention élevée. Au total, un homme ténébreux, haineux et dangereux, qui ruinait sourdement ses concurrents, et qui, à la longue, eût bien pu oser miner Richelieu même, car il plaisait au roi par sa dévotion, et secrètement il était aux Jésuites.

Ce commis ne connaissait rien aux places de guerre. Il rapporta à Richelieu ce que désirait le ministre, que tout était en bon état. Et celui-ci, tranquille sur le Nord, regarda au sud-est, où le prince de Condé, gouverneur de Bourgogne, lui proposait d'envahir la Franche-Comté. Le prince le flattait de l'espoir qu'en cette campagne, la Meilleraie, un bon soldat, parent du cardinal, éclaterait sous lui, justifierait la faveur singulière du ministre, qui venait d'obtenir du vieux Sully sa démission de grand-maître de l'artillerie pour donner cette haute charge au brave et peu capable la Meilleraie.

Pour faire réussir celui-ci, on met dans cette armée deux officiers solides, très-fermes et très-forts sur leurs reins, déjà vieux dans la guerre de Trente ans, soldats du grand Gustave, que le roi venait d'acquérir. L'un, l'Allemand Rantzau ; l'autre, le Béarnais Gassion. On croyait surprendre, emporter Dôle ; elle prise, la province eût suivi ; la Meilleraie revenait couvert de gloire, le premier général du siècle.

Pendant ce temps, une chose facile à prévoir est arrivée au nord. La France est envahie.

L'ambassadeur d'Espagne, en ce moment, gouvernait ceux qui gouvernaient Ferdinand II. Il obtint qu'à vingt mille fantassins espagnols qui iraient vers Liége (sous prétexte d'une révolte), l'Empereur joindrait quinze mille cavaliers sous Piccolomini et Jean de Werth. Pendant ce temps, le duc de Lorraine entrait en Bourgogne, et Gallas, autre général de l'Empereur, allait par la Franche-Comté. Union pour la première fois, parfaite entente, accord actif de l'Espagne et de l'Autriche.

Le gouverneur des Pays-Bas, le cardinal infant, menait l'armée du Nord en France (1er juillet 1636).

Il assiége et prend la Capelle. Nul obstacle. Des places non approvisionnées, démantelées. Des gouverneurs tremblants, que les habitants forcent de se rendre. Un indicible effroi dans les campagnes. Toute la barbarie des guerres turques ; incendie, pillage et massacre. Jean de Werth remplissant tout de son nom et de sa terreur. La grande masse espagnole s'arrête à assiéger Corbie, qui est prise (15 août). Le torrent roule vers Paris. Les Croates vont jusqu'à Pontoise. Paris, épouvanté, déménage, fuit vers Orléans.

Richelieu, ce génie si sérieux et si attentif, à qui l'on supposait le don de prescience, souffrait ici plus qu'un revers; il semblait convaincu d'étourderie. C'était l'astronome tombé dans un puits, c'était le prophète aveugle qui se voit avalé au ventre de la baleine. Il avait cru prendre, et il était pris. Il sentait les risées du Louvre, la joie sournoise du monde de la reine. On dit que le cœur lui manqua, qu'il fut troublé de voir un peuple immense qui remplissait les rues, qui, pour la première fois, parlait. Ce fut, dit-on encore, le Capucin Joseph qui le releva, le ranima. J'en doute. A ce moment, ce personnage double s'était fait l'avocat de la mère du roi, le doucereux réconciliateur de la famille royale. Loin d'encourager son ami à rester et tenir ferme, il l'eût plutôt poussé à bas et aidé à sa ruine.

Richelieu, comme tout homme d'imagination, en telle rencontre, était très-agité. Mais, homme d'esprit avant tout, il comprit bien qu'en ce pays de France, sous les croisées moqueuses du Louvre, il fallait de l'aplomb et une belle contenance. Il sortit en voiture, à peu près seul, traversa en tous sens cette foule qui jusque-là le maudissait et qui ne sut plus qu'applaudir.

Paris, en ce moment, fut très-beau. Il y a toujours d'étranges ressources avec ce peuple. Les métiers, reçus par le roi dans la grande galerie du Louvre, montrèrent un noble enthousiasme et promirent une armée. On la leva réellement avec l'aide du Parlement et de toute la bourgeoisie, qui donna sans compter.

Nos troupes grossissaient. Et celles de l'ennemi fondaient chaque jour. Les cavaliers d'Allemagne, enrichis de pillage, laissaient le camp et s'évanouissaient chaque nuit. Voilà pourquoi le cardinal infant traînait et hésitait pour s'enfoncer en France. Il ne profita pas des perfidies secrètes de nos généraux princes du sang, le comte de Soissons et Monsieur, qui craignaient de trop réussir contre les Espagnols et tramaient un complot pour tuer Richelieu. Il ne tenait qu'à eux, et sa vie était dans leurs mains. Monsieur, se rappelant sans doute ce qu'on disait, que, Richelieu tué, le roi pourrait bien le tuer lui-même, Monsieur, dis-je, cette fois encore, saigna du nez, tourna le dos au moment où les conjurés le regardaient et attendaient son ordre.

En six semaines, Richelieu et le roi reprirent Corbie, une méchante petite place qu'on aurait pu enlever en vingt-quatre heures, et à qui on fit les honneurs d'un siége.

La tempête du Nord dissipée, celle de l'Est eût pu nous emporter encore si le duc de Lorraine et Gallas, qui arrivaient par deux chemins, eussent combiné leur invasion. Mais Gallas, affaibli aussi par la désertion des pillards, vint s'aheurter au siége d'une petite place, Saint-Jean de Losne, dont la population, attendant les dernières horreurs des brigands impériaux, fit une défense incroyable, les femmes comme les hommes. Rantzau parvint à s'y jeter, et dès lors régala les Allemands de sorties furieuses. La Saône se mit de la partie et déborda. Les assiégeants étaient dans l'eau, et ne réchappaient qu'à la nage. Cette ville fut délivrée le jour où Corbie fut reprise (14 novembre 1636).

On peut dire que la France s'était sauvée elle-même. Ce gouvernement, fort, dur, pesant, s'était vu désarmé, et, loin de protéger, c'est lui qui, dans la crise, fut protégé par la nation.

Mais comment la nation le put-elle, appauvrie qu'elle était et déshabituée de la guerre? Il faut l'avouer franchement, parce que l'invasion n'était pas sérieuse, et que les conquérants se souciaient peu de conquérir. Les bandes qui entrèrent par le Nord, par la Lorraine et la Franche-Comté, sous le drapeau de l'Espagne et de l'Empereur, ne se battaient ni pour l'un ni pour l'autre; elles ne voulaient rien que piller. C'est ce qu'elles firent à leur aise, non-seulement en France, mais en Franche-Comté sur terre espagnole. Puis, chargées, surchargées, ayant déménagé, vidé, ruiné le pays de fond en comble, elles plantèrent là leurs généraux.

Nous pûmes triompher à notre aise de leur départ que nous n'avions pas fait, mais triompher dans le désert sur nos propres ruines.

La Franche-Comté, jusque-là protégée par une neutralité tolérée, était pleine de biens. Elle périt alors, et ne s'en est jamais bien relevée. La Picardie entra dans le terrible *crescendo* de famine que l'on verra plus tard. La Lorraine resta rasée comme la main, et tout le pays à l'Est. L'invasion des Barbares, attendue depuis dix ans, retardée par Gustave quand il brisa Waldstein, ne fut pas une conquête, comme elle l'eût été sous ce chef, mais un grand pillage anarchique. Tous retournèrent à leurs camps d'Allemagne, ramenant chacun sa charge de vol, qui un cheval, qui un âne, qui une grosse charrette pleine. Ils ne laissèrent à manger que les pierres. On assure qu'en deux ans, dans l'Est seulement, un demi-million d'hommes mourut de misère et de faim (V. l'historien jésuite et autres, rapprochés par Bonnemère, *Histoire des Paysans*).

Donc Richelieu n'empêcha rien. Sa petite combinaison d'opposer la Bavière à l'Autriche ayant échoué complétement, tous les princes allemands se soumirent, et firent roi des Romains le fils de l'Empereur, consolidèrent la couronne impériale dans la maison d'Autriche.

En France même, les Espagnols prirent à notre barbe et gardèrent longtemps nos îles de Provence, tenant nos côtes en crainte et nos flottes en échec.

En remontant à la cause première de nos revers de 1636, on trouvait que Richelieu, privé de son armée du Rhin et ne pouvant ravoir celle de Hollande, employant le peu qu'il avait de forces en Franche-Comté, n'avait pas eu à temps l'argent qu'il eût fallu pour recruter l'armée du Nord.

Donc, l'argent, l'argent, et de suite, c'était le seul moyen pour éviter de grands malheurs en 1637. Mais, l'impôt étant augmenté, la Guyenne ruinée par les armes.

Devant ce désespoir d'une misère trop réelle, le parlement de Toulouse faiblit, dispensa de payer.

Un certain Boismaillé offrit à Richelieu de lui apprendre à faire de l'or, et de lui faire trouver deux cent mille écus par semaine. Tels étaient sa détresse, son abattement et son inquiétude, que, tout sérieux qu'il fût, il ne repoussa pas cette chimère, et se mit au creuset pour travailler en alchimie.

CHAPITRE IX

LA TRILOGIE DIABOLIQUE SOUS LOUIS XIII —
LES RELIGIEUSES DE LOUDUN

1633-1634.

La terrible *année de Corbie* (on appela ainsi 1636) et l'année encore qui suivit ne donnent nul autre résultat que de démontrer la faiblesse d'un gouvernement forcé qui paraissait fort. Retournons un peu en arrière, et regardons dessous. Nous serons étonnés de voir les discordes morales, les ténébreux abîmes, les gouffres, crevasses et fondrières, dont la plane unité de cette monarchie catholique était minée réellement.

La formule acceptée et répétée de plus en plus en ce siècle, c'est que la France est une, depuis la prise de la Rochelle. Les protestants, s'ils ne sont pas convertis, vont se convertir. Richelieu en est convaincu, et y travaille par de grosses sommes qu'on fait passer par les mains des jésuites et qui gagnent quelques ministres. Il y travaille encore par ses œuvres de controverse qu'il étend, fortifie, perfectionne jusqu'à la mort. Il emploie volontiers les protestants à l'armée, et ailleurs, comme officiers ou *gens de lettres*. C'est à ce dernier titre qu'il accueille les ministres et leur donne sa protection. L'Académie française, ouverte chez un protestant (Conrart), fut, dans les idées du ministre, un honorable asile et une douce tentation aux littérateurs convertis, comme un hôpital du protestantisme.

Un zèle si patient ne plaît pas à Aubry, son historien. Il veut faire croire que le grand cardinal, s'il eût vécu, eût égalé la gloire de Louis le Grand, employant le fer et le feu pour exterminer l'hérésie ; qu'il eût même, avec une armée, converti l'Angleterre. Du reste, pas la moindre preuve. Avec bien plus de vraisemblance, d'autres auteurs du même siècle attribuent ce zèle véhément, cette précipitation guerrière au fougueux père Joseph, romanesque et violent, autant que rusé.

Du reste, la matière manquait à la persécution.

Les protestants étaient alors les plus fidèles sujets du roi ; il y avait paru dans l'affaire de Montmorency. Les missions violentes, insolentes, qu'on faisait parmi eux, comme on eût fait en pays turc, ne parvenaient pas à lasser leur admirable patience. Les Jésuites, les Capucins et moines de toute sorte avaient en vain organisé contre eux une machine populaire très-provoquante. On voyait fréquemment l'artisan paresseux, menuisier, perruquier, laisser là son métier, se faire apôtre ; emporté d'un excès de zèle, il allait dresser son tréteau dans telle ville, et puis dans une autre, et prêcher en plein vent contre les huguenots. Ils étaient la bourgeoisie riche dans plusieurs lieux, et presque partout le commerce ; ces sermons étaient fort goûtés comme appel au pillage, au massacre peut-être, sous un gouvernement plus faible ; mais Richelieu ne l'aurait pas souffert, il eût fait pendre les apôtres.

Donc, c'était d'un autre côté que devait se tourner le zèle ardent du Capucin.

Les philosophes, athées et esprits forts, que l'on brûlait de temps à autre, étaient trop peu nombreux, des individus isolés. Une affaire de ce genre ne pouvait faire la fortune d'un homme. La dernière, la persécution de Théophile, chassé à mort en 1623 par le jésuite Arnoult et par tous les curés de France, n'avait pas grandi le Jésuite. Pour que Joseph éclatât et brillât comme vengeur de l'Église, pour que Rome fût forcée de lui donner le désiré chapeau, il lui aurait fallu une classe nombreuse à persécuter, quelque grande, nouvelle, dangereuse hérésie, qui motivât une croisade de Capucins.

La dévotion du roi y eût mordu, et, Richelieu n'osant y contredire, la France entière devenait un théâtre où ces bruyants acteurs eussent paradé devant les foules, rempli tout du tumulte de leurs enquêtes dramatiques, terrorisé les simples. Un pouvoir nouveau se fût constitué, une inquisition capucine, un grand inquisiteur, Joseph.

D'abord Torquemada, mais bientôt Ximénès, il eût jeté bas Richelieu.

Pour bien pousser cette guerre à l'intérieur, il eût fallu finir la guerre extérieure et s'arranger, sacrifier la petite question politique et la balance de l'Europe à la grande question de la foi. Pour cela, il fallait replacer près du roi le bon conseil d'Espagne, la reine mère. Et c'est à quoi Joseph commençait à travailler timidement. Il recevait les lettres de Marie de Médicis, ses prières pour rentrer, et les montrait au roi.

Le Capucin avait plus d'une chance près de Louis XIII et dans le public même. Ce qui tuait le roi et tout le monde sous Richelieu, c'était l'ennui. L'éternelle guerre d'Allemagne où la France épuisée entrait, la misère éternelle (avec certitude de croître), c'était toute la situation. L'air, d'année en année, plus pesant et moins respirable. Un brouillard monotone couvrait la scène où l'on ne distinguait qu'un seul acteur, cette grande figure de plomb. Joseph aurait bien autrement occupé le théâtre. L'intérêt dramatique eût tenu chacun éveillé. Les tragédies de l'autre siècle auraient recommencé, incidentées par le génie burlesque, italien, des *cappuccini*.

Dans les *Mémoires d'État* qu'avait écrits Joseph, qu'on ne connaît que par extraits, et que l'on a sans doute prudemment supprimés comme trop instructifs, ce bon père expliquait qu'en 1633 ou 1634 il avait eu le bonheur de découvrir une hérésie, une hérésie immense, où trempaient un nombre infini de confesseurs et de directeurs.

Les Capucins, légion admirable des gardiens de

l'Église, bons chiens du saint troupeau, avaient flairé, surpris, non pas dans les déserts, mais en pleine France, au centre, à Chartres, en Picardie, partout, un terrible gibier, les *alumbrados* de l'Espagne (illuminés ou quiétistes), qui, trop persécutés là-bas, s'étaient réfugiés chez nous, et qui, dans le monde des femmes, surtout dans les couvents, glissaient le doux poison qu'on appela plus tard du nom de Molinos.

La merveille, c'était qu'on n'eût pas su plus tôt la chose. Elle ne pouvait guère être cachée, étant si étendue. Les Capucins juraient qu'en la Picardie seule (pays où les filles sont faibles et le sang plus chaud qu'au Midi) cette folie de l'amour mystique avait soixante mille professeurs. Tout le clergé en était-il? tous les confesseurs, directeurs? Il faut sans doute entendre qu'aux directeurs officiels nombre de laïques s'adjoignirent, brûlant du même zèle pour le salut des âmes féminines. Un de ceux-ci qui éclata plus tard avec talent, audace, est l'auteur des *Délices spirituelles*, le trop fameux Desmarets de Saint-Sorlin.

Que les couvents fussent corrompus, ce n'était pas là une grande nouvelle. Il n'était nécessaire de supposer que la corruption vînt d'Espagne, qu'elle fût un fruit propre à tel pays, à telle époque. Au temps de saint Louis, l'un de ses confidents, Eudes Rigault, homme très-austère, qu'il avait fait archevêque de Rouen, ayant entrepris la visite des couvents de Normandie, écrivait chaque soir ce qu'il avait vu dans le jour. Son journal fait frémir. Il trouva chez les moines toute la violence féodale, un libertinage effréné, leurs nonnes pleines, et sans pudeur, sans réserve, publiquement, n'imaginant pas même qu'il y eût là rien à cacher.

Qui ramena quelque décence? Surtout la satire hérétique, la concurrence des Églises nouvelles, et le vis-à-vis du protestantisme. Il fallut un peu de tenue en face de cette austérité. Les confesseurs s'abstinrent, mais le Diable ne s'abstint pas. C'était un de ses jeux au XVI° siècle de prendre la figure du pauvre confesseur pour le calomnier et le perdre, de faire sous son visage et sa parfaite ressemblance l'amour aux religieuses. Dans le fameux procès des Augustines du Quesnoy, l'une d'elles avoua que cette ruse du Diable l'avait trompée quatre cent trente-quatre fois, et dans l'église même. Le père était en fuite. Tout retomba sur elle ; jetée pour toujours à l'*in pace*, elle n'y languit pas du moins : elle y mourut au bout de quelques jours (V. Massée. 1540). Nous retrouvons ceci au couvent de Louviers exactement un siècle après.

Au XVII°, l'intervention du Diable est bien moins nécessaire. Toujours puissant dans les campagnes, il n'est appelé dans les couvents que comme un auxiliaire fort accessoire. Dans les trois grands procès d'Aix, Loudun et Louviers (Gauffridi, Grandier et Pinart), le Diable arrive pour donner l'intérêt dramatique, l'effet de la finale. Mais on voit trop qu'avant qu'on produise cet acteur populaire, la pièce était bien avancée, quoiqu'on ait eu l'attention de laisser dans un demi-jour les premiers actes, trop naturels, pour faire valoir la fin surnaturelle et diabolique.

On ne peut comprendre la toute-puissance du directeur sur les religieuses, cent fois plus maître alors qu'il ne le fut dans les temps antérieurs, si l'on ne se rappelle les circonstances nouvelles.

La réforme du concile de Trente pour la clôture des monastères, fort peu suivie sous Henri IV, où les religieuses recevaient le beau monde, donnaient des bals, dansaient, etc., cette réforme commença sérieusement sous Louis XIII. Le cardinal de la Rochefoucauld, ou plutôt les jésuites qui le menaient, exigèrent une grande décence extérieure. Est-ce à dire que l'on n'entrât plus aux couvents? Un seul homme y entrait chaque jour, et non-seulement dans la maison, mais à volonté dans chaque cellule (on le voit dans plusieurs affaires, surtout par David à Louviers). Cette réforme austère et cette clôture ferma la porte au monde, aux rivaux incommodes, donna le tête-à-tête au directeur et l'influence unique.

Qu'en résulterait-il? Les spéculatifs en feront un problème, non les hommes pratiques, non les médecins. Dès le xvi⁰ siècle, le médecin Wyer nous l'explique par des histoires fort claires. Il cite dans son livre IV nombre de religieuses qui devinrent furieuses d'amour. Et, dans son livre III, un prêtre espagnol estimé qui, à Rome, entré par hasard dans un couvent de nonnes, en sortit fou, disant qu'épouses de Jésus, elles étaient les siennes, celles du prêtre, vicaire de Jésus. Il faisait dire des messes pour que Dieu lui donnât la grâce d'épouser bientôt ce couvent. (Wyer, lib. III. c. vii.)

Si cette visite passagère eut cet effet, on peut comprendre quel put être l'état du directeur des monastères de femmes quand il fut seul chez elles, et profita de la clôture, put passer le jour avec elles, recevoir à chaque heure la dangereuse confidence de leurs langueurs, de leurs faiblesses.

Les sens ne sont pas tout dans l'état de ces filles. Il faut compter surtout l'ennui, le besoin absolu de varier l'existence, de sortir d'une vie monotone par quelque écart ou quelque rêve. Que de choses nouvelles à cette époque! Les voyages, les Indes, la découverte de la terre! l'imprimerie! les romans surtout!... Quand tout cela roule au dehors, agite les esprits, comment croire qu'on supportera la pesante uniformité de la vie monastique, l'ennui des longs offices, sans assaisonnement que de quelque sermon nasillard?

Les laïques même, au milieu de tant de distractions, veulent, exigent de leurs confesseurs la variété du plaisir, l'absolution de l'inconstance.

Le prêtre est entraîné, forcé de proche en proche. Une littérature immense, variée, érudite, se fait de la casuistique, de l'art de tout permettre. Littérature très-progressive, où l'indulgence de la veille paraîtrait sévérité le lendemain. Courbés sur Navarro, Sanchez, Ovando, Escobar et autres, les confesseurs pâlissent à scruter ces mines immenses d'expédients, de fines et subtiles ressources pour exterminer le péché, je veux dire pour le nier, en supprimer partout l'idée. Des hommes si charitablement occupés nuit et jour à trouver des moyens pour autoriser le plaisir, ne garderont-ils pas pour eux une part de tant d'absolutions?

Les mondains exigeaient de l'art; ils n'acceptaient pas l'indulgence, à moins que le confesseur ne l'assaisonnât d'un sophisme. Mais était-ce la peine de ruser, de faire tant de frais avec les pauvres religieuses, faibles et convaincues d'avance?

La casuistique fut pour le monde, la mystique pour les couvents.

Les fines recettes et les *distinguo* de la première ne sont pas nécessaires ici. La mystique n'a que faire de ces pointes d'aiguille, ayant la flamme d'amour pour brouiller, brûler tout, dans sa dévorante équivoque.

L'anéantissement de la personne et la mort de la volonté, c'est le grand principe mystique. Desmarets nous en donne très-bien la vraie portée morale. Ces dévoués, dit-il, immolés en eux et anéantis, n'existent plus qu'en Dieu. *Dès lors ils ne peuvent mal faire.* La partie supérieure est tellement divine, qu'elle ne sait plus ce que fait l'autre.

Doctrine très-ancienne qui reparaît souvent dans le Moyen âge. Au XVIIe, elle est commune dans les couvents de France et d'Espagne, nulle part plus claire et plus naïve que dans les leçons d'un ange normand à une religieuse (affaire de Louviers).

L'ange enseigne à la nonne premièrement « le mépris du corps et l'indifférence à la chair. Jésus l'a tellement méprisée, qu'il l'a exposée nue à la flagellation, et laissé voir à tous... »

Il lui enseigne « l'abandon de l'âme et de la volonté, la sainte, la docile, la toute passive obéissance. Exemple, la sainte Vierge, qui ne se défia pas de Gabriel, mais obéit, conçut. »

« Courait-elle aucun risque? Non. Car un esprit ne peut causer aucune impureté. Tout au contraire, il purifie. »

A Louviers, cette belle doctrine fleurit dès 1623, professée par un directeur âgé, autorisé, David. Le fond de son enseignement était « de faire mourir le péché par le péché, pour mieux rentrer en innocence. Ainsi firent nos premiers parents. »

On devait croire que le zélé Joseph, qui avait poussé si haut le cri d'alarme contre ces corrupteurs, ne s'en tiendrait pas là, qu'il y aurait une grande et lumineuse enquête; que ce peuple innombrable, qui, dans une seule province, comptait soixante mille docteurs, serait connu, examiné de près. Mais non, ils disparaissent, et l'on n'en a pas de nouvelles. Quelques-uns, dit-on, furent emprisonnés. Mais nul procès, un silence profond.

Selon toute apparence, Richelieu se soucia peu d'approfondir la chose. Sa tendresse pour les Capucins ne l'aveugla pas au point de les suivre dans une affaire qui eût mis dans leurs mains l'inquisition sur tous les confesseurs.

En général, le moine jalousait, haïssait le clergé séculier. Maître absolu des femmes espagnoles, il était peu goûté de nos Françaises pour sa malpropreté; elles allaient plutôt au prêtre, ou au Jésuite, confesseur amphibie, demi-moine et demi-mondain. Si Richelieu avait lâché la meute des Capucins, Récollets, Carmes, Dominicains, etc., qui eût été en sûreté dans le clergé? Quel directeur, quel prêtre, même honnête, n'avait usé et abusé du doux langage des quiétistes près de ses pénitentes? Leur grand accusateur Bossuet, dans ses lettres à une femme qu'il mène parfois durement (la veuve Cornuau), ne peut lui-même s'abstenir des molles douceurs, des équivoques malsaines, des mots à double entente.

Richelieu se garda de troubler le clergé lorsque déjà il préparait l'assemblée générale où il demanda un don pour la guerre. Un procès fut permis aux moines, un seul, contre un curé, mais contre un curé magicien, ce qui permettait d'embrouiller les choses (comme en l'affaire de Gauffridi), de sorte qu'aucun confesseur, aucun directeur, ne s'y reconnût, et que chacun, en sécurité pleine, pût toujours dire : « Ce n'est pas moi. »

Grâce à ces soins tout prévoyants, une certaine obscurité reste en effet sur l'affaire de Grandier. Son historien, le Capucin Tranquille, prouve à merveille qu'il fut sorcier, bien plus un diable, et il est nommé dans le procès (comme on aurait dit d'Astaroth) *Grandier des dominations.* Tout au contraire, Ménage est près de le ranger parmi les grands hommes accusés de magie, dans les martyrs de la libre pensée.

Pour voir un peu plus clair, il ne faut pas prendre Grandier à part, mais lui garder sa place dans la trilogie diabolique du temps, dont il ne fut qu'un second acte, l'éclairer par le premier acte qu'on a vu en Provence dans l'affaire terrible de la Sainte-Baume où périt Gauffridi, l'éclairer par le troisième acte, par l'affaire de Louviers, qui copia Loudun (comme Loudun avait copié), et qui eut à son tour un Gauffridi et un Urbain Grandier.

Les trois affaires sont une et identiques. Toujours le prêtre libertin, toujours le moine jaloux et la nonne furieuse par qui on fait parler le Diable, et le prêtre brûlé à la fin.

Voilà ce qui fait la lumière dans ces affaires, et qui permet d'y mieux voir que dans la fange obscure des monastères d'Espagne et d'Italie. Les religieuses de ces pays de paresse méridionale étaient étonnamment passives, subissaient la vie de sérail, et pis encore (V. Del Rio, Llorente, Ricci, etc.). Nos Françaises, au contraire, d'une personnalité forte, ardente, exigeante, furent terribles de jalousie et terribles de haine, vrais diables (et sans figure), partant indiscrètes, bruyantes, accusatrices. Leurs révélations furent très-claires, et si claires vers la fin, que tout le monde en eut honte et qu'en trente ans, en trois affaires, la chose, commencée par l'horreur, s'éteignit dans la platitude, sous les sifflets et le dégoût.

Ce n'était pas à Loudun, en plein Poitou, parmi les huguenots, sous leurs yeux et leurs railleries, dans la ville même où ils tenaient leurs grands synodes nationaux, qu'on eût attendu une affaire scandaleuse pour les catholiques. Mais justement ceux-ci, dans les vieilles villes protestantes, vivaient comme en pays conquis, en liberté très-grande, pensant avec raison que des gens souvent massacrés, tout récemment vaincus, ne diraient mot. La Loudun catholique (magistrats, prêtres, moines, un peu de noblesse et quelques artisans) vivait à part de l'autre, en vraie colonie conquérante. La colonie se divisa, comme on pouvait le deviner, par l'opposition du prêtre et du moine.

Le moine, nombreux et altier, comme missionnaire convertisseur, tenait le haut du pavé contre les protestants et confessait les dames catholiques, lorsque, de Bordeaux, arriva un jeune curé, élève des Jésuites, lettré et agréable, écrivant bien et parlant mieux. Il éclata en chaire, et bientôt dans le monde. Il était Manceau de naissance et disputeur, mais méridional d'éducation, de facilité bordelaise, hâbleur, léger comme un Gascon. En peu de temps, il sut brouiller à fond toute la petite ville, ayant les femmes pour lui, les hommes contre (du moins presque tous). Il devint magnifique, insolent et insupportable, ne respectant plus rien. Il criblait de sarcasmes les Carmes, déblatérait en chaire contre les moines en général. On s'étouffait à ses sermons. Majestueux et fastueux, ce personnage apparaissait dans les rues de Loudun comme un père de l'Église, tandis que la nuit, moins bruyant, il glissait aux allées ou par les portes de derrière.

Toutes lui furent à discrétion. La femme de l'avocat du roi fut sensible pour lui, mais plus encore la fille du procureur royal, qui en eut un enfant. Ce n'était pas assez. Ce conquérant, maître des dames, poussant toujours son avantage, en venait aux religieuses. Il y avait partout alors des Ursulines, sœurs vouées à l'éducation, missionnaires femelles en pays protestant, qui caressaient, charmaient les mères, attiraient les petites filles. Celles de Loudun étaient un petit couvent de demoiselles nobles et pauvres. Pauvre couvent lui-même; en les fondant, on ne leur donna guère que la maison, ancien collége huguenot. La supérieure, dame de bonne noblesse et bien apparentée, brûlait d'élever son couvent, de l'amplifier, de l'enrichir et de le faire connaître. Elle aurait pris Grandier peut-être, l'homme à la mode, si déjà elle n'eût eu pour directeur un prêtre qui avait de bien autres racines dans le pays, étant proche parent des deux principaux magistrats. Le chanoine Mignon, comme on l'appelait, tenait la supérieure. Elle et lui en confession (les dames supérieures confessaient), tous deux apprirent avec fureur que les jeunes nonnes ne rêvaient que de ce Grandier dont on parlait tant.

Donc, le directeur menacé, le mari trompé, le père outragé (trois affronts en même famille!) unirent leurs jalousies et jurèrent la perte de Grandier. Pour réussir, il suffisait de le laisser aller. Il se perdait assez lui-même. Une affaire éclata qui fit un bruit à faire presque écrouler la ville.

Les religieuses, en cette vieille maison huguenote où on les avait mises, n'étaient pas rassurées. Leurs pensionnaires, enfants de la ville, et peut-être aussi de jeunes nonnes, avaient trouvé plaisant d'épouvanter les autres en jouant aux revenants, aux fantômes, aux apparitions. Il n'y avait pas trop d'ordre en ce mélange de petites filles riches que l'on gâtait. Elles couraient la nuit les corridors. Si bien qu'elles s'épouvantèrent elles-mêmes. Quelques-unes en étaient malades, ou malades d'esprit. Mais, ces peurs, ces illusions, se mêlant aux scandales de ville dont on leur parlait trop le jour, le revenant des nuits, ce fut Grandier. Plusieurs dirent l'avoir vu, senti la nuit près d'elles, audacieux, vainqueur, et s'être réveillées trop tard. Était-ce illusion? Étaient-ce plaisanteries de novices? Était-ce réellement Grandier qui avait acheté la portière ou risqué l'escalade? On n'a jamais pu l'éclaircir.

Les trois dès lors crurent le tenir. Ils suscitèrent d'abord dans les petites gens qu'ils protégeaient deux bonnes âmes qui déclarèrent ne pouvoir plus garder pour leur curé un débauché, un sorcier, un démon, un esprit fort, qui, à l'église, « pliait un genou et non deux; » enfin qui se moquait des règles, et donnait des dispenses contre les droits de l'évêque. — Accusation habile qui mettait contre lui l'évêque de Poitiers, défenseur naturel du prêtre, et livrait celui-ci à la rage des moines.

Tout cela monté avec génie, il faut l'avouer. En le faisant accuser par deux pauvres, on trouva très-utile de le bâtonner par un noble. En ce temps de duel, l'homme, impunément bâtonné, perdait dans le public; il baissait chez les femmes. Grandier sentit la profondeur du coup. Comme en tout il aimait l'éclat, il alla au roi même, se jeta à ses genoux, demanda vengeance pour sa robe de prêtre. Il l'aurait eue d'un roi dévot; mais il se trouva là des gens qui dirent au roi que c'était affaire d'amour et fureur de maris trompés.

Au tribunal ecclésiastique de Poitiers, Grandier fut condamné à pénitence et à être banni de Loudun, donc déshonoré comme prêtre. Mais le tribunal civil reprit la chose et le trouva innocent. Il eut encore pour lui l'autorité ecclésiastique dont relevait Poitiers, l'archevêque de Bordeaux, Sourdis. Ce prélat belliqueux, amiral et brave marin, autant et plus que prêtre, ne fit que hausser les épaules au récit de ces peccadilles. Il innocenta le curé, mais en même temps lui conseilla sagement d'aller vivre partout, excepté à Loudun.

C'est ce que l'orgueilleux n'eut garde de faire. Il voulut jouir du triomphe sur le terrain de la bataille et parader devant les dames. Il rentra dans Loudun au grand jour, à grand bruit ; toutes le regardaient des fenêtres ; il marchait tenant un laurier.

Non content de cette folie, il menaçait, voulait réparation. Ses adversaires, ainsi poussés, à leur tour en péril, se rappelèrent l'affaire de Gauffridi, où le Diable, le père du mensonge, honorablement réhabilité, avait été accepté en justice comme un bon témoin véridique, croyable pour l'Église et croyable pour les gens du roi. Désespérés, ils invoquèrent un Diable, et ils l'eurent à commandement. Il parut chez les Ursulines.

Chose hasardeuse. Mais que de gens intéressés au succès ! La supérieure voyait son couvent, pauvre, obscur, attirer bientôt les yeux de la cour, des provinces, de toute la terre. Les moines y voyaient leur victoire sur leurs rivaux, les prêtres. Ils retrouvaient ces combats populaires livrés au Diable en l'autre siècle, souvent (comme à Soissons) devant la porte des églises, la terreur et la joie du peuple à voir triompher le bon Dieu, l'aveu tiré du Diable, « que Dieu est dans le Sacrement, » l'humiliation des huguenots convaincus par le démon même.

Dans cette comédie tragique, l'exorciste représentait Dieu, ou tout au moins c'était l'archange terrassant le dragon. Il descendait des échafauds, épuisé, ruisselant de sueur, mais triomphant, porté dans les bras de la foule, béni des bonnes femmes qui en pleuraient de joie.

Voilà pourquoi il fallait toujours un peu de sorcellerie dans les procès. On ne s'intéressait qu'au Diable.

On ne pouvait pas toujours le voir sortir du corps en crapaud noir (comme à Bordeaux en 1610). Mais on était du moins dédommagé par une grande, superbe mise en scène. L'âpre désert de Madeleine, l'horreur de la Sainte-Baume, dans l'affaire de Provence, firent une bonne partie du succès. Loudun eut pour lui le tapage et la bacchanale furieuse d'une grande armée d'exorcistes divisés en plusieurs églises. Enfin, Louviers, que nous verrons, pour raviver un peu ce genre usé, imagina des scènes de nuit où les diables en religieuses, à la lueur des torches, creusaient, tiraient des fosses les charmes qu'on y avait cachés.

L'affaire commença par la supérieure et par une sœur converse à elle. Elles eurent des convulsions, jargonnèrent diaboliquement. D'autres nonnes les imitèrent, une surtout, hardie, reprit le rôle de la Louise de Marseille, le même diable Léviathan, le démon supérieur de chicane et d'accusation.

Toute la petite ville entre en branle. Les moines de toutes couleurs s'emparent des nonnes, les divisent, les exorcisent par trois, par quatre. Ils se partagent les églises. Les Capucins à eux seuls en occupent deux. La foule y court, toutes les femmes, et, dans cet auditoire effrayé, palpitant, plus d'une crie qu'elle sent aussi des diables ; six filles de la ville sont possédées. Et le simple récit de ces choses effroyables fait deux possédées à Chinon.

On en parla partout, à Paris, à la cour. Notre reine espagnole, imaginative et dévote, envoie son aumônier ; bien plus, lord Montaigu, l'ancien papiste, son fidèle serviteur, qui vit tout et crut tout, rapporta tout au pape. Miracle constaté. Il avait vu les plaies d'une nonne, les stigmates marqués par le Diable sur les mains de la supérieure.

Qu'en dit le roi de France? Toute sa dévotion était tournée au Diable, à l'enfer, à la crainte. On dit que Richelieu fut charmé de l'y entretenir. J'en doute; les diables étaient essentiellement espagnols et du parti d'Espagne; s'ils parlaient politique, c'eût été contre Richelieu. Peut-être en eut-il peur. Il leur rendit hommage, et envoya sa nièce pour témoigner intérêt à la chose.

La cour croyait. Mais Loudun même ne croyait pas. Ses diables, pauvres imitateurs des démons de Marseille, répétaient le matin ce qu'on leur apprenait le soir d'après le manuel connu du père Michaëlis. Ils n'auraient su que dire si des exorcismes secrets, répétition soignée de la farce du jour, ne les eussent, chaque nuit, préparés et stylés à figurer devant le peuple.

Un ferme magistrat, le bailli de la ville, éclata, vint lui-même trouver les fourbes, les menaça, les dénonça. Ce fut aussi le jugement tacite de l'archevêque de Bordeaux, auquel Grandier en appelait. Il envoya un règlement pour diriger du moins les exorcistes, finir leur arbitraire; de plus, son chirurgien, qui visita les filles, ne les trouva point possédées, ni folles, ni *malades*. Qu'étaient-elles? Fourbes à coup sûr.

Ainsi continue dans ce siècle ce beau duel du médecin contre le Diable, de la science et de la lumière contre le ténébreux mensonge. Nous l'avons vu commencer par Agrippa, Wyer. Certain docteur Duncan continua bravement à Loudun, et sans crainte imprima que cette affaire n'était que ridicule.

Le Démon, qu'on dit si rebelle, eut peur, se tut, perdit la voix. Mais les passions étaient trop animées pour que la chose en restât là. Le flot remonta pour Grandier avec une telle force, que les assaillis devinrent assaillants. Un parent des accusateurs, un apothicaire, fut pris à partie par une riche demoiselle de la ville, qu'il disait être maîtresse du curé. Comme calomniateur, il fut condamné à l'amende honorable.

La supérieure était perdue. On eût aisément constaté ce que vit plus tard un témoin, que ses stigmates étaient une peinture, rafraîchie tous les jours. Mais elle était parente d'un conseiller du roi, Laubardemont, qui la sauva. Il était justement chargé de raser les forts de Loudun. Il se fit donner une commission pour faire juger Grandier. On fit entendre au cardinal que l'accusé était curé et ami de la *Cordonnière de Loudun*, un des nombreux agents de Marie de Médicis ; qu'il s'était fait le secrétaire de sa paroissienne, et, sous son nom, avait écrit un ignoble pamphlet.

Du reste, Richelieu eût voulu être magnanime et mépriser la chose, qu'il l'eût pu difficilement. Les Capucins, le Père Joseph, spéculaient là-dessus. Richelieu lui aurait donné une belle prise contre lui près du roi s'il n'eût montré du zèle. Certain M. Quillet, qui avait observé sérieusement, alla voir Richelieu et l'avertit. Mais celui-ci craignit de l'écouter, et le regarda de si mauvais œil, que le donneur d'avis jugea prudent de se sauver en Italie.

Laubardemont arrive le 6 décembre 1633. Avec lui la terreur. Pouvoir illimité. C'est le roi en personne. Toute la force du royaume, une horrible massue, pour écraser une mouche.

Les magistrats furent indignés, le lieutenant civil avertit Grandier qu'il l'arrêterait le lendemain. Il n'en tint compte et se fit arrêter. Enlevé à l'instant, sans forme de procès, mis aux cachots d'Angers. Puis ramené, jeté où? dans la maison et la chambre d'un de ses ennemis, qui en fait murer les fenêtres pour qu'il étouffe. L'exécrable examen qu'on fait sur le corps du sorcier, en lui enfonçant des aiguilles pour trouver la marque du Diable, est fait par les mains mêmes de ses accusateurs, qui prennent sur lui d'avance leur vengeance préalable, l'avant-goût du supplice!

On le traîne aux églises en face de ces filles, à qui Laubardemont a rendu la parole. Il trouve des bacchantes que l'apothicaire condamné soûlait de ses breuvages, les jetant en de telles furies qu'un jour Grandier fut près de périr sous leurs ongles.

Ne pouvant imiter l'éloquence de la possédée de Marseille, elles suppléaient par le cynisme. Spectacle hideux! des filles, abusant des prétendus diables, pour lâcher devant le public la bonde à la furie des sens! C'est justement ce qui grossissait l'auditoire. On venait ouïr là, de la bouche des femmes, ce qu'aucune n'osa dire jamais.

Le ridicule, ainsi que l'odieux, allaient croissant. Le peu qu'on leur soufflait de latin, elles le disaient tout de travers. Le public trouvait que les diables n'avaient pas fait leur *quatrième*. Les Capucins, sans se déconcerter, dirent que, si ces démons étaient faibles en latin, ils parlaient à merveille l'iroquois, le topinambour.

La farce ignoble, vue de soixante lieues, de Saint-Germain, du Louvre, apparaissait miraculeuse, effrayante et terrible. La cour admirait et tremblait. Richelieu (sans doute pour plaire) fit une chose lâche. Il fit payer les exorcistes, payer les religieuses.

Une si haute faveur exalta la cabale et la rendit tout à fait folle. Après les paroles insensées vinrent les actes honteux. Les exorcistes, sous prétexte de la fatigue des nonnes, les firent promener hors de la ville, les promenèrent eux-mêmes. Et l'une d'elles en revint enceinte. L'apparence du moins était telle. Au cinquième ou sixième mois, tout disparut, et le démon qui était en elle avoua la malice qu'il avait eue de calomnier la pauvre religieuse par cette illusion de grossesse. C'est l'historien de Louviers qui nous apprend cette histoire de Loudun (Esprit, p. 135).

On assure que le père Joseph vint secrètement, mais vit l'affaire perdue, et s'en tira sans bruit. Les Jésuites vinrent aussi, exorcisèrent, firent peu de chose, flairèrent l'opinion, se dérobèrent aussi.

Mais les moines, les Capucins, étaient si engagés, qu'il ne leur restait plus qu'à se sauver par la terreur. Ils tendirent des piéges perfides au courageux bailli, à la baillive, voulant les faire périr, éteindre la future réaction de la justice. Enfin ils pressèrent la commission d'expédier Grandier. Les choses ne pouvaient plus aller. Les nonnes même leur échappaient. Après cette terrible orgie de fureurs sensuelles et de cris impudiques pour faire couler le sang humain, deux ou trois défaillirent, se prirent en dégoût, en horreur ; elles se vomissaient elles-mêmes. Malgré le sort affreux qu'elles avaient à attendre si elles parlaient, malgré la certitude de finir dans une basse-fosse (c'était l'usage encore, voir Mabillon), elles dirent dans l'église qu'elles étaient damnées, qu'elles avaient joué le Diable, que Grandier était innocent.

Elles se perdirent mais n'arrêtèrent rien. Une réclamation générale de la ville au roi n'arrêta rien. On condamna Grandier à être brûlé (18 août 1634). Telle était la rage de ses ennemis, qu'avant le bûcher ils exigèrent, pour la seconde fois, qu'on lui plantât partout l'aiguille pour chercher la marque du Diable. Un des juges eût voulu qu'on lui arrachât même les ongles, mais le chirurgien refusa.

On craignait l'échafaud, les dernières paroles du patient. Comme on avait trouvé dans ses papiers un écrit contre le célibat des prêtres, ceux qui le disaient sorcier le croyaient eux-mêmes esprit fort. On se souvenait des paroles hardies que les martyrs de la libre pensée avaient lancées contre leurs juges, on se rappelait le mot suprême de Bruno, la bravade de Vanini. On composa avec Grandier. On lui dit que, s'il était sage, on lui sauverait la flamme, qu'on l'étranglerait préalablement. Le faible prêtre, homme de chair, donna encore ceci à la chair, et promit de ne point parler. Il ne dit rien sur le chemin et rien sur l'échafaud. Quand on le vit bien lié au poteau, toute chose prête, et le feu disposé pour l'envelopper brusquement de flamme et de fumée, un moine, son propre confesseur, sans attendre le bourreau, mit le feu au bûcher. Le patient, enragé, n'eut que le temps de dire : « Ah! vous m'avez trompé! » Mais les tourbillons s'élevèrent et la fournaise de douleurs... On n'entendit plus que des cris.

Richelieu, dans ses Mémoires, parle peu de cette affaire et avec une honte visible. Il fait entendre qu'il suivit les rapports qui lui vinrent, la voix de l'opinion. Il n'en avait pas moins, en soudoyant les exorcistes, en lâchant bride aux Capucins, en les laissant triompher par la France, encouragé, tenté la fourberie. Gauffridi, renouvelé par Grandier, va reparaître encore plus sale dans l'affaire de Louviers.

C'est justement en 1634 que les diables, chassés de Poitou, passent en Normandie, copiant, recopiant leurs sottises de la Sainte-Baume, sans invention et sans talent, sans imagination. Le furieux Léviathan de Provence, contrefait à Loudun, perd son aiguillon du Midi, et ne se tire d'affaire qu'en faisant parler couramment aux vierges les langues de Sodome. Hélas! tout à l'heure, à Louviers, il perd son audace même; il prend la pesanteur du Nord, et devient un pauvre d'esprit.

CHAPITRE X

LES CARMÉLITES — SUCCÈS DU CID

1636-1637

Nous ne sortons pas des couvents ni du surnaturel. L'histoire de ce temps va de miracle en miracle. Au cloître se fait et se défait par voie occulte le nœud brouillé des plus grands intérêts. Le fil qu'une politique savante croit diriger aux *cabinets des princes*, une main ignorante de femme le coupe en se jouant. Richelieu propose; la Vierge dispose. Tous les calculs du Palais-Cardinal sont bafoués par le Val-de-Grâce.

Un mot d'avance qui contient tout, qui enveloppe le siècle même.

La question du siècle, c'est le mariage espagnol, redouté d'Henri IV, accompli par sa femme, presque brisé par Richelieu. A l'intérieur, à l'extérieur, Richelieu sue à combattre l'Espagne et la maison d'Autriche. Mais, malgré lui, le mariage espagnol porte décidément son fruit. Une grossesse miraculeuse met dans le trône de France le sang de Charles-Quint, *Dieudonné*, ou Louis XIV, lequel ne combattra l'Espagne que pour prendre son rôle et la continuer par la ruine de la Hollande et de la France protestante.

C'est la victoire d'un mort sur un vivant, celle de l'Espagne sur la France; l'esprit espagnol, en un siècle, mène celle-ci à sa mutilation et à sa banqueroute de trois milliards.

Est-ce à dire que ce mort, ce blême et faible revenant, ait eu directement cette victoire sur les puissances de la vie ? Non, l'Espagne n'aurait pas eu prise si la France elle-même ne s'était ouverte et livrée par l'admiration de cette vieille ruine, employant la vivacité d'un réveil de génie à relever l'Espagne dans l'opinion. Il y fallut Corneille, il y fallut le *Cid* et son succès national ; événement énorme, d'une portée qui n'a jamais été sentie jusqu'ici.

Examinons. En 1635, à la rupture, lorsque l'ambassadeur d'Espagne, Mirabel, partit de Paris, où resta le foyer de l'intrigue espagnole? Aux Carmélites de la rue Saint-Jacques. « C'est alors, dit Laporte, valet de chambre de la reine, qu'elle renoua correspondance avec son frère Philippe IV. » Elle écrivait dans ce couvent.

Cette colonie de Carmélites avait été, sous Henri IV, une vraie invasion espagnole. On a vu leur entrée triomphale à Paris sous les auspices des Guises. Elles établirent rue Saint-Jacques leur dévot ermitage, leur désert extatique, au lieu le plus peuplé et sur la grande route du Midi, la plus fréquentée de France. Ce fut un autre Escurial à un quart d'heure du Louvre.

Nous devons à M. Cousin de connaître les pieuses origines de ces solitaires[1]. Il est heureux. Au revers du critique qui croyait *dénicher* des saints, il a trouvé, rétabli dans leur niche, je ne sais combien de saintes, acceptant de confiance ce que les religieuses elles-

---

[1] Ici, et plus haut, je suis la Vie anonyme de madame de Hautefort, publiée par M. Cousin. — On lui a très-amèrement et très-justement reproché son culte pour les Chevreuse, les Longueville, etc. Il est triste, en effet, de voir cet ancien et illustre maître, éloquent initiateur de la jeunesse au stoïcisme de Kant et de Fichte, de le voir, dis-je, aux genoux de ces courtisanes dont les intrigues noyèrent la France de sang. Elles avaient de l'esprit, je le veux bien. Qui n'en avait? Elles parlaient à merveille. « Celui qui parlerait mal à la cour, dit La Bruyère, aurait le mérite d'un savant dans les langues étrangères. » — Avec tout cela, M. Cousin a publié des textes inédits dont on doit profiter, révélé des faits curieux. On ne connaissait bien ni madame de Hautefort, ni mademoiselle Lafayette, ni même la reine Anne. La fameuse affaire du Val-de-Grâce n'était pas bien éclaircie. On sait maintenant (*Chevreuse*, p. 52) que, le jour de l'Assomption, la *reine communia et jura par l'Eucharistie* qu'elle avait dans l'estomac, *qu'elle n'avait pas correspondu avec l'Espagne*. Puis elle avoua *qu'elle avait menti et qu'elle s'était parjurée*, qu'elle avait averti son frère de l'envoi d'un espion français en Espagne, et des traités que l'Angleterre et le duc de Lorraine allaient faire avec la France pour que l'Espagne pût les empêcher.

Partout ailleurs, la partialité de M. Cousin pour la galante reine est bien naïve. Il doute du succès de Buckingham auprès d'elle. Et pourquoi? Parce que Tallemant n'en a rien dit (il a omis bien d'autres choses), parce que la Rochefoucauld n'en a rien dit. Mais la Rochefoucauld, le chevalier personnel de la reine, si dévoué,

mêmes ont écrit de leur propre sainteté, leur donnant la publicité de ses livres charmants, écrits sur les femmes et pour elles.

Moi, je suis moins heureux. Sur ma route, je vois sortir de là d'étranges réputations, la Fargis, par exemple. J'y vois que les saintes elles-mêmes, fort occupées du monde, mirent toute leur ferveur à avancer les affaires de l'Espagne.

Richelieu y avait l'œil. Il avait cru se donner une prise sur l'ordre en se faisant nommer protecteur des

---

qu'elle voulait se faire enlever par lui à Bruxelles, n'avait garde de parler d'une telle aventure. Retz, qui la conte, la tenait de la meilleure source, de la Chevreuse, de celle même qui livra la reine à Buckingham dans le jardin du Louvre. — M. Cousin, dans un autre passage (*Hautefort*, p. 28, etc.), dénature les faits et les obscurcit par une simple intervention chronologique. Il parle de la retraite de Lafayette, de la grossesse de la reine, de la naissance de Louis XIV (1638) *avant de parler* du danger de la reine, de l'affaire du Val-de-Grâce, de l'expulsion de Caussin, etc. C'est placer les causes après les effets. On n'y comprend plus rien. Dès que l'on rétablit les dates dans leur ordre sévère, la clarté reparait. C'est parce qu'en 1637 elle se crut perdue par deux fois (en août au Val-de-Grâce, et le 9 décembre par l'échec de Caussin), c'est pour cela qu'on fit le 9 la tentative extrême. Sa grossesse, qui date de cette nuit, fit son salut et lui donna quinze ans de règne. — Une chose singulière, et qu'on peut vérifier à Westminster sur l'effigie de Buckingham, c'est que Louis XIV ressemblait (un peu lourdement, il est vrai) à ce bel Anglais, mort dix ans avant sa naissance. Dira-t-on que la reine, qui toute sa vie garda ce souvenir, l'eut présent à l'esprit au moment de la conception? Du reste, si elle fut enceinte en 1628 du fait de Buckingham, comme elle le craignit (V. Retz), il ne serait pas étonnant que l'enfant de 1638 lui eût ressemblé. Le premier amant (dit M. Lucas, *Hérédité*) détermine souvent le type des enfants futurs qui naîtront de ses successeurs.

Carmélites, et sur la maison de Paris en lui donnant pour supérieure une de ses parentes. Parente ou non, elle était femme, et, comme telle, dans la ligue universelle des femmes contre Richelieu. La reine trouva là une sûreté qu'elle n'avait nulle part. Elle put y écrire tout le jour à son aise. Elle put y voir à la grille qui elle voulait, des inconnus, de faux pauvres, les agents que Mirabel envoyait de Bruxelles, le lord papiste Montaigu; un joli cavalier aussi, qui, dans ses grandes crises, lui venait à propos pour lui donner courage. Le cavalier n'était autre que la Chevreuse, qui vint parfois de son exil, faisant trente lieues en une nuit.

Entrait-on dans ce monastère? Un passage curieux de mademoiselle de Montpensier nous apprend que les couvents de fondation royale n'avaient point de clôture pour les officiers des princesses. Elle-même, à douze ans, entrant dans un monastère, tous les hommes de sa suite y entraient sans difficulté.

Que pouvait-elle donc tant écrire, n'entrant pas au conseil et tenue hors des affaires? La réponse n'est pas difficile. Le couvent, mêlé de noblesse, de bourgeoisie ligueuse, et visité par tant de gens, était un grand centre d'informations. Et plus directement encore, la reine, par mademoiselle de Hautefort, savait chaque matin ce que le roi avait dit le soir. Plus d'un secret d'État pouvait, par cette voie, aller droit à Madrid.

Il faut bien se rappeler la situation. L'Espagne épuisée se voyait faire la guerre par la France épuisée. A chaque année, elle espérait que Richelieu n'en pourrait plus, serait tari, fini. Elle le crut en 1636, où, faute d'argent, il ne put refaire à temps son armée du Rhin et du Nord. La violente dictature des intendants, qu'il mit partout alors, lui donna des ressources, mais à l'instant provoqua des révoltes. L'Espagne comptait là-dessus, le guettait, l'attendait.

Mais les temps étaient bien changés. Les révoltes, isolées, partielles et sans concert, ne rappelaient en rien la Ligue. Les insurrections de paysans qui éclatèrent ici et là en 1638, la sournoise résistance (de bourgeoisie surtout) qui se fit sous forme religieuse et s'appela le jansénisme, n'auraient pas fait grand chose. L'homme tant détesté n'en fût pas moins resté fort et haut dans l'opinion. On voyait sa terrible route à travers tant d'obstacles, et les résultats (médiocres au fond) qu'il obtenait étaient loués avec raison pour la grandeur de volonté, l'invincibilité que l'on sentait en lui. Mais voici qu'un matin, sous forme littéraire, sans pouvoir être arrêté, réprimé, un coup moral inattendu lui est porté par la main d'un enfant, la main innocente et aveugle du bonhomme Corneille. Coup oblique, indirect, qui entra d'autant mieux. Tout fut changé, et le public, et peut-être Richelieu lui-même. Il ne s'en est jamais relevé. Il faut dire que ce coup fut asséné au jour le plus critique, en 1636, le lendemain de l'invasion, quand la France entamée douta du génie du ministre et l'accusa d'imprévoyance. Elle eut à ce moment un accès fou qu'elle a parfois, celui d'admirer l'ennemi. Et, par un terrible à-propos (que l'auteur, certes, n'avait pas calculé), l'Espagne éclata au théâtre et y fut glorifiée.

Richelieu, essentiellement homme de lettres, aimait, nourrissait ses confrères, qui alors ne pouvaient vivre de leur plume. Malgré la détresse publique, il soutenait les bons écrivains du temps, la Mothe le Vayer, Rotrou, Corneille, Benserade, Renaudot, l'historien Mézeray, l'amusant Boisrobert, l'honnête et savant Chapelain. Il faisait plus que de les payer, il les honorait. Par exemple, il ne souffrait pas que Desmarets lui parlât découvert; il le faisait couvrir, asseoir. Néanmoins sa nature violente et la violence de son gouvernement, qu'il le voulût ou non, étouffait la littérature. Sa manie de faire faire des pièces, dont il faisait le plan et rimait quelques scènes, était despotique, irritante ; ces pauvres rimeurs à grand'peine tiraient la charrue sous l'aiguillon de ce terrible camarade.

Un petit juge de Rouen, Pierre Corneille, avait, dès 1629, relevé, ou plutôt créé le théâtre, par une mauvaise pièce, *Mélite*, qui eut un succès immense. La liberté d'esprit, chassée du monde réel, sembla vouloir se réfugier dans celui des fictions, dans le drame d'intrigue. Trois théâtres surgirent. Richelieu eut l'ambition de conquérir encore cet asile de la fantaisie et de la libre opinion. A son confident Boisrobert il attela quatre hommes, Corneille, Rotrou, l'Étoile et Colletet, et les regarda travailler. Le plus indépendant fut Colletet (de pauvreté proverbiale) ; il repoussa le plan du tout-puissant ministre. Corneille essaya de résister, puis obéit et fit ce qu'il voulut, mais se retira à Rouen (1635).

Là, un vieux secrétaire de Marie de Médicis, grand

admirateur de l'Espagne, lui montra, lui recommanda une pièce espagnole, le *Cid*, de Guilain de Castro ; il l'engagea à porter ce beau sujet sur notre scène. Il y avait une difficulté ; la pièce était la glorification du duel, si sévèrement puni par les édits, à ce point qu'on y sacrifia en 1626 la tête même d'un Montmorency. Sévérité, du reste, qui indigna et fut prise dans l'opinion comme un trait des plus odieux de ce gouvernement de prêtre. « Plus de général prêtre ! » Ce fut le cri de la noblesse en 1635.

Glorifier le duel, c'était, dans les idées du temps, attaquer, détrôner le prêtre et relever le gentilhomme.

Dans une pièce, du reste, médiocre, *Médée*, que Corneille venait de faire jouer l'année même de l'invasion, on avait admiré et applaudi ces vers.

> Dans un si grand revers, que vous reste-t-il ? — Moi,
> Moi, dis-je, et c'est assez.

Mot fort et très-profond, bien plus que ne le sentit l'auteur. Le sort, la pensée de la France et son état moral étaient dans cette formule. La tempête d'idées et d'opinions qui battit le XVIe siècle avait laissé un calme morne ; plus de protestantisme ; le catholicisme stérile (sauf un fruit sec, le jansénisme). Il ne restait guère que l'individu.

Des mœurs religieuses en dessus, fort gâtées en dessous. Et, avec tout cela, cette France gardait une étincelle d'idées ? Non, d'énergie, une certaine pointe du moins, la langue acérée, l'épée prompte. Un brillant coup d'épée, à cela véritablement se réduit l'idéal du temps.

« Que vous reste-t-il? — Moi. » Ce mot n'était que le duel.

Précisément la chose que le ministre poursuivait, punissait de mort.

Comment ce pauvre petit juge de Rouen, fonctionnaire craintif, bourgeois de mœurs et d'habitudes, s'emporta-t-il à cet excès d'audace? Et fut-ce bien le vieux secrétaire de la reine mère qui fit cette malice de relever par là nos ennemis les Espagnols? Non, à coup sûr. Il y a une autre explication, meilleure, je crois. C'est que Corneille était dans un moment où les hommes ne se connaissent plus, et font parfois, sans savoir ce qu'ils font, de sublimes imprudences. Il aimait, aimait sans espoir. Sans cette folie-là, il n'eût jamais fait l'autre.

Une autre chose à expliquer, c'est de savoir comment cet homme de robe, ce juge de Rouen, eut la pensée des gentilshommes, l'âme de la noblesse plus qu'elle ne l'avait elle-même. L'esprit bourgeois était très-belliqueux. Des Arnauld, avocats, nous voyons surgir cet Arnauld, capitaine, qui fit le fort Louis contre La Rochelle et forma le renommé régiment de Champagne. Du parlement de Pau sortit l'homme que Richelieu appelait *la Guerre*, le fameux Gassion. Le fils du président de Thou, cet Auguste de Thou qui doit périr, va comme amateur à la guerre, en partie de plaisir, avec ses amis de la cour, aux endroits les plus dangereux, et s'amuse à se faire blesser.

Corneille amoureux fit Chimène. Corneille escrimeur

fit Rodrigue. Je veux dire escrimeur d'esprit et disputeur normand. Ses drames, sauf les moments sublimes, ne sont qu'escrime et polémique.

Le *Cid*, présenté comme une imitation de l'espagnol, allait droit à la reine. Il fut représenté chez elle au Louvre. Richelieu fut surpris. Cet incident si grave échappa à sa surveillance.

Le coup parti, tout fut fini; impossible d'y revenir. Dès la première représentation, les applaudissements, les trépignements, les cris, les pleurs, un frénétique enthousiasme. Joué au Louvre, joué à Paris, joué chez le cardinal même, qui le subit sur son théâtre, supposant très-probablement que sa désapprobation souveraine, toujours si redoutée, tuerait la pièce, ou tout au moins verserait aux acteurs, aux spectateurs, une averse de glace; que, les uns n'osant bien jouer ni les autres applaudir, le *Cid* périrait morfondu.

Phénomène terrible! Chez le cardinal même et devant lui, le succès fut complet. Acteurs et spectateurs avaient pris l'âme du *Cid*. Personne n'avait plus peur de rien. Le ministre resta le vaincu de la pièce, aussi bien que don Sanche, l'amant dédaigné de Chimène.

Contre cette erreur du public, le tout-puissant ministre, n'ayant nulle ressource en la force, fut obligé de faire appel au public même, au public des lettrés contre celui des illettrés, aux écrivains contre la cour et la ville ignorantes. Une compagnie littéraire, à l'instar des académies italiennes, s'était formée vers 1629. Chapelain et autres bons esprits se réunissaient chez un protestant aimé de Richelieu, le savant Conrart. En 1634, le ministre eut l'idée d'en faire une société qui s'occupât de mots (jamais d'idées), qui consacrât ses soins à polir notre langue. Ce fut l'Académie française. Nul péril. L'innocente et honnête société devait la protection du cardinal à son fou Boisrobert, un bouffon de beaucoup d'esprit. Et elle avait pour chancelier un homme qui était tout à lui, Desmarets de Saint-Sorlin.

Le 10 juillet 1637, au moment où Richelieu recommençait encore contre l'Espagne une campagne laborieuse, au moment où la cour l'entourait de complots, son âme littéraire, plus occupée encore du succès de Corneille, éclata toute dans une solennelle ouverture qu'il fit chez lui de l'Académie française contre le *Cid* et le public.

L'Académie naissante ne se souciait nullement de débuter par contredire l'opinion. Il fallut les ordres précis, et même une menace brutale du ministre, pour qu'elle obéît : « Je vous aimerai comme vous m'aimerez, » dit-il. Évidemment il menaçait de supprimer leurs pensions.

On sait le jugement, faible et froid, médiocre, parfois judicieux, parfois timidement complaisant, que l'Académie publia, et l'insultante critique du ridicule capitan Scudéry, et les lâches injures de Mairet, jusque-là maître de la scène, qui s'avoua jaloux et releva encore par là le succès de Corneille.

Aurait-on pu, en 1637, après le *Cid*, ce qu'on avait pu en 1626, punir de mort l'obstiné duelliste revenu pour se battre sous les croisées du roi? Non, l'édit était aboli, la scène avait vaincu les lois; sur Richelieu planait Corneille.

La campagne s'ouvrait. De quel cœur la noblesse allait-elle se battre contre les descendants du *Cid*, ces Espagnols aimés et admirés? Français et Espagnols allaient penser également que l'ennemi n'était qu'à Paris, l'ennemi commun, Richelieu.

Tout en voulant apaiser le ministre et lui demandant pardon d'avoir réussi, Corneille allait de crime en crime. Pas une de ses pièces qui n'eût l'effet d'une conspiration. *Horace*, quoique dédié au cardinal, fut avidement saisi par les Romains du Parlement, les Cassius de la grand'chambre et les Brutus de la basoche. *Cinna*, la *Clémence d'Auguste*, sous cet homme inclément, parut une sanglante satire. *Polyeucte* fut représenté au moment où le ministre venait de mettre à la Bastille le Polyeucte janséniste, l'abbé de Saint-Cyran. Les femmes de Corneille sont déjà les frondeuses, et ce sont elles qui firent celles-ci. La Palatine se croyait Émilie. Madame de Longueville disait de sang-froid, à Coligny, à la Rochefoucauld, ce que Chimène dit, dans son transport, ne se connaissant plus :

> Sors vainqueur d'un combat dont Chimène est le prix.

Mais la Chimène surtout, ce fut la reine. Avec ses trente-sept ans, notre reine espagnole, oubliée, peu comptée, un peu moquée pour ses couches douteuses, refleurit jeune et pure par la vertu du Cid. Sur elle, aux représentations, se fixent tous les yeux, à elle reviennent les bravos et l'enthousiasme public. Tout imite l'Espagne, se drape à l'espagnole, pour être bien vu de Chimène. Elle accepte ce rôle, et, quoique l'auteur inquiet ait dédié le Cid à la nièce du cardinal, la reine se pose sa patronne. Elle demande, obtient de Richelieu qu'on donne la noblesse au père de Corneille, et il n'ose refuser. Contradiction flagrante. Il le fait honorer, il le fait condamner, subissant malgré lui l'arrêt de l'opinion, si bien formulé par Balzac : « Si Platon le met hors de sa cité, il ne peut le chasser que couronné de fleurs. »

CHAPITRE XI

DANGER DE LA REINE

Août 1637

La reine Anne d'Autriche, en 1637, n'était plus jeune. Elle était à peu près de l'âge du siècle. Mais elle avait toujours une grande fraîcheur. Ce n'était que lis et que roses. Née blonde et Autrichienne, elle brunissait un peu de cheveux, était un peu plus Espagnole. Mais, comme elle était grasse, son incomparable blancheur n'avait fait qu'augmenter. Flore devenait Cérès, dans l'ampleur et la plénitude, le royal éclat de l'été.

Elle fut plus tard fort lourde. Retz la trouve, à quarante-huit ans, « une grosse Suissesse. » Mais nous sommes encore en 1637.

Elle nourrissait un peu trop sa beauté, mangeait beaucoup et se levait fort tard, soit paresse espagnole, soit pour avoir le teint plus reposé. Elle entendait une ou deux messes basses, dînait solidement à midi, puis allait voir des religieuses. Sanguine, orgueilleuse et colère, elle n'en était pas moins faible; ses domestiques la disaient *toute bonne*. Elle avait eu (jeune surtout) un bon cœur pour les pauvres. Cœur amoureux, crédule et ne se gardant guère. La Chevreuse, qui la connaissait, disait à Retz : « Prenez un air rêveur ; oubliez-vous à admirer sa belle peau et sa jolie main ; vous ferez ce que vous voudrez. »

Sa parfaite ignorance et son esprit borné la livraient infailliblement aux amants par spéculation et aux rusées friponnes qui s'en faisaient un instrument.

Par deux fois, dans deux grands dangers de la France, on la mit en rapport avec l'ennemi. En 1628, quand l'alliance monstrueuse de l'Angleterre et de l'Espagne se faisait sous main contre nous, et qu'on poussait Waldstein à l'invasion de la France, elle sollicita le duc de Lorraine de nous abandonner, c'est-à-dire d'ouvrir la porte à Waldstein (chose avouée par un des Guises). Et, quand l'invasion se réalisa, en effet, dans l'année 1636, où la grande armée des voleurs impériaux entra par le Nord et par l'Est, où commença en Lorraine et au Rhin l'immense destruction dont nous avons parlé, nous retrouvons notre grosse étourdie aux Carmélites, écrivant aux Espagnols, qui viennent à dix lieues de Paris !...

Elle trahissait et elle flattait. Elle s'était rapprochée de Richelieu. Elle lui demandait des grâces. Elle se laissa même aller, pour l'enivrer et l'aveugler, jusqu'à aller le voir chez lui à Ruel, où elle accepta ses fêtes galantes et ses collations, les concerts et les vers qu'il faisait faire pour elle.

Il n'était pas tout à fait dupe. Un si grand changement l'inquiétait plutôt. Et, à ce moment même, il accueillait l'idée d'un petit complot qui eût écarté mademoiselle de Hautefort, l'avocat de la reine, son vertueux espion. Saint-Simon et quelques autres avaient entrepris de changer les platoniques amours du roi et de lui faire aimer une fille plus jeune, Lafayette, moins jolie, toute brune, mais nature tendre, amoureuse, élevée, de celles qui ravissent les cœurs. Le confesseur du roi, le Jésuite Caussin, que l'on croyait un simple, entrait dans cette intrigue. Le fond du fond, ce semble, que Richelieu n'aperçut que plus tard, était que, Lafayette étant proche parente du père Joseph, son succès près du roi eût fait l'élévation du fameux Capucin, donc la chute de Richelieu.

Les choses allèrent très-loin. La haine de la reine, un essai fort grossier qu'elle fit pour humilier la pauvre fille en surprenant cette nymphe idéale dans nos basses fonctions de nature, ne firent qu'irriter, échauffer le roi. Sa réserve, sa dévotion, cédèrent une fois dans sa vie. Il eut un vrai transport, et proposa à Lafayette de venir s'établir *chez lui*, dans son petit Versailles, et d'être toute à lui.

Elle aurait fort bien pu être reine de France. Le roi ne pouvait avoir qu'une épouse, non une concubine. Tous furent saisis, surpris, épouvantés.

Richelieu commençait à voir à qui l'affaire profiterait. Et les parents de Lafayette commencèrent à prendre peur, à craindre d'être sacrifiés, si le roi, toujours incertain, n'allait pas jusqu'au bout. Ils abandonnèrent Lafayette, firent dire par la jeune fille qu'elle voulait se retirer à la Visitation. Le roi pleura, mais, de toutes parts, on éveilla ses scrupules, on fit appel à sa dévotion. Lafayette pleura encore plus, mais s'en alla (19 mai 1637). Le père Caussin, qui ne lâchait pas prise, insinua au pénitent royal qu'il pouvait sans péché continuer de la voir à la grille. Religieuse et toujours aimée, elle n'en eût été que plus puissante peut-être pour amener le roi où l'on voulait.

La reine triomphait du départ de Lafayette. Cependant, au mois d'août, elle fut frappée à son tour. Un avis positif permit à Richelieu de saisir enfin sa correspondance. On arrêta Laporte, qui ne la trahit pas. Ce fut elle qui trahit Laporte, avoua, et, de plus, se laissa dicter une lettre pour lui ordonner de tout dire. Amené devant le ministre, il nia fermement. On ne poussa pas trop. Richelieu se montra doux et courtois jusqu'à envoyer de l'argent à madame de Chevreuse, qui s'enfuyait et partait pour l'Espagne. Il fit visiter le couvent, ne trouva rien que haires, cilices et disciplines. Il est faux et absurde qu'en cette visite le chancelier ait fouillé la reine effrontément, mis la main dans son sein. Elle n'était pas même à Paris, mais à Chantilly, près du roi.

A quoi tint son salut? A ce qu'on ne trouva pas les pièces essentielles? A ce que mademoiselle de Hautefort alla déguisée à la Bastille, et avertit Laporte de ce qu'il devait dire? Il y eut tout cela, mais encore autre chose. La douceur de Richelieu pour Laporte (qui ne fut pas mis à la question), les éloges même que le ministre donna à sa résistance, à sa fidélité, montrent assez qu'alors il ménagea la reine. Pourquoi? Elle était à ses pieds et elle avait demandé grâce.

Il l'avait terrifiée d'abord, lui faisant croire qu'il

DANGER DE LA REINE.

avait trouvé tout. Et alors, perdant la tête, elle l'avait prié d'éloigner les témoins et de rester seul avec elle. Le manuscrit cité par Capefigue, quoique de la main du cardinal, est si naïf, qu'on n'y peut méconnaître ce que dut sentir la femme effrayée. Par sa trahison de Laporte, par celle qu'elle fit (plus haut) de la Fargis, on voit comme elle était peureuse. Elle fut d'autant plus caressante, plus qu'une reine, plus qu'une femme ne pouvait l'être avec sûreté : « Quelle bonté faut-il que vous ayez, monsieur le cardinal!... Tirez-moi de là; je ne ferai plus de faute à l'avenir. » Elle avançait, offrant sa main tremblante. C'était fait de la fière Chimène. Au vainqueur de dicter les conditions.

Au grand étonnement de la reine, Richelieu recula. Il ne prit point cette main, s'inclina humblement et dit qu'il allait demander les ordres du roi. Que dire des contradictions humaines? La faveur que, cinq ans plus tôt, en novembre 1632, il avait cherchée, désirée, il la décline en 1637. Y vit-il une perfidie, un piége féminin pour le perdre? Ou peut-être, malade, vieilli, il se jugea, se contenta de tout pouvoir.

Revenu, rapportant l'ordre du roi, il la retrouve humiliée, anéantie. Comme une petite fille, elle écrit devant lui une confession de ses rapports avec l'Espagne, une promesse de ne plus récidiver, de se conduire selon son devoir, *de ne rien écrire qu'on ne voye*, de ne plus aller aux couvents, du moins seule, et de n'entrer dans les cellules qu'avec telle dame qui en répond au roi.

Pièce grave, qui pouvait servir si l'on allait jusqu'au divorce. Mais, même en donnant cet acte contre elle,

elle n'eut pas grâce entière du roi. Il ne lui parla plus. Tout le monde s'éloigna d'elle. Les courtisans qui entraient dans la cour de Chantilly tenaient les yeux baissés, afin qu'on ne pût dire qu'ils regardaient les fenêtres de la reine. Elle étouffait de honte et de douleur, et, les deux jours qui suivirent son pardon, chose inouïe pour elle, elle ne put manger.

Trois personnes lui restaient fidèles et travaillaient pour elle en dessous; d'abord deux femmes généreuses, Hautefort par dévouement, Lafayette par dévotion; enfin le père Caussin, qui, sous son air béat, saisissait adroitement toute occasion de faire scrupule au roi de vivre mal avec sa femme, de tenir sa mère en exil et de continuer la guerre. Pour s'amender des trois péchés, une chose suffisait : renvoyer Richelieu.

Les Jésuites, qu'on croit de si grands politiques, satisfont peu ici. Ils se montrent flottants et peu d'accord. Plusieurs étaient pour Richelieu. Plusieurs, un père Monod, qui gouvernait la régente de Savoie et qui influait sur Caussin, Caussin même et d'autres sans doute voulaient renverser Richelieu. Mais qui eussent-ils mis à la place? On a dit le vieux Angoulême, bâtard (fort méprisé) de Charles IX ; j'ai grand'-peine à les croire si sots. Angoulême peut-être aurait suffi comme drapeau et mannequin; mais dessous, très-probablement, était en embuscade le seul homme capable, le père Joseph, que sa parente Lafayette eût mis sans peine au ministère.

Quoi qu'il en soit, ces souterrains, ces mines, poussés d'août en décembre, avaient réussi chez le roi. Il était pris. On le voit par une lettre craintive de Richelieu où il lui explique qu'à tort le père Caussin *dit qu'il désire se retirer;* il le fera *quand la paix sera faite.* Humble manière de conjurer l'orage et de gagner du temps.

Il arriva pour Angoulême ce qui était arrivé pour les parents de Lafayette. Il s'effraya de cet honneur de succéder à Richelieu. La terrible réputation du cardinal le servit encore cette fois. Angoulême lui dénonça tout. Richelieu le mena lui-même au roi, demanda si vraiment c'était lui qui le remplaçait. Le roi balbutia, s'excusa. Et Richelieu resta plus maître que jamais.

C'était le 8 ou le 9 décembre. Tous les fils laborieusement ourdis par la cabale se trouvaient à la fois rompus. Tous les moyens humains, Caussin, Hautefort et Lafayette, les avertissements, les prières, les suggestions de l'amour et de la dévotion, avaient échoué. Il fallait un coup d'en haut pour trancher le nœud un miracle. Il se fit.

CHAPITRE XII

LA NAISSANCE DE LOUIS XIV

1636-1637

Les origines des grandes choses ne sont pas toujours claires. Le Nil cache sa source, et l'on peut disputer sur celles du Danube et du Rhin. Ne nous étonnons pas si les vraies origines du Messie de la monarchie sont restées un peu troubles, si son fameux Noël n'en est pas moins louche. Pour bien y voir, il manque l'étoile d'Orient.

Ce qui nous permet l'examen et même l'encourage, c'est la conduite du roi, qui se montra tellement désintéressé de la chose, subit patiemment le miracle, mais n'en fut pas mieux pour la reine, ne s'émut point de ses souffrances, enfin, ne l'embrassa pas, comme c'était l'usage, après l'accouchement.

Le sceptique Henri IV s'était montré bien autre à la

naissance de Louis XIII. Tout en le proclamant aussi un don de Dieu, il avait prouvé par sa joie qu'il se jugeait l'instrument du miracle; il avait embrassé la mère, versé des larmes paternelles.

Mais ici rien pour la nature. Dieudonné est le fils de la raison d'État.

La date est importante et très-délicate à fixer. Si l'on en croyait la dame qui écrit la vie de mademoiselle de Hautefort, celle-ci eût fait parler le confesseur au roi et décidé le rapprochement des époux la *veille d'une grande fête*, évidemment Noël (25 décembre 1638). Date improbable, qui, admise, ferait naître l'enfant avant terme, ce qu'on n'a jamais dit. Date plutôt certainement fausse; au 25, le confesseur Caussin était chassé; son successeur, donné par Richelieu, n'aurait pas conseillé au roi de se rapprocher de la reine.

Le calcul exact des neuf mois [1] nous reporte, au contraire, à une date bien plus vraisemblable, au 9-10 décembre, au moment de la grande crise, au jour où Richelieu vainquit Caussin et dut le faire partir le lendemain.

---

[1] Louis XIV naîtra le 5 septembre 1638. Anne d'Autriche a-t-elle conçu le 5 décembre 1637? Non. Les mois n'ont pas tous trente jours. Il faut ajouter six jours pour les six mois qui ont trente et un jours; mais, comme le mois de février n'en a que 28, il faut ôter deux de ces six jours, c'est-à-dire n'en *ajouter que quatre au calcul total.* — Donc, en ajoutant au 5 décembre quatre jours, on obtient le 9 décembre, la veille de l'exil du Jésuite Caussin, le jour même où Richelieu lui fit prononcer son exil, et où la reine, ayant échoué dans cette dernière intrigue, n'eut plus de salut que dans une grossesse.

Il en advint à Paris en 1637, comme à Lyon en 1630. L'enfant apparut au moment où la mère se croyait perdue si elle n'était enceinte. Il vint exprès pour la sauver. C'est l'*Ultima ratio* des femmes, c'est le *Deus ex machinâ*, qui vient trancher le nœud qu'on ne peut dénouer.

Rappelons-nous les terribles secousses par lesquelles elle avait passé dans cette seule année 1637. Nous en comprendrons mieux l'extrémité où elle se trouva en décembre. Elle s'était vue tour à tour très-haut, très-bas. D'espoirs en désappointements et de triomphes en chutes, elle avait trouvé finalement le fond du désespoir.

Le *Cid* en janvier a remis l'Espagne en honneur, à la mode. Chimène a glorifié, relevé Anne d'Autriche.

Mais un astre nouveau s'est levé, plus qu'une maîtresse, — une reine possible, la jeune Lafayette. Cela dure quatre mois. Volontairement l'astre s'éteint. La reine est rassurée (mai).

A tort. L'affaire du Val-de-Grâce la met à deux doigts de sa perte (août). Pardonnée, écrasée, elle a chance encore contre Richelieu, si Caussin, si les dames peuvent réussir auprès du roi. Mais Richelieu l'emporte.

Richelieu, irrité de nouveau en décembre, poussera son avantage, fera valoir pour le divorce les aveux qu'elle a faits, les pièces qu'elle a données contre elle.

Elle était descendue où peut descendre une femme. Elle s'était humiliée (et j'allais dire offerte), avait tendu la main. On avait reculé.

Cruel affront au sang d'Autriche! L'âge aussi, pour la première fois, dut lui venir à l'esprit, et la quarantaine imminente ; surprise inattendue, amère...

Plus jeune, elle avait dit à ceux qui parlaient de le tuer : « Mais il est prêtre. » L'eût-elle dit alors après un si cruel dédain ?

Peut-être elle s'en fût tenue, comme faible femme, au chagrin et aux pleurs. Mais ceux qui la poussaient (je parle des agents espagnols), ceux-là, dis-je, ne pouvaient s'en tenir là. Ils la voyaient bientôt à quarante ans sans avoir encore pris racine en France. Chose honteuse pour l'habileté du cabinet de Madrid d'avoir eu si longtemps ici une infante et de n'en avoir tiré aucun parti. La Fargis n'était plus là, comme à Lyon, pour pousser la reine aux aventures. Mais madame de Chevreuse, de son exil de Tours, venant au Val-de-Grâce, y venait-elle en vain? Le mot fort et amer de Gaston (V. 1631) indique assez que la Chevreuse lui disait ce que l'oncle de Marie de Médicis lui dit au départ : « Sois enceinte. »

On sait que, bien souvent, des femmes condamnées à mort usèrent de ce remède pour gagner du temps. Celle-ci risquait plus que la mort. Elle risquait, non-seulement de ne plus être reine de France et de rentrer dans l'ennui de Madrid, mais, par un procès scandaleux, d'irriter sa famille, déshonorée par elle, et de se trouver perdue, même à Madrid. Si les confidents de la reine, en mars 1631, n'osèrent cacher à Richelieu ni son avortement ni ce qui le provoqua, l'auraient-ils soutenue, couverte jusqu'au bout dans un procès poussé à mort par le ministre tout-puissant? Que de choses on eût sues! Quelle eût été l'indignation de la prude maison d'Autriche contre son imprudente infante, quand on eût vu combien la dévotion espagnole était une gardienne peu sûre, une duègne infidèle de la vertu des reines!

C'était justement cette duègne qui moyennait ici les choses. De quoi s'agissait-il? De sauver l'Église en Europe, l'intérêt catholique aussi bien qu'espagnol. Un tel but sanctifiait les moyens. Le Jésuite Caussin n'était nullement étranger, à coup sûr, à l'art que les grands casuistes professaient depuis quarante ans. L'ingénieux Navarro, le savant et complet Sanchez, les nombreux éclectiques, comme Escobar et autres, avaient creusé et raffiné. En cent cas, l'adultère, pour une femme mal mariée, était un péché véniel.

Il est curieux de savoir quels serviteurs de confiance entouraient notre reine à ce moment. Son écuyer Patrocle la trahissait; elle ne l'ignorait pas. Laporte était à la Bastille. Bouvart, le médecin dévot, peu scrupuleux (qui ordonnait au roi une maîtresse), n'était pas très-sûr pour la reine; il avait avoué l'avortement (1631).

Au total, l'homme sûr à qui la reine pouvait se fier était Guitaut, capitaine de ses gardes. Guitaut n'était pas jeune, et il avait souvent la goutte. Il devait être suppléé dans ces moments par celui qui avait la survivance de sa charge, son neveu Comminges, un beau jeune homme, brave et spirituel, vrai héros de roman (V. Arnauld d'Andilly). C'est lui, pendant la Fronde, à qui la reine donna la périlleuse commission d'arrêter l'idole du peuple, le conseiller Broussel. Mais Mazarin (jaloux, sans doute) ne le laissa pas près de la reine, et l'envoya mourir en Italie.

La familiarité royale avec ces hauts *domestiques* était extrême alors. La disposition même des appartements était telle, que les princes et princesses, à tout moment en évidence et dans les choses que nous cachons le plus, vivaient (tranchons le mot) dans un étrange pêle-mêle. L'exhaussement même de la royauté, la divinisation des personnes royales, qui eut lieu en ce siècle, les enhardissaient fort, et leur faisaient accorder aux simples mortels qui les entouraient une trop humaine intimité.

Mais laissons tout ceci. Sortons des conjectures, voyons les faits, les dates précises.

Le 8 décembre, Caussin fit près du roi la démarche dernière et le suprême effort contre Richelieu. Angoulême avertit celui-ci, qui, le matin du 9, vit le roi, le reprit, exigea la promesse qu'il renverrait Caussin. Le roi, reconquis et forcé, rentrant en esclavage, pour fuir la cour peut-être et les reproches muets de mademoiselle de Hautefort, pour s'excuser aussi à mademoiselle de Lafayette, partit de Saint-Germain, se proposant de la voir à Paris à la Visitation, mais de ne pas revenir, de continuer le faubourg Saint-Antoine, et d'aller coucher à Saint-Maur, chez les Condé, amis de Richelieu.

Tout cela ne fut pas si prompt qu'on ne pût faire avertir Lafayette pour qu'elle retînt le roi, l'empêchât d'aller s'endurcir et s'obstiner dans ce désert, pour qu'enfin, dans ce jour suprême, s'il se pouvait, elle fondît son cœur.

La reine courut après le roi. Sous je ne sais quel prétexte d'affaires ou de dévotion, elle vint au Louvre, attendre, souper, coucher et profiter peut-être de ce qu'aurait fait Lafayette.

La partie était extraordinairement montée. La reine n'avait pas caché sa vive inquiétude. Des couvents étaient en prières (on le sut le lendemain).

La jeune Lafayette, innocente complice d'une affaire si peu innocente, fit d'autant mieux ce qu'on voulait. Elle tint le roi longtemps, très-longtemps, deux heures, trois heures, quatre heures, tant que ce fut soir. On devine bien ce qu'elle dit. Elle pria pour la reine, supplia, et pour le roi même, pour sa conscience et son salut. Noël allait venir. Pourrait-il bien, dans un tel jour où Christ vient apporter la paix, ne pas donner la paix à sa femme et à sa famille, à la France en péril s'il ne lui venait un Dauphin? Dernier point délicat où cette enfant de dix-sept ans ne put ne pas rougir. Une jeune sainte charmante, demandant, implorant un Dauphin pour la France, belle de sa honte et de son trouble, de son effort suprême pour obéir et dire ce qu'on lui faisait dire, c'était une scène plus forte que celle des pinces d'argent.

Louis XIII, qui semblait de bois, sortit pourtant si animé, qu'il s'en allait éperdu à Saint-Maur par une nuit glacée, un effroyable temps d'hiver. Le bonhomme Guitaut, qui, depuis quatre heures, se morfondait là à l'attendre, lui demanda lamentablement s'il était d'un roi chrétien de faire courir ses gens par ce temps-là. Le roi n'entendait rien. Deux fois, trois fois, il fit la sourde oreille, quoiqu'on lui dît et répétât que la reine, avec un bon feu, était au Louvre, qui bien volontiers lui donnerait à souper, à coucher. Enfin l'obstination de Guitaut l'emporta. Tout entier à ce rêve, à ces brûlantes paroles, à cette image enflammée du rayon de Dieu, il se laissa mener au Louvre. Tout était prêt, et il soupa. Le journal de son médecin malheureusement ne va pas jusque-là ; nous saurions quel fut le menu, quel le dessert, si les fameux *diavoletti* y furent servis, ou les breuvages d'illusion qu'on donnait au sabbat. Quoi qu'il en soit, le roi coucha au Louvre dans le lit de la reine, s'en alla le matin. Quand elle se leva pour dîner, un supérieur de moines se trouva sur la route pour lui annoncer que la nuit un simple, un bon frère lai, avait su par révélation ce bonheur de la France. Et il lui dit en souriant : « Votre Majesté est enceinte. »

Toute la cour était pour la reine. On entoura le roi, on le félicita, on le persuada. Eh! que ne peut la sainte Vierge? N'était-ce pas elle-même que ce jour-là il avait vue dans mademoiselle Lafayette, toute divine et transfigurée? De là l'acte célèbre. Le 13 janvier, par un élan de chevalerie extatique qui revient, je crois, tout entier à la gloire de la jeune religieuse, il mit le royaume de France à la protection de la Vierge.

Neuf mois sont longs. La reine avait à craindre qu'en ces neuf mois un mot, une plaisanterie calculée de Gaston (qui, après tout, perdait le trône), n'assombrît fort le roi et n'éclairât les souvenirs confus qui lui restaient de cette nuit. La fille de Gaston, alors enfant, nous apprend que la reine la faisait venir, ne se lassait pas de la caresser, lui disant et lui répétant : « Tu seras reine, tu seras ma belle-fille. » Ou bien : « C'est ton petit mari. »

Cela calma Gaston, lui fit avaler l'amère pilule. Il avait fait une protestation secrète contre la légitimité de l'enfant. Mais il n'éclata pas, ne troubla pas le doux concert des félicitations dont on flattait l'amour-propre du roi. Lafayette soutenait sa foi, et, d'une bouche pure et non menteuse, affirmait, célébrait le miracle de la Vierge. Mais, plus directement encore, mademoiselle de Hautefort reprit et empauma le roi. Audacieuse de son dévouement, sûre d'ailleurs de ne risquer guère, la vive Périgourdine lui fit des avances innocentes. Elle le refit son chevalier. Il se remit à faire pour elle des vers, de la musique. Il aimait à la voir manger avec les autres demoiselles ; il les servait à table ; il parlait mal du cardinal. Bref, il n'oubliait rien pour plaire.

De temps à autre, pour l'éveiller un peu, elle le piquait, le querellait ; il passait tout le temps à écrire ces petites disputes, les dits et les répliques.

On gagna ainsi les neuf mois. Enfin, le jour venu (5 septembre 1638), on aurait voulu que le roi fût ému, qu'il montrât des entrailles de père. La Hautefort ne s'épargna de l'ébranler, le mettre en mouvement. Elle y perdit son temps. La reine eut beau crier. On eut beau même dire, à tort ou à raison, qu'elle était en danger. Le roi resta calme et paisible.

Il ne fut pas pourtant inhumain pour l'enfant. La Hautefort, pleurant et lui reprochant sa froideur :

« Qu'on sauve le petit, lui dit-il. Vous aurez lieu de vous consoler de la mère. »

Si je ne craignais de faire tort à ce pauvre roi, je dirais que, malgré ses sentiments chrétiens, il se fût consolé sans peine de voir crever son Espagnole. La Française était là (non plus Lafayette impossible), mais cette vive Gasconne, qui le tenait alors. La dame qui écrit son histoire assure que toute la nuit, pendant que la reine criait, il se faisait lire l'histoire des rois veufs, qui, comme Assuérus, épousèrent leurs sujettes.

CHAPITRE XIII

MISÈRE — RÉVOLTES — LA QUESTION DES BIENS DU CLERGÉ[1]

1638-1640

L'enfant fut un garçon, donc un roi. Gaston perdit le trône. La France en fut folle de joie. Heureuse d'échapper à un autre Henri III, elle acceptait aveuglément les chances d'une royauté de femme, la sinistre

---

[1] Les tableaux de l'administration de Richelieu, que nous trouvons dans les ouvrages généraux de MM. Avenel (Introd.), Chéruel, Bailly, Doniol, Dareste, etc., ne pouvaient être que sommaires. Pour la première fois, les faits, les dates, ont été réunis et donnés au complet avec de nombreuses citations des actes, dans l'ouvrage spécial de M. Caillet. Je l'ai eu constamment sous les yeux, en écrivant ce chapitre. On y suit à merveille les tergiversations et les contradictions de Richelieu, et pour la levée de l'impôt (par élus, par trésoriers, par intendants), et pour ses tentatives de faire aider l'État par le clergé. M. Caillet ne tire aucune conclusion. Celle qui ressort des faits, c'est que, Richelieu étant définitivement repoussé, et le clergé (le grand propriétaire

loterie d'une régence étrangère où elle avait déjà gagné deux Médicis.

Richelieu demeura sans voix. Sa fatalité était désormais d'avoir pour maîtres l'infant de la maison d'Autriche, la régente espagnole. Dans le compliment sec, en deux lignes, qu'il fait à la reine, les paroles lui restent à la gorge : « Madame, les grandes joies ne parlent pas... »

L'avenir était très-obscur. Richelieu, il est vrai, n'avait plus à craindre Gaston. Mais quels seraient les amants de la reine? C'était la question. Haï d'elle à ce point, pourrait-il lui faire accepter un homme à lui? Un homme sans famille et sans racine aucune, un étranger, un prêtre, un aventurier sans naissance, lui valait mieux qu'un autre. C'est, si je ne me trompe, la raison principale qui lui fit adopter bientôt un Italien que lui-même lui présenta comme ressemblant à Buckingham, le fin, le délié, le beau Mazarini.

de France) ne donnant rien qu'un *don gratuit* minime, ni l'État, ni la Charité, ne pourront se constituer. Richelieu mourra à la peine, Vincent de Paul fera très-peu de chose (six cent mille livres en six années pour des millions d'affamés). Puis, va venir Colbert qui mourra à la peine. L'État s'enfonce dans la mendicité. La bureaucratie progresse dans l'extermination du peuple. Mais, ce n'est pas assez. C'est quand la terre elle-même semble exterminée et ne produit plus, qu'arrive par les grandes famines la Révolution de 89. — Sur les révoltes des *va-nu-pieds* de Normandie, des *croquants* de Guyenne, voyez les textes intéressants réunis par M. Bonnemère, *Histoire des paysans*. Gassion, qui extermina les premiers, ne put s'empêcher d'admirer leur valeur héroïque. Voir aussi l'importante *Histoire du Parlement de Normandie*, par M. Floquet, et spécialement son *Diaire du voyage du chancelier Séguier, à Rouen*.

Il avait apparu en 1630, comme on a vu, pour sauver l'armée espagnole. Cependant le père Joseph l'avait fait accepter de Richelieu comme pouvant être utile à Rome, Mazarin étant *domestique* de celui des neveux du pape qui tenait le parti français. La mort du père Joseph, en décembre 1638, rendit sa place vide; bientôt Mazarin succéda.

Joseph, cette année même, appuyé par sa jeune parente Lafayette, avait hardiment travaillé contre Richelieu. Il avait tiré du roi promesse de rappeler sa mère, et la demande au pape de le faire cardinal. Le pape n'osait. Il savait que Richelieu, sous main, contre Joseph, poussait le client de Joseph, ce Mazarin, qu'il croyait à lui maintenant, et qu'il voulait faire cardinal. Joseph vit bien qu'on l'amusait. Le désespéré Capucin sentit que le chapeau, l'ambition de toute sa vie, ne lui viendrait jamais, et comprit que son Mazarin le lui soufflait.

Il étouffa, il étrangla; une attaque d'apoplexie le frappe en mai. Et chacun dit : « Il est empoisonné. » Il confirma ce bruit tant qu'il put en quittant l'hôtel du cardinal et se réfugiant à son couvent.

Richelieu l'y calma un peu en lui faisant venir la promesse tant désirée *pour la première vacance*. Mais le pape était averti. Joseph fut joué jusqu'au bout. Le roi seul était sérieux dans l'affaire, il insistait contre le ministre. Ordre aujourd'hui et contre-ordre demain. Le pauvre martyr n'y tint pas. Une mauvaise nouvelle qui vint de Rome l'acheva, et il mourut deux heures après (18 décembre 1638).

Entre la naissance du Dauphin et la mort de Joseph,

Richelieu régala la cour d'une grande fête. Il fit danser le *ballet de la félicité publique*. Chose hardie au moment où de toutes parts il avait des revers. Impuissance complète en Italie. En Espagne, un honteux échec, Condé, Sourdis en fuite. Au Nord, nouveau projet de conquérir les Pays-Bas avec le prince d'Orange, et, pour tout résultat, la reprise d'une petite place. Richelieu n'avait réussi que là où il n'était pas. Le général aventurier, Weimar, qui guerroyait aidé de quelque argent de la France, battu, battant, avait pourtant à la fin quatre fois défait l'ennemi, pris Brisach. Il songeait à se faire, entre nous et l'Empire, un petit royaume d'Alsace.

Richelieu assurait qu'il avait pris Brisach pour nous. Mais Weimar montra le contraire. Il garda sa conquête, et il allait devenir un danger pour la France quand une fièvre nous en délivra (18 juillet 1639). On admira encore que les ennemis de Richelieu mourussent ainsi toujours à temps.

L'invincible ennemi dont on ne pouvait se défaire, c'était l'épuisement du royaume, l'abîme de la misère publique qui se creusait de plus en plus. Le gouvernement était sérieux, nullement dilapidateur, le ministre économe, le roi avare. Il avait réduit à rien les libéralités royales. Les grands revenus de Richelieu ne paraîtront pas excessifs si l'on songe que sa maison était réellement un ministère des arts qui pensionnait les gens de lettres (nullement nourris par leurs ouvrages alors). Ajoutez-y les fêtes et les diverses dépenses de représentation que Richelieu prenait sur lui. Au milieu de cette guerre dévorante, de cet effort immense pour refaire l'armée chaque année, il avait réussi pourtant à créer une marine. Dans tout cela, il y avait certes beaucoup à admirer, et les éloges de Balzac et de tant d'autres ne sont pas entièrement déraisonnables. Madame de Motteville, comparant Richelieu à Mazarin, le voleur, le prodigue, si justement méprisé et haï, a été jusqu'à dire cette parole excessive et absurde : « Richelieu était adoré. »

Il dit dans ses Mémoires qu'il avait augmenté l'impôt *modérément*. Cela est vrai relativement, eu égard à l'immensité des dépenses. D'année en année se succèdent des édits sages pour mieux régler la répartition des taxes. Mais toute cette sagesse devait échouer contre ce que nous avons dit ailleurs : *il ne pouvait toucher au grand corps riche*, au clergé, pas davantage à la noblesse, obérée, ruinée, mendiante. Il s'efforçait d'atteindre la bourgeoisie par sa *taxe des gens aisés*, et par un examen sévère des exemptions sans titre et de la fausse noblesse.

La bourgeoisie propriétaire se revengeait sur ses fermiers, métayers, paysans, haussait les baux, suçait et resuçait la terre. En dernière analyse, c'était sur le cultivateur que l'impôt retombait d'aplomb.

En 1635 et 1639, les parlements de Toulouse et de Rouen révélèrent le cruel mystère de ce gouvernement. Même quand le chiffre des taxes n'augmentait pas, elles devenaient chaque année plus pesantes. Pourquoi? Parce qu'en chaque commune, ce que ne payaient pas les insolvables, les ruinés, les pauvres gens en fuite, ceux qui restaient solvables le payaient. Mais, écrasés par cette solidarité désolante, ils devenaient peu à peu moins solvables, grossissaient le nombre des ruinés et des gens en fuite. Des villages devenaient déserts.

On saisissait, on prenait, vendait tout, jusqu'aux jupes des femmes. Le parlement de Normandie dit qu'elles ne vont plus à la messe, n'osant montrer leur triste nudité. La saisie principale, malgré les ordonnances d'Henri IV, tombait généralement sur les bestiaux. On enlevait le troupeau du village. Et dès lors, plus d'engrais; la terre jeûnait, ainsi que l'homme, ne se réparait plus. Le maigre laboureur semait chaque année dans un sol plus épuisé, plus maigre. Voilà la route où nous entrons, où nous irons de plus en plus. Vauban et Boisguilbert la déplorent sous Louis XIV. Mais on n'y va pas moins jusqu'en 89.

Une guerre sans élan moral, et faite à contre-cœur, ne se soutenait qu'à force d'argent. On n'entrait en campagne que par l'emploi nouveau de quelque expédient violent, une fois en saisissant la rente et ne payant pas les rentiers, qui s'ameutèrent et qu'on emprisonna. Une autre fois, on fait croire aux provinces, mangées, foulées par les |logements de troupes, qu'en payant elles seront quittes de ces misères. Elles paient, et les soldats n'en sont pas moins logés chez l'habitant.

La *taxe des gens aisés*, acceptée au moment de l'invasion comme une rigueur passagère, subsista, s'étendit, et toute la bourgeoisie fut tenue sous la terreur d'un arbitraire indéfiniment élastique, qui croissait ou baissait à la volonté des commis. Ces commis gouvernèrent en 1637 sous le nom d'*intendants*, armés d'un pouvoir triple de justice, police et finances, suspendant, entravant et les anciens pouvoirs de Gouverneurs, d'États, de Parlements, supprimant brusquement les élus par qui Richelieu avait voulu d'abord régler l'impôt, mais dont l'action lente ne donnait pas les rentrées sûres, rapides, que demandait la guerre. Un seul roi reste en France, armé des trois pouvoirs, c'est l'Intendant, l'envoyé du ministre; un homme généralement inconnu et de peu de poids, un cadet de famille de juges ou de la cour des aides, de la chambre des comptes. Petit jeune homme en habit court, qui fera faire taire les robes longues, menacera les Parlements, qui sait ? par une accusation, fera mener à la Bastille monseigneur le Gouverneur même de la province et les plus grands noms de la monarchie.

Il est curieux de voir la versatilité de ce gouvernement. Richelieu, pendant six années, de 1630 à 1636, emploie toute sa vigueur à introduire partout l'*impôt levé par les élus*, par trois mille notables de France. Il brise, pour y réussir, les résistances des États provinciaux et des Parlements.

La guerre venue, il quitte brusquement ce système et fait lever l'impôt (révolutionnairement, on peut le dire) par trente-cinq dictateurs sous le nom d'Intendants. L'ordre y gagne; les pouvoirs locaux sont écrasés. Mais l'action violente, précipitée, d'un gouvernement si terrible, décide l'explosion du désespoir. Révoltes, non contre le roi, mais contre le fisc. Les *croquants* du Midi sont massacrés par la Valette, et les *nu-pieds* normands sont massacrés par Gassion, beaucoup pendus, plusieurs roués vifs à Rouen (1639-1640).

Tout cela fait, rien de changé. L'impossibilité de payer est la même. Et le roi, dans une ordonnance de novembre 1641, avoue, « les larmes aux yeux, » ce sont ses termes, précisément les mêmes maux dont se plaignaient les insurgés, précisément l'horreur de cette solidarité de ruine qu'ont accusée les Parlements. Mais quel remède propose-t-il? Il n'ose articuler le seul qui serait efficace.

La grande question du monde en ce siècle et aux trois derniers, c'est celle des biens ecclésiastiques. Elle domine toute la guerre de Trente ans. En Allemagne, en France, partout, c'est la question, plus ou moins formulée, ici parlante et là muette.

Il était évident que les biens donnés à l'Église servaient au Moyen âge diverses utilités publiques, écoles, hôpitaux, entretien des pauvres, etc. L'État n'existant pas alors (à proprement parler), l'État réel, sérieux, était dans l'Église. Celle-ci, peu à peu, se dégagea des charges, garda les avantages, s'enfonça dans son repos, donnant pour tout secours à l'État... ses prières.

L'État, chargé de plus en plus par l'organisation de tous les services publics, et frémissant de faim, tournait tout autour du clergé, et rencontrait de toutes parts une merveilleuse clôture. Les grands siéges dont on parle depuis celui de Troie, l'Anvers du prince de Parme et l'Alesia de César, sont fort peu de chose à côté.

François Ier crut pénétrer dans la place par la connivence du pape. Ce fut le Concordat. Le roi mit les siens dans l'Église, paya en bénéfices des emplois, des retraites. Mais on put voir la vertu singulière des terres d'Église pour transformer les hommes. A peine mis dessus, les serviteurs du roi n'étaient que prêtres et défendaient les biens sacrés.

Au premier mot que l'Hôpital risqua pour demander un état de ces biens (mai 1561), le clergé appela l'Espagne. Mais les huguenots étaient là. Il eut peur, il jeta un os, une rente d'un million à peu près pour la dette du roi à l'Hôtel de Ville. Somme minime au siècle suivant, où toute valeur avait changé.

Henri II et Henri IV imaginaient avoir trouvé une fente, une étroite fissure. Au nom de la charité, ils priaient que les abbayes reçussent, *comme frères convers*, de vieux soldats mutilés. Les pauvres diables y furent reçus si mal, qu'ils aimaient mieux s'en aller et tendre la main aux passants. Leurs places n'en furent pas moins remplies. Les grands abbés y mettaient leurs domestiques en retraite, leurs favoris, les parents de Jeannette.

Aux assemblées qui précédèrent le siége de La Rochelle, puis la rupture avec l'Espagne « pour délivrer l'archevêque de Trèves, » le clergé donna quelque chose, comme une subvention de croisade. En 1638, Richelieu, aux abois, les dents aiguisées par la faim, et peut-être poussé par les conseils hardis du moine révolutionnaire Campanella, sembla déterminé à exiger davantage. On peut croire, toutefois, que, de longue date, il avait prévu ce moment, ayant encouragé un long travail, l'immense compilation des *Libertés gallicanes* de Pierre Du Puy. Ce savant archiviste, excellent instrument de guerre que possédait le cardinal, l'avait armé de pièces pour prendre la Lorraine. Et il lui prépara un arsenal d'actes et de vieux livres, réimprimés en trois in-folios, pour battre le clergé en brèche. Le sens total fut résumé hardiment par Du Puy dans ce grand axiome : « L'Église ne peut pas posséder. »

Contradiction étrange. En 1629, quand Richelieu crut devenir légat, il obligea le doyen de Sorbonne d'abjurer les doctrines gallicanes. Il les ressuscite aujourd'hui, en 1638. Il les pousse à leur dernière conséquence. On concluait à Rome qu'il voulait se faire patriarche. J'en conclus seulement qu'il périssait faute d'argent, et qu'il voulait rançonner le clergé. La dévotion du roi ne permettait pas une révolution sérieuse. Richelieu, pour gagner le roi, trouva un Jésuite, Cellot, qui appuya Du Puy; un autre, Rabardeau, pour soutenir et autoriser cet épouvantail du patriarcat. Mais tout cela rassurait peu la conscience de Louis XIII.

Ce qu'on pouvait lui faire entendre, c'est que ce clergé économe, qui disputait une aumône à l'État, était effroyablement riche. Son revenu de trois cents millions d'alors a été évalué très-mal douze cents millions d'aujourd'hui. C'est s'arrêter au pur rapport des valeurs métalliques. Mais il faut tenir compte aussi de l'avilissement des denrées (personne ne pouvant acheter dans cette misère), tenir compte de la position du seul riche, du seul acheteur, du seul qui eût de l'argent pour faire toute bonne affaire et pouvoir s'enrichir encore.

Pour parer le coup, Rome avait choisi pour nonce le doux, le charmant Mazarin. Celui-ci obtint en effet de

Richelieu une surprenante reculade, un arrêt du conseil contre son propre livre; le livre qu'il avait commandé à Du Puy. Mazarin, par ce grand service, croyait charmer le pape, enlever le chapeau. Mais, en même temps, pour plaire à Richelieu, il l'engagea à envoyer à Rome un ambassadeur militaire qui poussât le pape, Rome étant du tempérament des belles qui ne haïssent pas une douce contrainte. Richelieu envoya d'Estrées, l'homme même qui avait chassé le pape de la Valteline. Enhardie par l'Espagne, Rome manqua à d'Estrées et rappela Mazarin. En octobre 1639, l'ambassadeur interrompit ses relations avec le saint-siége.

Donc la petite guerre commença. Déjà Richelieu avait créé des procureurs du roi dans les tribunaux ecclésiastiques pour les surveiller. Il fit décider par le Parlement que l'enquête ordinaire sur les mœurs des nouveaux bénéficiés se ferait par les évêques, non par les nonces de Rome.

Enfin le modéré Marca, jusque-là contraire à Du Puy, dépassa Du Puy en un point; il enseigna que les églises, ayant droit d'élire leurs évêques, pouvaient donner ce droit au roi. Louis XIII aurait eu les pouvoirs d'Henri VIII. Ces évêques royaux, en concile, eussent pu créer un patriarche.

Le roi (le 16 avril 1639), acceptant, proclamant comme siennes les hardiesses de Du Puy qu'il a désavouées, déclare « que le clergé *est incapable de posséder* et peut être contraint de vider tout immeuble un an après l'acquisition. Mais il veut bien ne pas le dessaisir; il se contentera d'exiger les droits d'amortissement. » Fière et redoutable menace, mais bien peu soutenue. Le 7 janvier 1640, on avoue platement que le roi s'en tiendrait à un petit don de trois millions.

Le roi est donc vaincu? Du Puy ne l'est pas, et il continue la bataille, aidé surtout par l'ennemi, par les pamphlets papistes qui indignent le public, relèvent le courage du ministre. Trois millions ne sont plus assez; il lui faut le *sixième du revenu* pendant deux ans (*cent millions de ce temps-là*), 6 octobre 1640. Une commission, créée par Richelieu pour établir ce droit, sur le refus des pièces, fait enfoncer les portes des archives que lui fermaient les agents du clergé. La bataille est bien engagée.

Et, à ce moment même, Richelieu fait décidément le plongeon. Il se résigne à demander cinq millions et demi, une fois payés (1641).

Il marqua sa mauvaise humeur en faisant renvoyer dans leurs diocèses les cinq ou six évêques dont la résistance avait tout arrêté. Ils partent, mais vainqueurs. La question, dès ce jour, est finie pour jamais.

Le clergé sera quitte dès lors pour donner peu ou rien. Dès lors, le grand riche est exempt, et l'on ne prendra rien qu'aux pauvres.

Si Richelieu veut soutenir la guerre, si le gouvernement a des besoins croissants de toute sorte, qu'il demande à ceux qui n'ont rien.

Si l'on est obligé d'organiser la charité publique, en présence du nombre effroyable de ceux qui demandent l'aumône, les biens d'Église, fondés pour cet usage, ne contribueront pas. Vincent de Paul et autres chercheront des ressources fortuites pour les établissements nouveaux.

Ni Richelieu pour le gouvernement, ni Vincent pour la charité, ne feront rien de grand ni de solide.

Résumons en trois mots les trois chapitres précédents.

Richelieu, vaincu dans l'opinion par le drame espagnol et le succès du Cid, vaincu dynastiquement par la grossesse de la reine et l'enfant du miracle, reste vaincu encore dans la question d'argent par la résistance du clergé.

D'autant plus pesant il retombe sur le peuple, et d'autant plus maudit.

CHAPITRE XIV

RICHELIEU RELEVÉ PAR LES RÉVOLUTIONS ÉTRANGÈRES — LES FAVORIS, MAZARIN, CINQ-MARS

1639-1641

L'Europe, épuisée, haletante, se mourait du désir de la paix. Mais la France malade, l'Espagne agonisante, l'Empire exterminé, ne s'y décidaient pas. Pourquoi ? Nulle question essentielle n'avançait, ni la question de propriété, ni la question religieuse. Pas un de ceux qui avait pris ne voulait rendre. Le pape demandait un congrès, et lui-même le rendait impossible, en refusant d'y paraître si l'on admettait un seul protestant. On passa sept années à discuter la forme du congrès, à régler l'étiquette, les passeports, etc.

Notre campagne de 1639 ne valut guère mieux que les autres. Richelieu n'aboutit, avec sa principale armée et le roi en personne, qu'à donner à la Meilleraye, son parent, le petit succès de prendre Hesdin. Et l'on n'y arriva qu'au prix d'une diversion très-malheureuse à l'Est, où on força le brave Feuquières d'attaquer sans avoir des forces, c'est-à-dire de se faire tuer.

Le favori de Richelieu, Condé, en Catalogne, eut échec sur échec. Si nous réussîmes en Savoie par la bravoure d'Harcourt et du jeune Turenne, ce petit succès fut terni par la spoliation de la duchesse de Savoie, fille d'Henri IV et sœur de Louis XIII, que l'on protégea comme on avait protégé la Lorraine, en occupant ses places qu'on prit et qu'on garda.

La scène change en 1640. Mais comment? Par des circonstances extérieures, où, quoi que l'on ait dit, Richelieu eut bien peu de part.

L'Angleterre, allié timide, mais efficace, de l'Espagne, tombe en pleine révolution. Le jugement commence sur le grand traître du parti protestant, déjà dénoncé par Gustave.

L'Empire espagnol tombe en pièces, la France n'aura qu'à ramasser.

Je ne crois pas ce que dit Temple, que Richelieu ai donné deux millions aux Convenantaires pour renverser Charles Ier. Il n'avait guère d'argent. Mais la faveur marquée de ce roi pour l'Espagne, mais son opposition à notre invasion des Pays-Bas espagnols, jeta certainement Richelieu dans les résolutions les plus sinistres. Ses échecs au dehors, au dedans, l'avaient aigri. Il encouragea partout la révolution, employant désormais contre ses ennemis des moyens désespérés.

Notre succès en Catalogne fut très-étrange. Nous réussîmes à force d'être battus. La résistance nationale que nous avaient faite les Catalans méritait des couronnes ; à la place, ils reçurent d'Olivarès des garnisaires. Il mit en logement chez eux une armée de brigands qui venaient d'Italie, habitués à tout prendre et tout faire. Les Catalans tuèrent leur vice-roi, appelèrent les Français, qu'ils craignaient d'autant moins qu'ils venaient de les battre.

Il n'y avait pas à marchander avec ce peuple, dans un si grand bonheur et si inespéré. C'est ce qu'on fit pourtant. Louis XIII accepta, non la protection d'une république catalane qu'ils auraient désirée, mais la royauté du pays, alléguant que la Catalogne avait appartenu aux Francs de Charlemagne.

La révolution de Portugal suivit de près. Elle fut toute spontanée. Richelieu y avait pensé, et il cherchait un prétendant. Mais l'explosion se fit d'elle-même et pour Bragance (1er décembre 1640).

Elle nous valut le gain de dix batailles. L'Espagne, étranglée désormais entre deux révolutions, nous laissa faire partout. Elle ne put empêcher ni Harcourt de prendre Turin, ni la Meilleraye de prendre Arras. Cette dernière affaire traîna pourtant et nous mit en péril.

Pendant qu'on fait le siége en règle, à la façon de la Rochelle, en entourant la place d'une circonvallation de cinq lieues, les Espagnols ont le temps de ramasser des forces et d'assiéger les assiégeants. Enfin, sans la lenteur qu'ils mirent de leur côté à attaquer le secours qu'on envoya, il ne serait pas arrivé, et, malgré tant de circonstances favorables, nous aurions échoué encore.

L'intérieur change aussi bien que l'Europe. Richelieu met en scène deux acteurs nouveaux qu'il croit siens. Il donne au roi pour favori un joli page, un écolier à lui, le jeune Cinq-Mars. Et en même temps il établit en France le beau Mazarin, le futur mari de la reine.

La vengeance que l'Italie a tirée de la France pour avoir tant de fois trompé sa confiance a été d'y mettre la peste qui s'exhalait de son tombeau. Les plus grands corrupteurs des mœurs et de l'opinion nous sont venus toujours d'Italie, nombre d'aventuriers funestes, de *bravi* scélérats, de séduisants coquins. Les uns réussissent, et les autres avortent. Mais tous nous pervertissent. Concini règne ici sept ans, Mazarin quinze. Et le Corse Ornano, gouverneur de Gaston, s'il ne fût mort à temps, peut-être lui aussi eût été roi de France.

La France du XVIIe siècle procède de deux caducités, de la vide enflure espagnole, de la pourriture italienne. Aussi, dans la littérature, le moment vigoureux du siècle, son milieu, est marqué des rides de la décadence. La préoccupation ridicule de la forme dépare, non-seulement les Balzac et autres rhéteurs, mais les plus sérieux écrivains. Richelieu, si net et si fort, n'en est pas moins souvent burlesque. Saint-Cyran, ingénieux, parfois profond, se noie fréquemment dans un galimatias énigmatique. Qui pourrait lire Corneille, sauf ses quatre chefs-d'œuvre? Le grand succès de l'époque est *Clélie*, long, ennuyeux roman, écrit par une Sicilienne, mademoiselle Scudéry. Et la dictature littéraire est au salon d'une Romaine, née Pisani, madame de Rambouillet.

L'opéra nous vient d'Italie cette année même ; ses machines d'abord pour les fêtes de Rueil ; puis la musique tout à l'heure, sous la régente et Mazarin.

Richelieu connut-il celui qu'il mettait en France? Parfaitement. Il le crut un faquin, et c'est pour cela qu'il le prit. Il l'avait vu double et ingrat pour l'homme qui l'avait introduit, le père Joseph. Il le savait très-bas, propre aux coups de bâton. Il raille sa bravoure et ses reculades subites dans une lettre spirituelle (1639). A Paris, Jules Mazarin avait donné des conseils de vigueur et fait le Jules César, enhardi Richelieu à envoyer d'Estrées et menacer le pape. Mais, rappelé à Rome, il eut grand'peur. Richelieu l'en plaisante, voudrait qu'il prît cœur, qu'il restât. « Convenons, dit-il, qu'il n'y a que les Italiens pour savoir faire les choses, pour jeter en paix les parfums, les poudres odoriférantes, les fulminantes en guerre, » etc.

Mazarin, dans sa poltronnerie, voulait que Richelieu cédât et reculât brusquement. Mais Richelieu persiste. Alors Mazarin n'y tient pas. Il se sauve de Rome sans dire adieu, se réfugie en France.

La peur était mêlée d'espoir et de spéculation. Le rusé avait calculé que son bon protecteur, le père Joseph, étant près de mourir, il fallait se trouver là, prendre la place chaude et s'y fourrer. Il élut domicile chez son intime ami, Chavigny, qu'il trahit plus tard, comme Joseph. Chavigny, fils de Bouthilier, passait pour fils du cardinal. Ce ténébreux jeune homme, sombre reflet de Richelieu, malgré sa défiance et sa pénétration, accueillit le fourbe Italien. Il venait, disait-il, se donner corps et âme au grand maître de la politique, étudier sous un tel professeur. Richelieu, qui, dans sa grandeur, n'avait pas moins des côtés de pédant, le prit au mot sur cette éducation, l'accepta pour élève. Lui-même le disait à sa nièce un jour qu'elle sortait du théâtre : « Pendant que vous êtes à la comédie, je forme un ministre d'État. »

Quand Mazarin réfugié vint ainsi se mettre à l'école, Richelieu sentit le parti qu'on en pouvait tirer. Lui qui voyait tant d'hommes, il n'avait jamais vu un homme ni si fin ni si bas. S'il ne s'y fia pas, il crut cependant qu'avec un tel valet il n'y avait du moins pas grand danger de révolte, qu'on le tiendrait tout au moins par la peur. Il résolut de le pousser, de le mettre au plus haut, insista près du pape, et tant, qu'à la longue il arracha pour lui le chapeau. Mais je crois qu'il fit plus. Il y avait six mois à peu près qu'il avait donné au roi son joujou, le petit Cinq-Mars. Répugna-t-il à ce que Mazarin, bien vu dès longtemps de la reine, intéressant alors par son malheur, son dévouement pour nous, s'avançât, réussît près d'elle ? Les fêtes de décembre et janvier, les repas qu'on y fait, sont des temps d'attendrissement pour les dames qui aiment la table. Ce qui est sûr, c'est qu'elle fut enceinte de la nuit de Noël (1639), et qu'au 22 septembre suivant elle accoucha de son second fils, d'un prince tout à fait italien. C'est le frère de Louis XIV.

On a dit que ce roi fut fils de Mazarin ; à tort certainement ; il fut Français, lesté d'Autriche. Mais son frère, le duc d'Orléans, tout comme le premier,

Gaston, ne fut rien qu'Italie, pour l'esprit, pour les mœurs. Il fut tout aussi Mazarin que Gaston était Concini.

Je sais bien les difficultés. Les contemporains croient qu'elle ne se donna à lui que plus tard. Il y a eu tout au moins un entr'acte dans sa faveur. Richelieu l'avait présenté « comme ressemblant à Buckingham, » et pour qu'il réussît. Ressemblance invincible, mais présentation trop suspecte. Il put être favorisé d'amour plus que de confiance. Lui-même fut peut-être effrayé du succès, et recula vers Richelieu.

Mais revenons au roi et à Cinq-Mars, histoire plus ridicule encore.

Louis XIII, on l'a dit, n'était pas Henri III. Je le crois bien. C'est un temps bien plus vieux. La virilité baisse encore. Tous les rois de l'Europe n'en peuvent plus, et, si Anne d'Autriche n'eût vigoureusement relevé la race, les nôtres en seraient venus au rachitisme de Charles II d'Espagne.

Cette misère physique et cet épuisement général se marque par l'usage très-grand des excitants, vieux ou nouveaux. Les écrivains du siècle buvaient beaucoup de vin; la plupart se grisaient (V. le dîner connu d'Auteuil). Le café va bientôt donner l'ivresse sobre. Le *scocolato* espagnol est reproché par Richelieu au cardinal son frère, comme une drogue nouvelle et funeste qu'il a apportée de Rome.

Mais, si les forces baissent, les passions restent, ou du moins les velléités. L'admiration de la beauté (admiration non pure, mais abstinente) est le vice singulier des princes du temps, tous Italiens dégénérés. Le faible et gras Jacques Ier (fils éreinté du chanteur Rizzio) n'a aucun besoin de maîtresse. Il lui suffit d'aimer une jeune âme, docile et imparfaite encore, que lui, maître Jacques, formera, rendra parfaite; cette âme est Buckingham. Le *castoiement* (comme dit le Moyen âge), le plaisir, non de châtier avec des coups, mais de gronder, de corriger, d'humilier, de faire pleurer, de se brouiller toujours pour se raccommoder sans cesse, c'est tout l'amusement de ces rois. Louis XIII (Orsini?) n'avait d'autre plaisir. Jusque-là peu heureusement. Son premier ami, Baradas, jeune homme grand et fort, était un rustre qu'on ne pouvait mener ainsi. Saint-Simon fut trop nul. Et mademoiselle de Hautefort, au contraire, eut trop d'esprit gascon, de nerf et de saillie; il n'y avait pas plaisir à la gronder; elle rendait les coups; elle ne pleurait pas; elle riait. Et c'était le roi qui s'en allait pleurer chez Richelieu

Celui-ci, grand admirateur des Jésuites, et spécialement de leur pédagogie, n'ignorant nullement le secret de leurs succès, comprit qu'au goût du roi c'était un vrai écolier qu'il fallait[1]. Il le fallait joli,

---

[1] Et cependant il ne suit pas leur plan d'études dans son collége. On disait, et on dit encore, qu'ils enseignaient *les sciences* aussi bien que les langues. Les langues, c'est-à-dire le latin (peu ou point de grec), s'enseignaient en six classes et au moins en six ans; et, *dans une seule*, entre la rhétorique et la théologie, ils enseignaient un peu de philosophie, de mathématiques et de physique. Le plan que Richelieu traça pour son collége modèle de Richelieu diffère essentiellement, en ce qu'à chaque classe et chaque année, de la sixième à la philosophie, les sciences sont toujours enseignées et en français. A la classe du matin, quand l'attention

fantasque, vicieux, mais susceptible de réforme, tel que le roi entreprit de le *castoyer* et de le refaire.

des enfants est neuve et fraîche encore, on leur enseigne l'histoire, la géographie, la physique, la géométrie, la musique, la mécanique, l'optique, l'astronomie, la politique et la métaphysique. A la classe du soir, ils se délassent par les poètes et les orateurs, les auteurs épistolaires, les livres de dialogues, la prosodie et la grammaire. Enseignement tout à fait différent de celui des Jésuites; celui de Richelieu y donne la grande part, *plus de la moitié*, aux sciences, qui, dans les colléges de La Flèche ou de Clermont, n'entraient au total *que pour un douzième*.

L'originalité réelle de leur collége de Clermont (rue Saint-Jacques) était surtout en ceci, qu'il y avait à peu près autant de maîtres que d'élèves, *trois cents Jésuites*, profès ou aspirants, pour *quatre cents écoliers*. Je parle des écoliers *internes* seulement, des seuls auxquels on fît attention, et qui étaient les enfants des plus grandes familles. La mécanique de leurs colléges était très-forte, en ce sens que le même professeur suivait l'enfant de classe en classe, le prenait en sixième et le menait en rhétorique. L'élève maltraité ne pouvait dire : « Dans un an, je suis quitte de ce professeur. » S'il déplaisait malheureusement, si son maître le prenait en grippe, on le fouettait six ans de suite. Cela rendait peureux, flatteur; on craignait extrêmement un maître à perpétuité. Les enfants pauvres, les boursiers, sous cette perspective, et suivis ainsi de la verge, devaient travailler ou périr. La vieille Université de Paris, qui fouettait tant, reproche cependant aux Jésuites de ne fouetter que les pauvres, ces malheureux boursiers, tenus au collége par leur subsistance.

« Voilà qui est bien dur, diront les mères. Et comment tant de grandes dames confiaient-elles à ces terribles Pères leur douce progéniture? » Rassurez-vous. Autant leur mécanique, vue par là, était dure, autant, d'un autre côté, elle était douce. Tous les Jésuites n'étaient pas professeurs, beaucoup étaient *amis*. L'amitié était une position, un métier, une profession spéciale. Parmi ces Jésuites non enseignants, mais amateurs, qui causaient, conseillaient, observaient, se promenaient, faisaient de la littérature, l'enfant pouvait se choisir *un ami*. Quoi de plus rassurant pour

Son ami d'Effiat, en mourant, avait laissé un enfant charmant, le jeune Cinq-Mars, et une fille qui épousa la Meilleraye, parent de Richelieu. Cinq-Mars

la pauvre mère qui amenait son nourrisson et s'en allait en larmes, que de le confier à ce bon Père qui en faisait son pupille, se chargeait de le recommander, d'intervenir pour lui, d'adoucir le pédant, de sauver un enfant si tendre! « N'ayez pas peur, madame. Tout cela est pour nos boursiers, des enfants rudes qui ne vont que par là... Mais ce beau cher petit seigneur! j'en réponds, et rassurez-vous, » disait le Père. — Un père? bien mieux, une mère tendre qui partageait ses jeux mieux que n'eût fait sa mère, l'aidait dans son devoir, le menait au jardin, et cueillait avec lui des fleurs. Inutile de dire que cet homme charmant devenait pour l'enfant un confident aimé, indispensable; l'écolier le cherchait, dès qu'il était libre, lui disait toutes ses pensées. L'*ami* savait le fond du fond, dix fois plus que le confesseur. Il renseignait parfaitement la Compagnie, et sur l'enfant, ses qualités, ses vices, ses tendances, son caractère, et sur tout ce que l'enfant pouvait savoir ou entrevoir des secrets de sa famille. Le connaissant à ce point-là, il avait sur lui les plus fortes prises, s'en emparait de plus en plus. Tellement, qu'au grand étonnement de la mère, quand elle venait voir son enfant, il était froid, rêveur, distrait, visiblement ennuyé d'elle, et fort impatient d'aller *jouer* avec son *ami*. Mais on jouait bien moins qu'on ne causait. Les Jésuites étaient fort caillettes, commères intarissables, aussi bavards que curieux. — Il y avait, en cette institution, du bien, du mal. Sans nul doute, la société douce et bonne d'un homme d'esprit peut affiner bien vite; c'est ce qu'il y a de plus fort pour mûrir en serre chaude et donner de prompts résultats. La concurrence était extrême et poussée par tous les moyens. On faisait de petits parleurs, des académiciens de douze ans, et des acteurs de treize pour les comédies de collége.

Voilà le bien, si c'en est un. Le mal était ceci : Dans l'éducation ordinaire, un même homme étant obligé d'alterner la rigueur et l'indulgence, cumulant les deux rôles de Grâce et de Justice, neutralise par l'une les effets de l'autre; il influe moins comme homme que comme doctrine et ne prend d'autorité que celle de la raison. Mais ici, l'homme de la Grâce n'ayant point à sévir

était presque allié de celui-ci. Il arrivait à dix-sept ans. Il allait porter l'épée et entrer dans les grades. Nouvel amusement pour le roi, né caporal, et qui ne

jamais, étant toujours un camarade aimable, un aide utile, un protecteur surtout, défendant l'enfant de la peur, infailliblement gagnait tout le cœur de la petite créature. Ce qui en advenait, on le sait trop.

Si des résultats moraux et de l'éducation nous passons à l'instruction, examinons quelle était la valeur réelle de leur enseignement. On le devine par leurs très-médiocres commentaires sur les auteurs anciens. Grande chute! quand on arrive là en sortant de la vigoureuse et mâle érudition du XVIe siècle, qui retrouva parfois l'âme même de l'Antiquité. A qui fera-t-on croire que de plats écrivains, grotesques et ridicules, comme ils furent généralement, ont pu être de vrais interprètes du noble génie antique? Cent ans avant Pascal, Rabelais note d'un trait vigoureux l'aurore de cette belle littérature (la Savatte de pénitence, la Pantouffle d'humilité, etc.). Elle fleurit de plus en plus. N'inventant plus rien, on édite, on ramasse, on balaye, on compile. Les gros recueils commencent avec je ne sais combien de mauvais livres de classe. Dans ces catacombes de l'ennui, l'on recueille religieusement tout l'inutile, le *detritus* et le *caput mortuum*. A côté fourmille, frétille la fausse vie plus morte encore, les épigrammes galantes, la dévotion en madrigal, etc. Pour écarter les sottises honteuses et ne parler que des choses fades, qui peut lire sans nausée une seule page du livre capital et triomphant de la Société, si somptueusement édité, l'*Imago primi sæculi Societatis Jesu*, 1640? — Mariana confesse que son ordre est très-corrompu. Eh bien, la corruption morale se réfléchit dans celle du goût. Leurs doctrines et leurs mœurs firent leur littérature, et celle-ci qui subsiste, témoigne contre leur enseignement. M. Caillet a tort de suivre ici, les yeux fermés, M. Émond, dans son *Histoire du Collége Louis-le-Grand*. Il a tort aussi (p. 412) de révoquer en doute l'assertion de l'Université : « que les Jésuites *traitaient mal les boursiers, les écoliers pauvres* (*Mss. de la Bibl. Mazarine*). Cela paraît bien vraisemblable quand on lit dans Ranke (Papauté) l'expresse recommandation du légat *de mieux traiter les écoliers nobles et riches*.

parlait que de soldats, même à mademoiselle de Hautefort. La vive demoiselle endurait cet excès d'ennui assez patiemment. Mais combien mieux le roi pouvait-il parler d'armes, de chasse et de tout à un jeune militaire! Donc, le cardinal le lança, bien instruit, bien stylé, pour *observer* le roi d'abord, et peu à peu pour lui plaire s'il pouvait.

Le roi vit bien venir la chose, et, trouvant cet enfant qui dormait ou faisait semblant dans les coins des appartements, il devina qu'il dormait pour le cardinal, pour écouter et rapporter. Cela même lui donna pitié de la jeune âme qu'on corrompait ainsi, et qui, logeant dans ce beau corps, devait être mieux douée de Dieu, appelée par lui à autre chose. De là une tentation naturelle de convertir Cinq-Mars et d'en faire un honnête garçon, un parfait gentilhomme. Il était tard. Car l'étourdi était déjà fort engagé dans la jeune société noble du temps, le monde du *Marais*, comme on disait, autrement dit des élégants, des esprits forts, des gens qui ne croyaient à rien et ne se gênaient guère.

Cette préoccupation du roi commence vers juin 1639 au siége d'Hesdin, où mademoiselle de Hautefort n'avait pu venir. Il y prit habitude d'avoir toujours là Cinq-Mars pour le prêcher. Et voilà qu'il ne pouvait plus s'en passer. A la moindre absence, il criait : « Où est Cinq-Mars? » Richelieu usa sur-le-champ de cette première fleur de passion. L'enfant gâté dit qu'il aimait le roi, mais voulait être seul, c'est-à-dire qu'il n'aimât plus la Hautefort. Cela promis, ce ne fut plus assez. Pria-t-il? pleura-t-il? On ne sait;

mais le roi, pour l'apaiser, eut la faiblesse de promettre qu'il la chasserait de la cour. Chose plus facile à promettre qu'à faire. Car nulle précaution n'y servit; elle se mit, malgré tous les ordres, sur le passage du roi, et fit rougir le pauvre Sire.

Le cardinal, vainqueur, ayant un si bon instrument, et sachant que ces choses-là durent peu, poussait son petit homme au grand galop. Il l'engageait à exiger, faire le difficile et se faire valoir. Le roi, ayant voulu lui donner la place qu'avaient eue Saint-Simon, Baradas, le jeune insolent dit : « C'était bon pour eux, de petits gentilhommes. » Il fallut que le roi négociât avec le vieux M. de Bellegarde pour satisfaire sa volonté, qui fut d'abord d'être grand écuyer. Dans la langue de cour, ce petit polisson fut appelé *Monsieur le Grand*.

Louis XIII avait jusque-là paru un homme sec, mais assez raisonnable. Il avait eu deux lueurs poétiques, l'apparition première de mademoiselle de Hautefort et la transfiguration de Lafayette. Mouvements excusables de cœur, courts élans de jeunesse dans un homme né vieux, mais enfin tout cela était d'humanité, de nature, donc non ridicule. Un côté de son caractère qui l'était davantage, c'est qu'il avait du temps pour tout, sauf pour la royauté. Il écrivait des plans de campagne, envoyait de petits articles à la *Gazette de France*, faisait de petits airs et des chansons en bouts rimés. Son extrême désœuvrement lui donna parfois des curiosités peu royales, celle, par exemple, d'apprendre la cuisine; il prit des leçons pour savoir larder.

Pauvretés, ennui, innocence. L'excuse, c'était Richelieu, un autre roi, qui, en le consultant toujours avec respect, n'eût pas souffert qu'il fît rien de sérieux.

Ce qui le mit plus bas que sa lardoire, ce fut son radotage pour un enfant qui se moquait de lui. Il donna là des signes d'imbécillité caduque, à quarante ans. Les froideurs de Cinq-Mars, ses rebuffades, un simple oubli d'écrire dans les absences, faisaient pleurer le roi. Mais, quand on voit ses lettres à Richelieu pour faire chapitrer l'écolier, lettres si pesantes et si sottes, on est du parti de l'enfant, on trouve qu'à bon droit il fuyait l'éternelle gronderie et plus encore les burlesques tendresses de son royal Jésuite. Mieux valaient les verges et le fouet.

Il échappait tant qu'il pouvait. Parfois, aux antichambres, ce garçon, **que le** roi eût voulu maréchal de France, passait le temps à lire le **roman** de Cyrus avec les valets. Parfois, la nuit, il se sauvait de **Saint**-Germain, galopait à Paris, au quartier élégant, à la place Royale, dans les belles ruelles et les conversations galantes. On l'y travaillait fort. Les dames politiques n'épargnaient rien pour le gâter, lui brouiller la cervelle, le rendre fou et traître. L'intrigante Marie de Gonzague en faisait son *Petit Jean de Saintré*, et par le roman le menait à l'histoire (la plus triste). Le roi avait beau le tenir, le garder, le coucher dans son lit, avec lui ; il fuyait, s'évanouissait.

Cependant l'influence occulte se révéla. Il ne se tint pas satisfait d'un grand titre ni de la faveur. Il prétendit avoir part aux affaires. Richelieu fut bien étonné lorsque, le roi tenant conseil chez lui (il était malade à Rueil), Cinq-Mars resta, siégea. Le cardinal refusa de parler devant lui, et le lendemain le tança fort de son outrecuidance. Mais ceux qui menaient le jeune homme, loin de reculer, avancèrent, lui firent demander... quoi? un bijou? une armée! et dans le moment le plus difficile pour secourir notre camp d'Arras, menacé par les Espagnols. Le roi était si faible, que, sans Richelieu, il cédait. Du moins il lui donna à conduire le corps des volontaires, toute la jeune noblesse de France. Il eut un chevel tué, se crut Alexandre le Grand. Le roi ne souffrit plus qu'il se hasardât davantage.

Les Espagnols battus regagnaient par l'intrigue ce que perdaient leurs armes. La ligue universelle des femmes était pour eux. Marie de Médicis en Angleterre, aux Pays-Bas, la Chevreuse à Madrid, à Londres, les filles d'Henri IV, Henriette, Christine, ne travaillaient pas seules. Le duc de Lorraine avait épousé (sa femme vivant encore) une Italo-Flamande, qui le mena aux genoux du roi pour rentrer chez lui et trahir. Le jeune Guise, archevêque de Reims, un brillant duelliste, s'était marié deux ou trois fois, et suivait la sagesse de la Palatine. Le duc de Bouillon, longtemps général de Hollande, et qui passait pour une forte tête, ayant vieilli dans les affaires, avait épousé sur le tard une catholique qui le fit catholique, le jeta dans tous les casse-cous.

En 1641, la partie fut liée à merveille. Madame de Bouillon fit de son vieux mari goutteux le centre, la clef de voûte d'une ligue universelle. L'Empereur fournit des troupes, et l'Espagne en promit. Mais, pour donner à l'invasion étrangère un air national, un prince du sang, le comte de Soissons, réfugié chez Bouillon, prit le commandement de l'armée. Les émigrés français, de tout parti, devaient partir de Londres et faire une descente en France. Il leur semblait faire la guerre à coup sûr, ayant Paris d'avance où le jeune Gondi eût surpris la Bastille, ayant la cour, les vœux de la reine, ayant le cabinet du roi et son secret par son enfant gâté, Cinq-Mars, à qui il disait tout. L'armée même que Richelieu leur opposait était en grande partie pour eux. L'armée, la France, tout le monde était gagné par le mot séducteur que l'ennemi avait mis sur son drapeau : La paix.

Richelieu, en si grand péril, fit d'abord procéder le Parlement contre Guise et Bouillon. Soissons étant prince du sang, on ne pouvait le juger, mais bien le faire tuer. Le dévot et scrupuleux Dunoyer, homme très-discret, se chargea, dit-on, de négocier l'affaire. Il partit, emporta une forte somme pour payer l'assassin.

Des deux côtés, les choses se passèrent comme on pouvait le prévoir. Soissons battit sans peine une armée qui voulait être battue. Mais, d'autre part, pendant que ce vainqueur, autre Gustave-Adolphe, regardait la déroute, il lui advint comme à Gustave, il fut frappé à mort sans que l'on sût par qui (6 juillet 1641).

Jamais mort d'homme n'eut un plus grand effet. Le général français étant tué, l'affaire changeait de caractère ; elle reparaissait tout à fait étrangère, c'était une invasion, et elle manquait. Sept mille impériaux pour conquérir la France, ce n'était pas assez. Les Espagnols n'arrivaient pas. Et la descente des émigrés de Londres ne se fit pas non plus. Bref, Bouillon demanda pardon, et jura au roi une fidélité éternelle. Richelieu fit semblant d'y croire, et, pour l'éloigner de France, lui promit le commandement de l'armée d'Italie.

Il savait tout. Il les avait tous sous la main, et, s'il ne frappait pas, c'est qu'il n'y avait guère de témoins ni de preuves. Tous s'entendaient et tous étaient coupables. Le roi même l'était en un sens, par ses plaintes, ses protestations d'être excédé de Richelieu.

Cinq-Mars était dans l'affaire de Soissons. La reine en était-elle [1] ? On ne peut en douter quand on voit la subite, la violente irritation que Richelieu montra

[1] Campion le dit expressément. Le 15 août 1641, il rassure la Chevreuse en lui disant qu'il a brûlé les lettres de la reine. M. Cousin, le défenseur ordinaire de ces dames, nous apprend pourtant, et dans sa *Hautefort*, et dans sa *Chevreuse*, toute la gravité du complot et la part qu'y prenait la reine. La Hautefort, par l'ordre d'Anne, y était entrée. La Chevreuse, à Londres, avait formé l'association des *émigrés français et des royalistes d'Angleterre* (Holland, général de Charles Ier, Montaigu, conseiller d'Henriette, ardent papiste), et la ligue des uns et des autres *avec l'Espagne et le pape*. A Bruxelles, elle y associa encore le duc de Lorraine et le comte de Soissons. Complot trop vaste, trop mêlé d'éléments nombreux et complexes, qui devaient marcher mal ensemble. Cette grande politique, la Chevreuse, était un esprit romanesque, nullement positif. Ceci rappelle les complots fous et visionnaires des Jésuites avant l'Armada. On échoua. Puis on reprit la chose plus follement encore par le petit Cinq-Mars. Le sérieux de l'échafaud a trop relevé ce favori ridicule, si outrecuidant, si absurde. Il voulait, lui, ce garçon de vingt ans, que le roi le laissât *tuteur du dauphin*. Cela fit connaître le personnage comme mannequin de la cabale, et dégoûta entièrement Louis XIII.

alors contre elle, et que n'explique aucun auteur du temps. Il fit écrire (et écrivit, dit-on) la pièce de *Mirame*, pleine d'allusions à la situation, à sa victoire sur tous ses ennemis, insultante surtout pour la reine qu'on y reconnaissait dans mille traits injurieux. Il avait bâti tout exprès, au Palais-Cardinal, un théâtre qui ouvrit par *Mirame*, et qui resta le Théâtre-Français.

La reine y assista, la cour y assista, et personne n'osait y manquer. On subit le ministre, mais on punit l'auteur. Un silence de glace, un ennui calculé, lui revinrent de toute la salle et le morfondirent dans sa loge. On traita le malade comme étant mort déjà. Il sentit le froid du linceul, frissonna dans sa bière. Supplice inouï et cruel pour une âme brûlante, affamée d'immortalité : on affecta de l'oublier vivant.

CHAPITRE XV

CONSPIRATION DE CINQ-MARS ET DE THOU

1642

Les choses inclinaient vers leur terme (janvier 1642). Le cardinal était toujours malade, mais le roi beaucoup plus. Les médecins ne lui donnaient pas six mois à vivre. Pour une solution si prochaine, chacun songeait à se pourvoir.

C'était fait des ménagements. Richelieu fit exclure Cinq-Mars de tout conseil, et engagea le roi à retirer le Dauphin des mains de la reine. Laisser le roi futur dans une main espagnole, c'était risquer de revoir l'étranger régner encore au Louvre, comme Henri V aux temps de Charles VI.

Le très-intelligent Fontrailles, notre auteur principal ici, assure que la reine en péril désirait qu'il y eût un complot¹, et y contribuait de son mieux, ne pouvant qu'y gagner, quel que fût celui qui pérît, Richelieu ou Gaston, l'un ou l'autre de ceux qui pouvaient à la mort du roi lui ôter la régence.

Était-elle capable d'un si grand machiavélisme? Par elle-même? Non, mais peut-être par la Chevreuse, qui lui donna alors un homme à elle, non pas pour conspirer, mais pour lier entre elles les conspirations différentes, s'entremettre de l'une à l'autre, et, du moins indirectement, pousser à l'action.

Bouillon, pardonné, exilé au généralat d'Italie, était plus que jamais poussé par sa femme orgueilleuse à se venger de Richelieu.

Cinq-Mars, chassé par lui du conseil, et avec outrage, pleurait et sanglotait, ne songeait qu'à le faire tuer.

Gaston allait être emmené par Richelieu à la guerre du Midi, mais sans emploi, sans titre. Il disait à Fontrailles : « Ne le tuera-t-on pas? » — On lui répondait: « Oui, devant vous, sur votre ordre, mais non autrement. »

---

[1] Et on peut dire que, pour son compte, elle en tramait un elle-même. Son plan était d'enlever ses enfants, à la mort de Louis XIII. Elle chargea de Thou de demander au duc de Bouillon de la mener à Sedan (Cousin, *Chevreuse*, p. 101). Bouillon, comme on le voit dans toute la Fronde, appartenait essentiellement aux Espagnols. La reine ne voulait pas moins que mettre le roi de France entre les mains du roi d'Espagne. Quoi de plus criminel? — De Thou fut très-coupable. Richelieu venait de lui pardonner déjà sa participation à un complot de la Chevreuse. — M. Cousin se trompe (avec bien d'autres, il est vrai), en disant, p. 105 de sa *Chevreuse*, que Richelieu eut le traité le 11 juin. Les notes écrites à Tarascon par Richelieu même, établissent que, le 7 juillet, il n'avait pas encore cette pièce essentielle.

Il n'était pas jusqu'au roi qui ne parût contre lui. Il ne cessait de dire qu'il voudrait *s'en défaire*. Mot équivoque, traduit diversement. A tout ce qu'on disait, il n'objectait qu'une chose : « Comment le renvoyer ? Il est maître de tout... — Mais, Sire, on le tuera... — Un prêtre! un cardinal!... Je serais excommunié ! » — A quoi un de ses mousquetaires, Troisville (homme estimé qui fut plus tard de Port-Royal), répondait en riant : « Ordonnez seulement, laissez-moi faire... Je m'en irai à Rome, où j'aurai mon absolution. »

L'homme de la Chevreuse, qui devint celui de la reine, l'intermédiaire des mécontents et le trait d'union des partis, était un homme de mérite, au fond sans importance, mais parent du duc de Bouillon, familier de Cinq-Mars, lié avec Fontrailles et les hommes de Monsieur.

Auguste de Thou, fils de l'illustre historien, était jeune, candide, dévoué, honnête, non sans élévation, et l'on s'étonne de le rencontrer avec ces gens-là. C'était un savant, comme son père ; il était conseiller et bibliothécaire du roi, mais, de plus, intendant d'armée, ce qui le mêla aux grands seigneurs, à la jeune noblesse, avec qui volontiers il s'exposait en amateur. De nature tendre et généreux, il ne recula point devant l'occasion romanesque de se hasarder « pour une grande reine, » si malheureuse, à qui on voulait ôter ses enfants. Il lia Cinq-Mars et Bouillon, jusque-là sans rapport, alla, vint, s'entremit, porta de l'un à l'autre des paroles, des propositions.

De Thou n'était nullement intéressé, point ambitieux. Mais c'était un homme déclassé, hors de tout, hors de la robe sans être de l'épée, n'ayant le pied ferme nulle part. Il était fils de l'*impartialité* historique et de l'indécision. Lui-même, s'il était quelque chose, il était l'agitation même. Ses amis l'appelaient en riant : « Votre *inquiétude*. »

Ce n'est pas un tel homme qui pouvait penser à un assassinat. Que voulait-il? Rien que sauver la reine, finir la guerre européenne. Or, on croyait à tort que la guerre, c'était Richelieu, que l'Espagne voulait la paix.

La paix! quelle belle parole! dit Jean Gerson, comme elle emplit la bouche de miel!... Il faut se souvenir des terribles malheurs qui avaient dépeuplé des provinces entières. Cinq cent mille hommes étaient morts de misère en Lorraine et au Rhin..C'était le tour de la France du Nord. Les familles les plus honorables (et c'étaient les parlementaires, la bonne bourgeoisie) ressentaient cette douleur. Des femmes charmantes, excellentes, femmes de présidents, de simples conseillers, se réunirent bientôt autour d'un petit homme (resté si grand), Vincent de Paul, et elles envoyaient quelques secours, hélas! bien peu de chose, une goutte d'eau sur un grand incendie. La paix seule pouvait atténuer ces maux. Mais pouvait-on la faire? C'était la question.

Telle fut l'illusion de de Thou et d'autres parlementaires. Je ne leur reproche rien. Quoique leur conduite ait été tantôt coupable et tantôt ridicule, je comprends leur fluctuation. Ils ne sentirent pas assez, sans doute, que la France eût péri sans cette violente dictature, qu'elle eût été engloutie par Waldstein, puis par les menus brigands, les Gallas et les Jean de Werth; ils ne virent pas que Richelieu, malheureux à la guerre, nous aguerrit pourtant et prépara Rocroy. D'autre part, quand on sait, par l'horrible affaire de Loudun, la force et la furie que les tyrannies secondaires déployaient avec les pouvoirs de la grande tyrannie centrale, on excuse les parlementaires d'avoir (sans droit, sans mission, n'importe) tenté de suppléer les garanties publiques qui n'existèrent jamais dans ce misérable pays.

Pour revenir, le pauvre de Thou se vit mené plus loin qu'il ne croyait. Les hommes de Gaston, spécialement Fontrailles, homme d'esprit, sans conscience, un furieux bossu, dont Richelieu s'était moqué, organisaient deux choses. D'abord, le cardinal devant suivre le roi qui partait pour la guerre d'Espagne, il fut réglé qu'on le tuerait à Lyon; Gaston devait y aller tout exprès, et, brave cette fois, donner lui-même le signal. Mais Richelieu tué, restaient ses hommes et ses parents, tant de gens qu'il avait placés, les Brézé, les la Meilleraye, les Chavigny, en tête les Condé, dont le fils venait d'épouser sa nièce. Les grands militaires de l'époque, Guébriant, Harcourt, Fabert, Gassion, tenaient personnellement à Richelieu, et se seraient ralliés aux Condés pour faire face à Gaston. Celui-ci, méprisé, n'avait pas grande chance hors de l'assistance étrangère. M. de Bouillon l'exigeait, Fontrailles tira de Gaston une lettre où il s'engageait à faire livrer aux Espagnols une place forte (c'était Sedan) pour les enhardir à entrer en France. La reine ne donna point de lettre, ne signa rien, resta derrière.

Les Espagnols hésitaient fort, pour cette raison. Ils voyaient la régence qui allait leur venir par Anne d'Autriche. Avaient-ils besoin de Gaston? Et, s'il réussissait par eux, ne publierait-il pas sa secrète protestation pour détrôner le fils de leur infante? Cependant les succès de Richelieu en Allemagne, une bataille qu'il gagna sur le Rhin, le voyage du roi pour prendre Perpignan, le Roussillon, la Catalogne, les décidèrent, et le traité se fit. Ils promirent secours à Gaston (mars 1642).

Comment de Thou resta-t-il dans l'affaire lorsqu'elle devenait si criminelle? Une lettre qu'il écrivit à sa mort nous le fait deviner. Il était alors amoureux d'une dame très-aimée de la reine, jolie petite princesse à tête légère, madame de Guémené. Elle était janséniste, et refusait tout à de Thou. Il était roux, il était homme de robe, etc. Elle fut vertueuse pour lui, mais non pour Retz. Elle prodigua au prêtre libertin (et fort laid) ce qu'elle avait refusé à l'amour, au culte d'un homme supérieur qui, dans un meilleur temps, eût été peut-être un grand homme, qui avait mis son idéal en elle, et dont elle fut la suprême pensée.

Ce fut, je crois, le vain espoir de fléchir les rigueurs de cette cruelle qui aveugla de Thou, lui cacha l'énormité de sa faute, et le rendit, non pas témoin seulement, comme on a dit, mais acteur très-actif dans cette affaire coupable qu'il croyait celle de la reine.

Gaston, à son ordinaire, manqua de parole. Les conjurés l'attendaient à Lyon; il resta à Blois. Les deux malades, le roi en avant, le cardinal derrière à quelques lieues, continuèrent d'avancer au Midi. Mais, à

Narbonne, le dernier, craignant, sur les rapports qu'il recevait, que le roi ne permît sa mort, dit ne pouvoir aller plus loin. Son incertitude était grande; tout en se disant incapable de bouger, il partit de Narbonne sans trop savoir où il irait. Le gouverneur de Provence le reçut dans un abri sûr, au château de Tarascon, d'où il pouvait toujours s'embarquer et gagner la mer, puis, en tournant l'Espagne, aller s'enfermer à Brouage qu'il avait fortifié. Dans sa mortelle inquiétude, il fit prier le prince d'Orange d'intercéder pour lui, et fit dire au vaillant colonel Gassion que le moment venait où il faudrait *qu'on se déclarât*, qu'on distinguât ses amis de ses ennemis.

Le roi n'était pourtant nullement décidé contre lui. L'impertinence de Cinq-Mars, qui bravait, démentait les meilleurs officiers, provoqua une explosion. Le roi lui dit : « Je vous vomis. » Souvent il lui ferma sa porte. Une défaite éprouvée dans le Nord, qui jeta la panique jusqu'à Paris, fit vivement sentir l'absence de Richelieu.

Cependant le roi semblait si malade, qu'on se croyait au moment décisif. De Thou, qui était à l'armée, pensa qu'il était bon que la reine s'assurât des chefs, et, comme il était difficile de deviner de loin quelles conditions ils feraient, il la priait de lui envoyer des blancs seings qu'il pût remplir selon les circonstances. Elle l'aurait fait étourdiment. Brienne se donne l'honneur de l'en avoir empêchée. Je crois qu'auprès de Richelieu même elle eut un autre conseiller qui la renseigna et la dirigea. Mazarin très-probablement. Il put lui faire entendre que les choses n'en étaient pas où on le lui disait, que le roi vivait, que Richelieu vivait et tenait encore les armées, que le danger, d'ailleurs, de la future régente, était Gaston bien plus que Richelieu, que Gaston se noyait dans une entreprise manquée, qu'au lieu de se lier à lui il fallait l'enfoncer plutôt et aider au naufrage.

Selon Fontrailles, selon Voiture et autres, ce fut la reine *qui fit trouver* le traité. Chavigny, sans le dire, fit un jour entendre la même chose.

Elle envoya un homme sûr au cardinal (dit Monglat), et, sans doute par cette voie, lui donna connaissance du traité. La paix se fit entre eux à ce prix. Elle garda ses enfants.

Le roi malade avait quitté le siége et était revenu à Narbonne quand l'homme de Richelieu, son ombre, Chavigny, vint le trouver et lui dévoila tout. Le roi saute au plancher. Quelle preuve cependant? Chavigny ne lui donnait pas le traité (comme on l'a dit à tort); il apportait seulement l'affirmation de Richelieu. Le roi hésitait fort. Il fallut que l'on s'adressât à sa conscience. Chavigny alla trouver le confesseur, le père Sirmond, le fit parler. Sirmond, le cas posé, décida qu'en un grand péril de l'État, un roi ne pouvait se dispenser d'agir préventivement, d'arrêter l'accusé.

Cinq-Mars eut un jour pour s'enfuir et n'en profita pas. En voyant Chavigny, il avait deviné sa perte. Il eut l'idée, à tout hasard, de le faire poignarder avant qu'il pût parler au roi. Mais déjà il était trop tard. Il aurait pu encore, en sautant à cheval, passer les portes de Narbonne. Mais il perdit la tête, et on eut le temps de les fermer.

On fit crier peine de mort pour qui cacherait Cinq-Mars. Une femme l'avait caché dans son lit même. Mais le mari alla le dénoncer. On arrête Cinq-Mars et de Thou. Ordre envoyé à l'armée d'Italie, où commandait Bouillon, pour l'arrêter et l'envoyer en France (13 juin 1642).

Ce qu'on craignait le plus, c'était que Gaston ne s'enfuît et qu'on n'eût pas son témoignage. Le roi, pour le tromper, lui écrivit que « c'était pour ses insolences » que Cinq-Mars était arrêté.

Richelieu était en péril peut-être autant que Cinq-Mars même. On voit, par ses notes écrites à Tarascon le 5 et le 7 juillet, qu'il faisait commencer le procès sans preuves ni témoins, donc sur la simple révélation verbale qui lui venait de la reine. Mais il ne pouvait avouer cette source. Il parle dans ces notes comme s'il eût *deviné* l'existence du traité. Il dit qu'il faut l'avoir, l'acheter à tout prix d'un confident de Gaston.

Avec un homme moins peureux que Gaston on n'eût rien obtenu, et Richelieu, n'ayant nulle pièce, eût été conspué, chassé pour calomnie, poursuivi à son tour. Mais Chavigny, qu'il lui envoya, le terrifia en assurant qu'on avait le traité, une copie du moins, « trouvée par des pêcheurs dans une barque échouée en Catalogne. » A lui, Gaston, de mériter sa grâce en délivrant l'original. C'est ce qu'il ne pouvait plus faire; dans sa peur, il l'avait brûlé. Mais il offrit d'y suppléer par la confession la plus complète; confession terrible, meurtrière, où il allait dire les péchés des autres, ne risquant pour lui que la honte; un fils de France ne peut aller en Grève.

Le roi avait comblé sa terreur en écrivant que, si sa confession était incomplète, *on le poursuivrait avec des troupes et qu'on l'enfermerait*; mais que, s'il disait tout, on le laisserait aller libre à Venise en lui faisant une pension.

Il parla tout au long, et chacun de ses mots tuait, — d'abord Cinq-Mars, Bouillon, Fontrailles, puis de Thou même.

La reine, sans le vouloir ni le savoir peut-être, en mettant Richelieu sur la voie de tout découvrir, avait perdu de Thou. Il fallait bien au moins une tête à la justice. Or Gaston ne pouvait périr. Bouillon, arrêté, eut sa grâce en livrant sa place, Sedan. Fontrailles était en fuite. Si le roi sauvait Cinq-Mars, un seul mourait : c'était de Thou.

Pour elle, elle n'avait rien à craindre. Elle pouvait dormir paisiblement, attendre la régence. On la croyait perdue. Madame de Lansac, que Richelieu avait faite gouvernante du Dauphin, vint triomphante le matin lui dire qu'on tenait Cinq-Mars et de Thou. Elle faisait la dormeuse entre ses rideaux. La Lansac les tira, mais la trouva fort calme. Elle connaissait bien de Thou, savait qu'il mourrait sans parler.

Quant à Gaston, ce qui aurait fait son supplice, c'eût été qu'on le mît en face de ceux qui s'étaient immolés pour lui et qu'il faisait périr. Mais les magistrats complaisants assurèrent qu'il n'y avait nul exemple qu'un fils de France fût confronté. On le fit venir à deux lieues de Lyon, et comme à la porte du tribunal, pour en tirer au besoin ce que demanderait le procès. Principal accusé, il ne figura que comme témoin, et ce témoin dispensa des pièces mêmes, puisqu'on n'avait que des copies, des chiffons de papier, et sans caractère authentique.

Cinq-Mars essaya de nier, et attesta Bouillon qu'il croyait loin. A l'instant même, on le lui présenta pour le démentir. On l'avait pris caché dans une meule de foin et amené à Lyon, où Mazarin lui conseilla en ami de faire comme Gaston, de se sauver par la lâcheté. Le roi lui laisserait sa tête et ne lui prendrait que Sedan.

De Thou montra du courage, mais il aurait plus honoré sa mort s'il eût moins chicané sa vie par des fins de non-recevoir de procureur. Il se retrancha trop habilement sur une chose fausse, qu'il avait eu *une simple connaissance* de la chose, n'avait pu trahir ses amis. En réalité, il avait agi, dirigé même, indiquant tous les rendez-vous, y conduisant les conjurés, les faisant entrer, sans entrer lui-même, et restant à la porte.

Amené, dit-on, devant Richelieu, il prétendit « avoir ordre du roi. » Nul écrit, à coup sûr ; des paroles vagues, à la bonne heure.

De Thou fut bien jugé. Un cœur comme le sien ne pouvait manquer de le reconnaître. Lorsque Cinq-Mars et lui allèrent à la mort, leurs juges (dont était l'illustre Marca) étaient sur leur passage, et les condamnés les remercièrent de la juste sentence qui, lavés et purifiés, allait les envoyer à Dieu.

Cinq-Mars, si beau, si jeune, de Thou, si estimé jusque-là, si pur (moins une erreur), excitèrent dans la foule un intérêt extraordinaire. La maladresse d'un bourreau novice qu'on employa ajouta encore à l'émotion. Quand la tête de Cinq-Mars tomba, il s'éleva de toute la place un horrible cri de douleur. De Thou, manqué d'abord et très-cruellement égorgé, jeta la foule dans un accès de fureur frénétique. Des pierres volèrent sur l'échafaud. Ce bon peuple de France maudit cette justice qu'il appelait vengeance, et pleura amèrement les coupables qui l'avaient trahi.

CHAPITRE XVI

ISOLEMENT ET MORT DE RICHELIEU — MORT DE LOUIS XIII

1642-1643

Richelieu avait fait lui-même sa dernière maladie. Par propreté galante, il avait supprimé un flux d'hémorrhoïdes, dérivatif utile de maux plus graves, qui le tenait en vie. Immédiatement un abcès parut à la main, au bras, d'autres ailleurs. Dès lors, rien n'y servit; il eut beau faire; il était mort.

De toute façon, Cinq-Mars l'avait tué. Son maître le haïssait désormais sans retour. L'auteur primitif du complot avait été le roi. Tout avait commencé par ses paroles imprudentes qui semblaient demander qu'on le délivrât de son ministre. Il avait été découvert par les aveux des accusés; et, lorsque, revenant au Nord, il lui fallut à Tarascon comparaître devant Richelieu, il y vint comme un accusé.

Malade, on le mit sur un lit en face du malade, et, quelque soin que prît le cardinal de le rassurer, de lui donner le change, ni l'un ni l'autre dès lors ne s'y trompa. C'étaient deux ennemis.

Le roi revint seul à Paris avec les mêmes hommes qui, même avant l'affaire Cinq-Mars, offraient, au premier ordre, de le défaire de Richelieu.

Dans ce triste château de Tarascon, plus tard fameux par les massacres, au bruit monotone du flot qui sanglote en passant, la petite cour du cardinal avait été un moment réduite à quatre hommes trop compromis pour le quitter vivant. Ses instruments d'abord et sous-ministres, Chavigny, Dunoyer, Mazarin. Le premier seul était bien sûr; seul il représentait, exécutait sa violente volonté. Dunoyer, le bœuf, le Jésuite, ne pouvait manquer tôt ou tard, par sa dévotion, de tourner à l'Espagne, c'est-à-dire à la reine; c'est ce qui arriva. Pour Mazarin, le plus douteux de tous, il avait bien servi pour espionner Cinq-Mars, pour faire parler Bouillon; il marchait droit sous l'œil du maître; mais son zèle apparent, son patelinage italien, son caressant baragouinage, n'inspiraient pas, comme on va voir, grande confiance à Richelieu.

Le quatrième personnage, sur lequel il faut s'arrêter, était un homme de vingt ans qui n'avait rien de jeune. Très-sinistre figure d'oiseau de proie, la plus bizarre du siècle. Point de front et nez de vautour; des yeux sauvages et fort brillants; rien d'homme, quelque chose de moins ou de plus, et d'une espèce différente. Animal féroce et docile, servile en ses débuts, plus servile à la fin. Ce personnage étrange, nourri par Richelieu dans sa ménagerie, va éclater dans l'histoire. C'est Condé.

Ces Condés étaient sombres et bas, et semblaient toujours inquiets. Frappant contraste avec les Condés d'autrefois, avec celui des guerres civiles, celui de la chanson (le Petit Homme tant joli, qui toujours chante et toujours rit...). Mais ceux-ci étaient contestés. On a vu la terrible affaire du père du grand Condé, né en prison d'une mère accusée d'empoisonnement. On le disait l'œuvre furtive d'un page gascon qui se sauva. Henri IV, sans enfant alors, fit réformer le jugement de la mère, prit le petit pour vrai Condé et lui fit sa fortune en lui donnant mademoiselle de Montmorency.

Les deux époux se détestaient. Il n'aimait pas les femmes; tous ses amours étaient dans l'Université de Bourges (Lenet). Cependant, quand il fut mis à la Bastille par le maréchal d'Ancre, il joua à sa femme le tour de dire qu'il ne pouvait se passer d'elle. Elle, glorieuse, mit son honneur à accepter, et elle s'enferma avec lui. Homme d'esprit, mais bas, sale, avare, portant sur le visage son âme d'usurier, il avait tout ce qu'il fallait pour éloigner une femme. Mais la prison, l'ennui, firent un miracle. Elle devint enceinte, et fit tout à sa ressemblance la très-jolie madame de Longueville, la future reine de la Fronde. Puis un garçon, cette figure crochue du grand Condé; enfin Conti, prêtre et bossu, que sa sœur fit général de Paris.

Les deux garçons naquirent amoureux de leur sœur. Condé, éperdument, jusqu'à lui passer tout, adopter ses amants, puis jusqu'à la haïr. Conti, sottement, servilement, se faisant son jouet, ne voyant rien que ce qu'elle lui faisait voir, dupé, moqué par ses rivaux. Condé le père maria son aîné, qu'on appelait alors Enghien, à une nièce du cardinal, croyant que le ministre allait à sa Bourgogne ajouter je ne sais combien de gouvernements, refaire en lui Charles le Téméraire. Il lui devait déjà la dépouille de son beau-frère, Montmorency, décapité. Puissance merveilleuse des maris sur les femmes. Condé dressa la sienne à faire sa cour au cardinal, à lui faire visiter, pour affaire et pour intérêt, les juges qui avaient envoyé son frère à la mort.

Le serviteur du grand Condé, Lenet, nous apprend que cette famille, si mendiante auprès de Richelieu, tâchait pourtant à tout hasard de se créer contre lui des moyens de résistance. De temps à autre, sous différents prétextes, ils ajoutaient aux fortifications d'une bonne place qu'ils avaient en Bourbonnais au carrefour des routes de quatre provinces. Madame la princesse, par tout moyen, attirait la noblesse à sa cour. Quand le petit prince monta à cheval, on ouvrit à portée de la résidence un marché de chevaux, pour que, sous ombre d'achats, les gentilshommes vinssent, montassent au château pour faire leurs hommages, devinssent clients de la maison.

L'enfant fut élevé d'une manière populaire et ambitieuse. On le mit au collége à Bourges, sous un Jésuite, parmi nombre d'enfants de gentilshommes qui s'attachèrent à lui. Il eut l'éducation variée, littéraire, que donnaient les Jésuites, sans fond moral, mais bien combinée pour l'effet; les langues, les exercices publics, des thèses où l'écolier brillait. Mais, après le collége, son père voulut encore qu'il sût un peu d'histoire, de mathématiques. On entendait par là surtout la fortification, l'art de l'ingénieur.

Son couronnement d'éducation fut d'être envoyé par son père pour tenir sa place en Bourgogne, pour s'informer de tout, et du militaire, et de la justice, pour caresser le Parlement.

Il fut du premier coup très-brave (campagne d'Arras, 1640). Son père voulait le pousser au commandement et lui faire avoir une armée. C'est pour cela surtout qu'il lui fit épouser malgré lui mademoiselle de Brézé. Il avait vingt ans, elle douze. Il fut très-dur pour elle, vivant à côté d'elle sans en tenir compte et tout à fait à part. En réalité, maladif (il fut un moment à la mort), ambitieux comme sa mère, avare comme son père, il visait de loin la grande héritière, mademoiselle de Montpensier, l'énorme fortune d'argent que feraient les biens d'Orléans par-dessus les biens des Condé et des Montmorency. Seulement le roi y consentirait-il? Ce jeune homme d'aspect si sauvage, mais excellent calculateur, trouva moyen d'aller au cœur du roi en s'associant à sa mère, à sa sœur, dans leur zèle pour les Carmélites. Il quêta pour leur faire avoir un reliquaire fort riche. Chose rare qu'un jeune militaire eût une dévotion si précoce.

Richelieu le voyait venir, et il en était indigné. Cette chasteté persévérante, ce divorce dans le mariage pour en préparer un plus riche, montraient en celui-ci un homme qui passerait son père. Il y avait là avarice, insolence, l'orgueil et la haine secrète qu'il avait sucés de sa mère, sœur de Montmorency. Quoi!

le sang de Richelieu était-il donc si vil, qu'un prince d'une princerie fort douteuse dédaignât d'y mêler le sien? Qu'avait-elle fait, cette enfant innocente? Était-ce sa faute si elle était nièce du plus grand homme de l'Europe, et si le prévoyant ministre refusait d'armer les Condés de ces moyens de guerre civile dont tant de princes en notre histoire ont si cruellement abusé?

Les cardinaux sont protecteurs des trônes. Richelieu, comme cardinal, avait la prétention de ceux d'Espagne et d'Italie, qui passent devant les princes. Visité par la reine, il restait assis devant elle. La pourpre qu'il portait, lui et son frère, l'archevêque de Lyon, lui semblait l'égaler aux rois.

Haï de Richelieu et le lui rendant bien, Enghien eut pourtant la prudence de se garder de l'affaire de Cinq-Mars. Il ne varia pas, ne douta pas un moment de la victoire du cardinal, à ce point qu'il quitta le siège, laissa le roi et revint à Tarascon.

C'était s'offrir à Richelieu. Mais celui-ci n'en était pas moins envenimé. L'injure faite à son sang lui cuisait d'autant plus, qu'il se sentait mourir. Que serait-ce après lui si, lui vivant, on méprisait les siens? Il voulut à tout prix que le rang supérieur des cardinaux, admis par les Condés, les menât à avouer qu'il n'y avait point mésalliance du sang d'un cardinal au sang d'un prince. Pour la même raison, Enghien se réservait cette cause de divorce. Quand il passa à Lyon, il évita de voir l'archevêque, frère de Richelieu et cardinal, n'accepta pas la fête qu'il avait préparée, ne coucha pas chez lui. Richelieu, porté aux eaux de Bourbon, semblait près de sa fin. Il n'en fut que plus furieux, ne put se contenir; devant ses domestiques, « il jura si terriblement, qu'ils en eurent horreur. »

Le père d'Enghien, cependant, avait pris peur. Il envoie son fils demander pardon. Mais nul moyen d'apaiser le cardinal. Il en était à regretter Gaston. Il ne le laissa pas aller à Venise, lui fit dire qu'il pouvait rester à notre frontière de Savoie. Visiblement il aimait mieux son mortel ennemi que les Condés ingrats.

Enghien, désespéré, faisait sa cour à madame d'Aiguillon, la très-puissante nièce, la priait de dicter ce qu'il avait à faire. Elle lui dit : « Aimez votre femme. » Il obéit sur l'heure, vole à Paris, et aime. La petite femme fut enceinte.

Mais ce n'était pas tout. Il fallut boire le fond du vase, le plus amer. Richelieu ne le tint pas quitte qu'il n'allât faire excuse à Lyon au cardinal, et, pour mieux mater le jeune homme, le rancuneux ministre envoya son frère en Provence, afin que d'Enghien, qui courait après, eût tout le royaume à traverser.

Tel est le chemin de la gloire. A ce prix, d'Enghien espérait obtenir une armée. Mais on pouvait sans peine augurer qu'un jeune homme, chaste par avarice et servile par ambition, ne ménagerait rien, et que, s'il avait des succès, il en abuserait cruellement pour brouiller, troubler le royaume.

C'est dans ces pensées sombres que Richelieu revenait vers Paris, rapporté par ses gardes, revenait vers la mort. Il rapportait ce sentiment amer que le roi dont il avait tant honoré le règne était son plus grand ennemi, entouré de ses ennemis, et peut-être de ses assassins.

Le roi n'allait guère à Rueil, et Richelieu n'osait aller à Saint-Germain. Il voyait le roi entouré précisément des officiers qui avaient offert de le tuer à Lyon. Il priait, insistait, pour qu'on les éloignât, déclarant qu'autrement il ne pouvait entrer qu'avec ses propres gardes. Précaution fort raisonnable, mais que le roi trouvait injurieuse. Longue fut cette négociation. Elle fut poussée à bout par l'insistance de Chavigny, que le roi n'aimait pas, mais que dès lors il prit en grippe, et qui décidément, comme on verra, fut perdu pour tout l'avenir.

Chavigny, fils de Bouthilier et d'une mère aimée de Richelieu, passait pour fils du cardinal, et il était la seule personne à qui il se fiât. Il le méritait en réalité, l'ayant servi en ce dernier moment, comme il avait besoin de l'être, avec un âpre dévouement, sans réserve, sans considération de l'avenir ni de sa fortune. Richelieu le croyait un grand esprit, « et le plus grand du monde, » dit Tallemant. En réalité, c'est lui qui lui donna le conseil de ménager Gaston, de le garder contre la reine et les Condés, de le retenir à portée pour pouvoir, au jour nécessaire, les neutraliser les uns par les autres.

Quant à Mazarin, le rusé s'est posé, donné à l'histoire comme l'élève chéri de Richelieu, une espèce de fils adoptif. Le croire serait faire peu d'honneur à la pénétration du grand ministre, à son expérience des hommes. Il voyait, comprenait très-bien où visait cette glissante couleuvre dans ses douces ondulations et son frétillement. Mais il était tellement seul! Il ne voyait guère mieux autour de lui. Il flottait entre deux pensées, l'éloigner, l'employer. Parfois il voulait l'envoyer au pape, le tenir hors de France; il demanda aux commis de la marine s'il y avait un vaisseau prêt. « Pas encore, mais bientôt, » dirent-ils.

D'autre part, le sachant si lâche, il crut le gouverner encore après sa mort, et le tenir par Chavigny. Il voyait celui-ci anthipathique au roi, et pensait que peut-être, Mazarin (créé par Chavigny) lui demeurant uni, l'un ferait passer l'autre, que l'Italien compenserait la roideur du Français par ses grâces et par sa bassesse.

Dans les instructions qu'il laissait par écrit au roi, et où il lui formait son conseil, il y donna place à Mazarin, mais en réalité Chavigny aurait dominé, ayant deux voix, celle de son père Bouthilier et la sienne. On pouvait croire que l'homme de travail, l'universel commis, Dunoyer, qui faisait la grosse besogne dans une docilité servile, continuerait de labourer sous Chavigny et Mazarin, qui, ayant besoin l'un de l'autre, continueraient d'ensemble la pensée de Richelieu.

Voilà tout ce que le mourant put prévoir, arranger dans l'intérêt public. Il ne lui restait plus qu'à s'acquitter de la grande et commune fonction humaine. Il s'en tira fort honorablement, mourut d'une manière conséquente à sa vie, en théologien catholique et en controversiste, faisant honneur à ses livres (qu'il aimait plus que chose au monde) par la fermeté de sa foi. Assisté du curé de Saint-Eustache, qui l'engageait à pardonner à ses ennemis, il dit cette parole noble et, je crois, vraie : « Je n'en eus pas d'autres que les ennemis de l'État. »

Que ses actes le jugent. Ne nous amusons pas à ces portraits où, pour concentrer les *grands traits*, on fait abstraction des détails nombreux et complexes où est justement la vie propre, l'intime individu. Encore moins nous jetterons-nous dans les vagues comparaisons qui obscurcissent en voulant éclaircir. Richelieu, quoiqu'on l'ai tant dit, ne ressemble guère à Louis XI. Et combien moins au dernier roi de France qu'on appelle la Convention !

Qu'il ait eu un génie systématique et centralisateur, cela est vrai. Moins pourtant qu'on n'a dit, car ce qu'il fit de plus grand dans ce sens (la création des *intendants*), cela, dis-je, se fit le lendemain de l'invasion, sous l'empire d'un besoin pressant, non d'après une idée préméditée. Celle-ci même était contraire à celle que Richelieu essayait de faire prévaloir depuis plusieurs années (la levée de l'impôt par les *élus*).

En cela, comme en bien d'autres choses, il fit toute autre chose que ce qu'il avait projeté. Mais la grandeur visible de son âme et de sa forte volonté, l'immensité de son labeur, la dignité sinistre de sa fière attitude, couvraient, sauvaient les sinuosités, les misères infinies de ces contradictions fatales.

Le premier homme d'un mauvais temps ne peut guère être que mauvais. En celui-ci, il y eut des laideurs, des caricatures, le prêtre cavalier, les ridicules d'un pédant de Sorbonne, d'un rimeur pitoyable; plus, des échappées libertines, communes chez les prélats d'alors, mais plus choquantes dans un homme d'un si terrible sérieux.

Il eut des âcretés de prêtre. Il eut, comme politique, des furies de joueur acharné à gagner *quand même*, qui met sa vie sur une carte, la vie des autres aussi. Et cependant fut-il vraiment cruel? Rien ne l'indique. Les quarante condamnés qui périrent sous lui, en vingt ans, furent mal jugés sans doute (comme on l'était alors, par des commissions), mais n'en étaient pas moins coupables, et la plupart étaient des traîtres qui nous livraient à l'étranger.

Il ne pardonna guère. Mais il n'eût pardonné qu'aux dépens de la France.

Il aimait fort ceux qu'il aimait. Il n'oublia jamais un bienfait, et il n'y eut jamais un meilleur ami. Même à l'égard de ceux qu'il n'aimait pas, il essayait parfois de se dominer à force de justice. Fontenelle cite de lui un fait très-beau et curieux.

Richelieu, comme auteur, avait une misérable jalousie de Corneille, et, comme politique (on l'a vu), il avait reçu de lui, au jour de ses revers, le plus sensible coup, l'Espagne glorifiée par le *Cid*.

Toutes les pièces de Corneille semblaient des dénonciations indirectes de guerre au tout-puissant ministre. Il le pensionnait cependant et le recevait même. Un jour, il le voit arriver d'un air fort abattu, triste, rêveur. « Vous travaillez, Corneille? — Hélas! je ne puis plus, monseigneur. Je suis amoureux. » Et il explique qu'il aime, mais une personne si haut, si haut placée, qu'il n'a aucun espoir. « Et qui encore? — La fille d'un lieutenant général (des finances) de la ville d'Andely. »

« N'est-ce que cela? » dit Richelieu. C'était justement le moment où l'on venait de jouer *Cinna*. Richelieu prit l'âme d'Auguste. Il fit écrire au père de venir sur l'heure à Paris. Le bonhomme, étonné, effrayé, se présente. Et le ministre lui fait honte de refuser sa fille au grand Corneille. Celui-ci fut marié de la main de son ennemi.

Il mourut tellement redouté, qu'on n'osait nulle part dire qu'il fût mort, même dans les pays étrangers (Monglat). On aurait craint que, par dépit, par un terrible effort de volonté, il ne s'avisât de revenir.

Le roi le haïssait. Et il eut même, à sa dernière visite où Richelieu mourant lui renouvela le don du Palais-Cardinal, l'indignité de s'en emparer sur-le-champ et d'y mettre ses gardes. Et, avec tout cela, il lui obéit de point en point après sa mort, refusant tout aux prisonniers, aux exilés, si durement, que, madame de Vendôme priant pour son mari, il lui dit : « Si vous n'étiez femme, je vous mettrais à la Bastille. »

De toutes les personnes persécutées, la plus suspecte au roi, c'était la reine. Des trois ministres, Dunoyer, Mazarin, Chavigny, le premier se crut fort par les prédilections dévotes du roi pour sa dévotion; il commença à travailler sourdement pour la reine. Il comptait arriver par elle à l'archevêché de Paris. Cela le perdit près du roi, qui le traita si mal, qu'il lui fallut demander sa retraite.

Mazarin, Chavigny, ne se maintinrent qu'en paraissant très-contraires à la reine. Monsieur, flétri naguère, déclaré incapable de toute charge et mal voulu du roi, n'eût pu songer à la régence.

Ils dirent au roi habilement que, si on la faisait régente, il fallait la lier et la subordonner, lui mettre sur la tête un conseil souverain, et *non destituable :* Monsieur, Condé, Mazarin, et le père et le fils, Bouthilier, Chavigny. Tout se déciderait à la pluralité des voix. Le tout, ordonné par le roi, formulé en déclaration, enregistré au Parlement.

Mais, en même temps, Mazarin faisait dire à la reine, par le nonce Grimaldi, que cette ordonnance, si sévère pour elle, en réalité la sauvait, lui assurait le point essentiel : *que son mari mourant ne l'écartât pas de la régence*, parût l'en juger digne. Avec cela, elle allait être maîtresse et ferait ce qu'elle voudrait.

Le flot montait si fort pour elle, que le roi, vers la fin, n'eut plus la force de soutenir la digue. Les prisonniers sortirent, les exilés revinrent, toute la vieille cabale à la file. On fit scrupule au mourant de persister jusqu'à la fin.

Tout d'ailleurs le fuyait, lui échappait. Enghien, à qui il venait de donner la grande armée du Nord, s'offre secrètement à la reine. A Saint-Germain et à Paris, on travaille pour elle les gardes suisses et les gardes françaises. On lui offre d'occuper le Palais avant même que le roi expire, de crainte que Monsieur n'y soit le premier. Quand le roi enfin meurt (14 mai 1643), le château où il meurt est déjà à la reine, et le Parlement, et la ville. Le roi femelle occupe tout.

CHAPITRE XVII

LOUIS XIV — ENGHIEN — BATAILLE DE ROCROY

1643

La régente espagnole ouvre son règne de quinze ans par un chemin de fleurs. Ce peuple singulier, qui parle tant de loi salique, est tout heureux de tomber en quenouille. Sans qu'on sache pourquoi ni comment cette étrangère est adorée.

Elle est femme et elle a souffert. Les cœurs sont attendris d'avance. Elle est faible. Chacun espère en profiter. Ce sera un règne galant. Mais où sera la préférence? Cette loterie d'amour autorise l'infini des rêves. Quel qu'il soit, le nouveau Concini ira plus loin que l'autre avec une Espagnole fort mûre qui va tourner à la dévotion, aux scrupules, à la fixité des attachements légitimes. Que sera-ce si elle finit par devenir fidèle, pour la ruine de la France?

En attendant, tout tourne à son profit. Les favoris du dernier règne, les Condés, gagnent une bataille à point pour elle, et font à Rocroy la brillante préface du règne emphatique de Louis XIV [1]. C'est l'enfant qui en a la gloire, c'est la sage régente. Heureuse reine qui gagne des batailles en berçant son fils?

Le jeune duc d'Enghien, nous l'avons vu, assez mal vers la fin avec Richelieu, avait, par sa dévotion, gagné le cœur de Louis XIII, celui du grand commis Dunoyer, si avant dans le parti dévôt, qui, seul avec le roi, faisait le travail de la guerre. On avait tout l'hiver arrangé ce travail de manière à préparer une campagne au duc d'Enghien. Il en fut justement comme en 1638, où l'on avait grandi la Meilleraye à l'armée du Nord, en immolant Feuquières à l'armée de Lorraine. De même, cette fois, on mit toutes les

---

[1] Condé n'est pas sans droit à cette gloire; car, sans lui, Gassion et les autres officiers inférieurs eussent été paralysés par L'Hospital. Il y a droit encore par son allégresse héroïque qui anima les troupes et par la part qu'il prit à la vigoureuse exécution. L'excellent historien militaire Montglat, mestre de camp du régiment de Navarre, contemporain (mort en 1675), très-capable et très-informé, explique parfaitement que la bataille fut *gagnée par Gassion*, qui agit et s'arrêta à point dans l'action, *et par Sirot*, qui refusa d'agir à contre-temps, et désobéit à un ordre impérieux du prince. — Le récit de Lenet, serviteur des Condés, n'est que ridicule. — La vie de Sirot, fort romanesque en certains points, est fort sérieuse ici où elle s'accorde avec Montglat. Du reste, elle n'est pas, comme on l'a dit, un roman moderne. Elle est citée par l'abbé Arnaud (fils d'Arnaud d'Andilly), qui fut carabinier sous Louis XIII.

forces à l'armée royale que menait Enghien. Aucun renfort à l'armée d'Allemagne, où Rantzau, Guébriant venaient de gagner des batailles, de sauver les Suédois, de résister aux efforts combinés des impériaux et Bavarois. La fameuse armée de Weimar, achetée par nous et si bien menée par Guébriant, s'usa, tomba à six mille hommes qui se maintinrent à grand'peine en Alsace.

Enghien eut seize mille fantassins, sept mille chevaux, surtout des mentors admirables, vieux soldats de Gustave-Adolphe. Le succès était vraisemblable. Il était nécessaire. C'était réellement la seule forte armée de la France, la seule qui la couvrît de l'ennemi.

La France, qu'on dit si incrédule, si sceptique et si positive, a pourtant toujours besoin d'un miracle, du miracle humain, le héros. Il lui faut adorer quelqu'un ou quelque chose qui lui semble au-dessus de l'homme. Nous avons déjà, pour François de Guise à Metz et à Calais, observé la fabrique, les recettes pour faire des héros. Quand ce royaume énorme, qui s'est fait de douze royaumes, centralise sa force pour un général favori, il ne peut guère manquer de frapper un grand coup. Le miracle se fait.

Un héros est tombé du ciel. Le peuple est à genoux.

Si un malencontreux critique cherche les cordes et les machines qui, par derrière, ont aidé au miracle, c'est un envieux, un dénigreur; on lui en sait très-mauvais gré.

Lisez le grand Bossuet, lisez l'historien de famille, l'homme d'affaires des Condé, Lenet, vous verrez qu'Enghien seul nous fit la victoire de Rocroy. Lenet craint tellement que ses lieutenants y aient la moindre part, qu'il les note en passant de stigmates fâcheux. Il voudrait flétrir même la probité de Gassion.

Nous avons ailleurs heureusement des sources plus sûres, des détails plus exacts, plus dignes de l'histoire.

Les Espagnols, sachant le roi à l'extrémité, crurent que le moment était bon, laissèrent là la Hollande, et, ramassant toutes leurs forces sous deux excellents généraux, D. Francisco de Mello et le vieux comte de Fontaine, firent mine d'entrer en Picardie, mais tournèrent, percèrent les Ardennes, enveloppèrent Rocroy.

Le roi et Dunoyer, qui devaient mêler à tout leur médiocrité, avaient eu soin, en lançant le duc d'Enghien, de le paralyser. Ils lui avaient adjoint un *sage* général (frère de Vitry, qui tua l'Ancre), camarade fort aimé du roi qu'il voulut faire maréchal avant sa mort, Hallier ou L'Hospital. Son *sage* conseil était qu'on s'affaiblît en mettant des secours dans cette méchante petite place, qu'on jetât là des gens pour les faire prendre, et qu'on évitât la bataille. On eût été ensuite poussé à reculons par l'Espagnol, qui, avançant toujours, ayant sur nous l'avantage de l'offensive, nous eût de proche en proche découragés, déconcertés, battus.

Un conseil fut tenu, et heureusement les maréchaux de camp qui avaient fait les guerres d'Allemagne et vu Gustave-Adolphe, le très-avisé Gassion, le ferme et fort Sirot, dirent qu'il fallait combattre.

Un mot de ces deux hommes. Lorsque le grand

Gustave débarqua en Allemagne, le premier homme qu'il vit au rivage fut ce petit gascon, Gassion, qui venait se donner à lui. Il fut le plus ardent de tous les amoureux de ce géant qui ravissait les cœurs et les grandissait à sa taille.

Il plut fort à Gustave. « Va-t'en à Paris, lui dit-il, achète-moi des Français. » Gassion en ramena une centaine qui firent bonne figure au sublime moment de Leipzig.

Quant au Bourguignon Sirot, un peu vantard, quoique si brave, il contait volontiers qu'il avait fait le coup de pistolet avec trois rois, et même avec celui que personne n'osait regardait. Il avait mis, disait-il, une balle dans le chapeau de Gustave, ramassé ce chapeau que Gustave laissa derrière lui.

Richelieu, qui connaissait les hommes, prit à lui ces deux-ci, et en même temps un brave ivrogne allemand, le célèbre Rantzau, qui se ménageait peu et laissait un membre à chaque bataille.

Pour revenir, ces hommes d'expérience, et qui ne s'étonnaient de rien, comprirent que cette armée, comme ordinairement celles d'Espagne, n'était pas espagnole, sauf quelques milliers d'hommes, un petit bataillon. C'était un mélange italien, allemand, wallon, flamand. Ils insistèrent pour la bataille. Et le duc d'Enghien se mit avec eux. Un nouveau règne commençait, celui de la reine, point du tout amie des Condés. Il y avait à parier qu'on ne donnerait plus à celui-ci une occasion pareille. L'Hospital se trouva tout seul de son avis. Le roi, son protecteur, étant mort, son autorité n'était pas forte. Le maréchal d'hier eût eu mauvaise grâce de s'obstiner contre des gens qui avaient tant vu et tant fait.

Le roi avait laissé carte blanche à L'Hospital et au conseil du prince. Mourant, il avait eu, dit-on, pressentiment de la bataille. Il crut la voir. Il dit agonisant : « Ils sont aux mains. Enghien les bat... Apportez-moi mes pistolets. »

Il meurt le 14 mai. La bataille a lieu le 19.

Les Espagnols étaient fort tranquilles autour de Rocroy, leurs corps dispersés, et bien loin de croire que la France, malade et alitée sans doute avec le roi, vînt les déranger là. Du reste, ils étaient couverts de tous côtés par ces bois infinis de petits chênes qu'on appelle la forêt des Ardennes, et dont le triste Rocroy, sur sa basse colline, est une clairière peu étendue. Pour y venir, par où qu'on vienne, il faut arriver à la file par les étroites avenues de ces bois. Opération assez scabreuse. Gassion se la réserva, passa le premier avec quinze cents chevaux. Pendant que les Espagnols, un peu étonnés, s'appellent, se réunissent, Enghien passe, et tout passe, si bien que, quand l'armée d'Espagne se trouve enfin en ligne, la française lui fait vis-à-vis. Autre surprise pour eux. Ils avaient cru d'abord que Gassion venait seulement pour se jeter dans la place. Mais voici l'armée tout entière. On se canonne, on se salue (18 mai).

La nuit, un transfuge nous apprit que, le lendemain matin, les Espagnols, déjà plus forts que nous, recevraient de surcroît une petite armée de mille cavaliers, trois mille fantassins. Nouvel argument pour Gassion, et décisif pour la bataille.

Le 19, vers trois ou quatre heures, à l'aube, Enghien, fort gai, passa au front des troupes, n'ayant que sa cuirasse, sur la tête force plumes blanches. Pour mot d'ordre de la bataille, il donna son nom même, Enghien.

Les Espagnols ne bougeaient. Nous marchâmes. Et la bataille fut en un moment gagnée à la droite, perdue à la gauche.

A droite, Gassion et le duc marchèrent vers un petit rideau d'arbres où les Espagnols avaient caché mille mousquetaires pour nous fusiller en flanc quand nous irions à eux.

Gassion les tailla en pièces, et, ce bois bien purgé, tomba sur la cavalerie ennemie, enfonçant le premier rang, le renversant sur le second et mettant tout en fuite.

Grande tentation pour le prince d'imiter l'autre Enghien de Cérisoles, de se lancer à la poursuite. Gassion ne le permit pas, n'alla que bride en main, se rallia, se ramassa.

A l'autre aile, L'Hospital fut battu, blessé, son lieutenant pris, et, chose plus grave, notre canon aussi.

Cette aile paraissait si malade, qu'Enghien, qui vit de loin le désastre, envoya dire à la réserve que Sirot commandait de marcher au secours.

Le vieux soldat comprit que, s'il obéissait, si ses troupes venaient à la file, il ne ferait ajouter qu'au désastre et serait battu en détail. Il dit : « Il n'est pas temps. »

Un officier de cette aile battue vint pour la seconde

fois ébranler Sirot : « Monsieur, la bataille est perdue... Retirons-nous... — Monsieur, rien n'est perdu. Car Sirot reste encore. »

A ce moment, l'ennemi fondit sur lui, le trouva tout entier et ferme. Sans reculer d'une semelle, il tint, étant bien sûr que Gassion venait.

Celui-ci, en effet, ayant terminé sa besogne, c'est-à-dire passé sur le corps de toute la fausse Espagne (l'infanterie d'autres nations), revint en face de Sirot, et chargea par derrière ceux qui le chargeaient par devant.

Ces vainqueurs de notre gauche furent vaincus à leur tour.

Restait la vraie Espagne, la fameuse infanterie, comme un gros hérisson de piques, où on ne mordait pas.

On y donna de tous côtés, et, pour l'entamer sûrement, on y fit sur un flanc une percée à coups de canon, par où on y entra. D. Francisco échappa. Mais le vieux comte de Fontaine, qui avait la goutte et qui se faisait porter ici et là dans sa chaise l'épée à la main, ne la posa pas, fut tué.

On ne fit pas la faute de Ravenne, où Gaston de Foix s'obstina à massacrer et périt. Nos Français, qui, dès ce jour, avaient pris l'avantage et pour jamais, respectèrent, admirèrent ces pauvres diables, qui avaient la mort dans le cœur.

L'infanterie française resta, reste la première du monde. Et cela indépendamment de ses généraux. Il y parut bientôt. Quiconque l'eut avec soi vainquit. Harcourt, un bon soldat et général passable, fut assez heureux pour battre Condé dès que celui-ci n'eut plus avec lui l'invincible infanterie. Dans la comédie de la Fronde, on vit, chose plus comique encore, Mazarin général et vainqueur de Turenne. L'espiègle avait volé l'épée de la France endormie.

CHAPITRE XVIII

L'AVÉNEMENT DE MAZARIN

1643

Ce grand bonheur fit deux malheurs. Il créa un héros insatiable et insupportable, monté sur des échasses et prêt à tout tuer pour la moindre prétention d'orgueil ou d'intérêt. D'autre part, il glorifia l'avénement de Mazarin, il sacra le roi des fripons.

C'est une grande simplicité de croire qu'un événement aussi prévu que la mort du roi ait trouvé la reine au dépourvu, qu'elle n'ait su où donner de la tête, qu'elle ait sérieusement offert le pouvoir à celui-ci, à celui-là. Toute l'affaire était certainement réglée d'avance. Et par quoi? Par son indolence qui lui disait qu'un lit tout fait lui valait mieux pour s'allonger, dormir, qu'un arrangement nouveau qui l'obligerait de vouloir, de penser.

Elle voyait prêts à partir de Londres, de Bruxelles ou Madrid, je ne sais combien d'exilés, se disant tous martyrs de la cause de la reine, et venant exiger la couronne de ce martyre. Comment les satisfaire? Son oreille était tout ouverte à celui qui lui enseignait les douceurs de l'ingratitude.

Mazarin ici était admirable. Il a bien varié, mais jamais sur ce point. Son caractère offre la beauté d'un type bien soutenu qui ne se dément pas. Ingrat pour ses auteurs, Joseph et Chavigny qui le créèrent en France, il se tira d'affaire deux fois pendant la Fronde par le même moyen, ingrat pour Condé, puis pour Retz. Enfin il couronne sa vie par le plus fort, l'ingratitude pour la reine, sa vieille amoureuse.

Rappelons ses précédents. En 1631, il plut; Richelieu, en le présentant, fit valoir qu'il ressemblait à Buckingham. En 1639, réfugié et fixé en France, il fut favorisé, ce semble, au moins un moment. En 1642, il devint maître de la reine, *après le traité d'Espagne*, dit Tallemant, ce qui signifie, selon moi, *quand il lui conseilla de révéler le traité*, pour obtenir de garder ses enfants.

Les hommes de Richelieu, odieux et détestés, les Chavigny, les Bouthilier, se trouvaient impossibles. Mazarin était étranger, sans racine ici et prêt à partir dès qu'il aurait mis la reine au courant. Il faisait ses paquets. Bon moyen pour rester.

Mais que n'eût-on pas dit si l'on eût prévu Mazarin? La reine parut fort incertaine. Elle consulta beaucoup, hésita beaucoup, alla jusque dans l'Oratoire demander à Gondi, père de Retz, s'il voulait le ministère. En attendant, elle suivait les avis d'un simple, un vieux bonhomme d'évêque de Beauvais.

Une concurrence plus sérieuse pour Mazarin fut celle de la maison de Vendôme, de leur cadet Beaufort. Ce petit-fils de Gabrielle en avait la beauté. Il était jeune, brave, tout fleuri, en longs cheveux d'or, un Phébus Apollon. C'est celui qui bientôt sera le roi des halles, dont les poissardes raffolaient.

Facilité brillante pour le galimatias, éloquence grotesque, un torrent de non-sens. Il ne lui manquait rien pour charmer une sotte.

Femme avant tout et tendre, la reine eut un moment pour lui. Le jour même de l'avénement, elle l'avait près d'elle, et, pour faire retirer la foule qui l'étouffait, elle employa Beaufort, qui, pour son coup d'essai de maladresse, parla comme le maître de la maison, et se fit une affaire avec le vieux Condé. Ce fut encore à lui qu'elle se remit pour aviser à la sûreté du roi et l'amener à Paris dans ce moment douteux où elle pouvait craindre encore les tentatives du parti d'Orléans.

Donc, Beaufort, un moment, eut l'attitude et l'apparence du favori, du préféré. Deux choses l'empêchèrent d'en avoir le réel. D'abord, il fut conquis à grand bruit par Vénus, la Vénus effrontée du temps, madame de Montbazon, beauté superbe et colossale, qui reconnut bientôt les petits moyens de Beaufort, et dit partout que, pour les dames, *cet innocent* n'avait aucun danger. Moins jeune, Mazarin valait mieux. Mais il ne parut pas d'abord, et resta derrière le rideau jusqu'à ce que la reine fût régente absolue.

Gaston, assez piteusement, puis Condé, renoncèrent à l'autorité que leur donnait le feu roi ; les autres à plus forte raison. M. Talon, avocat général, *requit* qu'elle fût régente, mais libre de se faire assister par qui elle voudrait, et « sans être obligée de suivre la pluralité des voix. »

Donc, le tour était fait. Deux heures après, Condé vint dire à Mazarin, « prêt à partir, » que la reine le faisait chef du conseil, gardant aussi Chavigny et son père, le chancelier Séguier, le même qui avait fait contre elle l'enquête de 1637.

Coup mortel pour Beaufort et les Vendômes, les amis de la reine. Quand ils lui demandèrent explication, elle dit que Mazarin ne lui ferait point oublier ses amis, qu'il était au courant des choses, étranger, donc peu dangereux, qu'il était amusant, mais surtout *désintéressé*.

Ce désintéressement alla au point, et ce pauvre homme resta si pauvre, qu'au bout de peu d'années, quand on le chassa, et qu'il voulut rentrer, il put lever une armée de son argent.

Pour revenir à l'avénement, Mazarin commença dès lors l'éducation de la reine, enfermé toutes les soirées avec elle pour lui apprendre les affaires. La cour, la ville, ne jasaient d'autre chose.

La nouvelle de Rocroy, qui arriva deux jours après pour faire une fête publique, était à point pour Mazarin. Il se serrait sous les Condé. Il écrivit au jeune vainqueur qu'il ne serait que son chapelain, et ferait tout ce qu'il voudrait. Le vieux Condé, sa femme, lui rendaient le service d'exclure du ministère le seul homme qu'il craignît pour concurrent, le très-capable Châteauneuf, prisonnier si longtemps pour la cause de la reine. Lorsque madame de Chevreuse, l'ancienne amie de cœur, revint, proposa Châteauneuf, Mazarin répondit que la princesse de Condé ne laisserait jamais arriver celui qui avait fait couper la tête à son frère, M. de Montmorency.

Il y avait un autre homme que Mazarin brûlait de perdre, celui naturellement à qui il devait le plus, son bienfaiteur fils de son bienfaiteur, Chavigny (fils de Richelieu?). On l'entama par son père officiel, Bouthilier, que l'on renvoya du conseil. Puis madame de Chevreuse imposa à Mazarin d'éloigner Chavigny, et, quoique son cœur en saignât, il lui fallut immoler son ami.

Pour avoir un ministère harmonique et bien homogène, il fit bientôt contrôleur des finances un Italien, Émeri de Particelli, homme d'esprit, d'expédients, qui, jeune, avait eu le malheur d'avoir affaire avec la justice et d'être pendu à Lyon (en effigie). C'était le temps où Mazarin, alors soldat du pape, commençait ses campagnes en pipant et volant au jeu.

Pour faire accepter ce gouvernement de *Trivelino principe*, il y eut une profession de grâces extraordinaire, un débordement de faveurs, un déchaînement de prodigalités. Les admirateurs des faits accomplis appellent cela la détente *naturelle* du règne tendu de Richelieu; ils diraient presque *légitime*. Nul doute cependant que, si la reine n'eût pas pris son amant si bas, si elle n'eût pas appelé au suprême pouvoir ce bouffon italien, elle eût eu moins à faire et à donner pour se faire pardonner son choix. Châteauneuf, à meilleur marché, eût été chef du ministère. Il ne déplaisait pas aux ennemis de Richelieu, et il avait été jadis l'ami du grand ministre; il avait sa tradition.

Mais il faut avouer que la reine fut embarrassée pour excuser son choix, et qu'il lui fallut l'expier, l'excuser, l'acheter, en jetant tout à tous, livrant la France en proie.

Mazarin n'y eût pas suffi s'il n'eût trouvé moyen de se débarrasser de tous les amis de la reine. C'est à quoi le servit admirablement leur imprudence, celle de Beaufort et de sa Montbazon, qui irritèrent à plaisir les Condé, surtout la sœur du héros, madame de Longueville. Et cela au moment où Rocroy faisait le frère et la sœur rois de la cour, rois de l'opinion, où la reine et Mazarin étaient leurs protégés. Madame de Longueville, la belle, la prude, la précieuse, une déesse de l'Empyrée, du haut de son nuage, favorisait fort Coligny. La Montbazon eut la malice de se procurer deux lettres de cette divinité où elle descendait de l'autel, s'humanisait pour son adorateur. Dès lors, explosion. Les écritures confrontées chez la reine, à l'honneur de madame de Longueville (cependant un ami de celle-ci crut prudent de brûler les lettres). La Montbazon, condamnée aux excuses par la reine (donc, par Mazarin). De là une rage extraordinaire. Je ne sais combien de gentilshommes, jusqu'à quatorze princes, viennent offrir leur épée à la Montbazon contre le ministre.

Non pas que cette belle eût vraiment tant de chevaliers. Mais on était déjà assommé de la tyrannie des Condé et de leur ami Mazarin, de la vertu immaculée de madame de Longueville, de sa princerie prétentieuse. Dans sa modestie fausse, on sentait déjà l'insolence du héros que l'on attendait.

L'ancienne cabale de Monsieur, abandonnée par lui, les Fontrailles et les Montrésor, maintenant amis de Beaufort, et que la cour appelait les *importants*, avaient, dès Richelieu, leurs traditions violentes, la politique d'exécution pour trancher les nœuds embrouillés. Ils furent d'avis de tuer ce nouveau Concini, sûrs que la chose serait reçue avec applaudissement. D'accord avec les dames de Chevreuse et de Montbazon, ils mirent cela en tête de l'*innocent* Beaufort. L'affaire était très-bien montée et infaillible. Elle manqua par madame de Chevreuse, qui, pour éviter un combat, avertit un intime ami qui commandait au Louvre de faire le sourd s'il y avait du bruit aux portes. Mazarin, averti, obtint de la reine qu'elle fit arrêter Beaufort et ses amis. Elle obéit, et donna l'ordre, en pleurant à chaudes larmes sur Beaufort, comme sur un amant sacrifié. Mais déjà Mazarin avait le pouvoir d'un mari [1] (2 septembre 1643).

---

[1] Le mariage secret de la reine et de Mazarin n'est affirmé positivement que par la duchesse d'Orléans, mère du Régent. Cependant il me semble à peu près certain. La reine, déjà fort dévote, et de plus en plus, n'eût pas tellement montré sa passion si elle ne l'eût crue légitime. Elle l'affiche pendant la Fronde avec une assurance extraordinaire. Elle l'avoue dans ses lettres à Mazarin, absent, avec l'effusion toute charnelle d'une épouse entièrement asservie par l'exigence du tempérament (Ravenel, *Lettres;* Walcknaër, *Sévigné*, deuxième partie, p. 471 ; Cousin, *Hautefort*, p. 95, et 471-482. Voir aussi dans les *Appendices de Saint-Simon*, t. XII, édition de Chéruel). — Les Mémoires témoi-

gnent que Mazarin se conduisait avec elle, nullement avec les égards d'un amant, mais avec la rudesse d'un mari indélicat, brutal. — Reste à expliquer comment Mazarin, cardinal, a pu l'épouser. Mais il y a des exemples de princes cardinaux que Rome a décardinalisés, lorsqu'une nécessité politique les obligeait de se marier. Il est très-possible que l'attachement dévoué et fidèle de Mazarin pour les Barberini tint au secret de cette dispense qu'ils lui avaient sans doute obtenue de leur oncle. Du reste, il n'est pas nécessaire d'être prêtre pour devenir cardinal. Mazarin, d'abord officier dans l'armée du pape, puis négociateur, était alors un *abbate*. Mais ce titre n'engage à rien en Italie. « Je ne pense pas qu'il y ait preuve que Mazarin ait jamais été prêtre. Je n'en trouve aucune trace. » Cette assertion est grave ; elle est du savant et exact M. Chéruel, l'éditeur de *Saint-Simon*. Combien nous avons à regretter que sa grande publication des *Lettres de Mazarin* n'ait point paru encore!

CHAPITRE XIX

GLOIRE ET VICTOIRE — TRAITÉ DE WESTPHALIE

1643-1648

Puer triomphator. C'est la devise d'une médaille qui ouvre le grand règne. Le nourrisson royal reçoit les clefs de trente villes ou villages du Rhin, où l'on n'entra que pour sortir. C'est de cette fumée que **Mazarin** nourrit la France et la tint cinq longues années immobile pendant qu'il la saignait à blanc.

Sous Richelieu, on n'en pouvait plus; son sage et économe surintendant Bullion ne savait comment vivre. Mais l'homme de Mazarin, Emeri, le sait; Fouquet, tout à l'heure, le saura en doublant, triplant les dépenses. Des emprunts usuraires, l'impôt vendu d'avance, toutes les ressources de l'avenir compromises ou détruites, un gouvernement de joueur qui ne ménage rien, de joueur furieux, mais non pas tant aveugle, qu'en jetant l'or par les fenêtres il ne remplisse aussi ses poches.

Ce gouvernement trouve, en pleine famine, cinq cent mille écus pour créer l'Opéra. Quel besoin plus urgent? Il faut en effet des surprises, des changements à vue, des rêves et des illusions, tous les mensonges de la scène, pour distraire d'une réalité désespérée.

La grande scène du temps, le triomphe du faux, c'est la guerre. Le machiniste, c'est Condé.

Sans Condé, Mazarin n'eût pu se soutenir. Il fût mort étouffé dans le mépris public. La bassesse frappante dans sa figure de beau laquais, son langage grotesque, son insolence alternée de tristes reculades, ses petites noirceurs de femme pour brouiller les gens entre eux, tout cela l'eût bientôt perdu, malgré la reine. On savait trop comment il fallait lui parler. Miossens, à qui il avait promis de le faire maréchal, le rencontre sur le Pont-Neuf, l'arrête, lui promet cent coups de bâton. « A la bonne heure, dit-il, voilà qui est parler! » Il signe sa nomination. Miossens est *maréchal d'Albret*.

Pour qu'il durât, il fallait qu'on pût dire : « C'est un lâche, un fripon, un escroc. Mais il *réussit*. » Lui-même n'eut pas d'autre idéal. Quand on lui proposait un général, il ne demandait pas s'il était brave, habile, mais seulement : « Est-il *houroux* (heureux)? »

Être heureux, c'était chaque année frapper un coup brillant qui saisît l'opinion. A quel prix? Peu importe. En concentrant tout sur un point, dans une seule armée, et laissant le reste au hasard, par un grand sacrifice d'hommes, chaque année, on frappait ce coup. Une bataille sanglante, de nom sonore, occupait l'opinion. Qu'elle restât stérile, sans résultat, qu'elle fût même suivie de revers, cela n'y faisait rien. On avait le coup de trompette, le changement à vue, et le miracle d'opéra.

La chose était plus facile qu'il ne semble. Il était arrivé en petit à Richelieu ce qui arriva plus tard en grand à la Révolution, de mourir à la peine, mais en mourant de laisser une épée, l'épée enchantée, infaillible, pour gagner les batailles. En 1635, au début de la guerre, Richelieu n'avait eu personne. Mais, en huit ans, par les plus dures épreuves et de sanglants revers, un personnel s'était créé d'officiers admirables et de passables généraux, plus, le maître des maîtres, le modeste, le grand Turenne.

Il était jeune encore et en sous-ordre. Ce n'était point du tout l'homme qu'il fallait à Mazarin. Il lui fallait non-seulement un heureux capitaine, mais un très-grand acteur, qui, d'instinct, de passion, avec une terrible âpreté, jouât chaque printemps la scène émouvante que l'on attendait.

A vingt-deux ans, Condé avait déjà tout de la guerre, le brillant, le sérieux, l'élan et la réflexion; de plus, la chose rare, très-rare dans un jeune homme, une ténacité indomptable, une résolution fixe et forte qui l'enracinait au champ de bataille. Tout cela parut à Fribourg.

Néanmoins, la justice exige qu'on fasse une distinction quand on le compare aux maîtres de la guerre de Trente ans, aux persévérants militaires qui, toute leur vie, restèrent sur le terrain, et créèrent l'art de la guerre; je parle des Mercy, des Turenne. Il fut un général d'été.

Je m'explique. Ces savants généraux, les martyrs de leur art, avec des armées peu nombreuses qu'il leur fallait industrieusement nourrir, abandonnés pendant de longs hivers, firent face à des difficultés incroyables, et souvent, à force de vertu militaire, de talent, de génie, n'arrivèrent qu'à être battus. N'importe, en suivant bien leurs campagnes, leur science profonde, leur divination surprenante des pensées de l'ennemi, étonnent, remplissent de respect. On admire jusqu'à leurs revers.

Telle ne fut pas la carrière de Condé. On le lançait aux beaux moments, à l'instant favorable de la belle saison, avec de grands moyens, qui, amenés par lui subitement, jetés sur le terrain, emportés dans sa fougue, relevaient tout, opéraient la victoire.

Il ne faut pas dire seulement que les Condé étaient en faveur. Ils étaient maîtres, et se donnaient les moyens qu'ils voulaient. Le vieux Condé profitait des victoires de son fils pour grossir, gonfler sans mesure sa monstrueuse fortune. Sous Richelieu, au moment où il attrapa la dépouille de Montmorency, il demandait humblement, à genoux, des terres, des abbayes, toute espèce de choses lucratives. Sous Mazarin, Condé, mendiant fier et redoutable, exigea qu'à sa Bourgogne on joignît le Berry et l'énorme gouvernement de Champagne, long de cinquante lieues. Son gendre, Longueville, avait la riche Normandie. Mais ce n'était pas assez. Il rêvait le Midi, rêvait l'amirauté, la mer aussi bien que la terre. Il n'y avait pas à marchander; il avançait toujours, il voulait tout.

La grosse armée, l'armée privilégiée, celle qu'on

nourrissait (les autres jeûnaient), était chaque année celle du duc d'Enghien. En mai ou juin, emmenant une troupe leste, un gros renfort, parfois de huit ou dix mille hommes, plus un tourbillon de noblesse, tous les jeunes volontaires de France, il partait de Paris, volait à l'ennemi. Une telle mise en scène exigeait un succès immédiat. Donc, sans tourner ni rien attendre, souvent par le point difficile, on attaquait sur l'heure, et on l'emportait à force de sang.

C'est l'histoire uniforme de Fribourg, de Nordlingen, de Lens.

La boucherie de Fribourg dura trois jours. Condé, qui avait en face la très-petite armée du très-grand général Mercy, voulut attaquer par le côté le plus glorieux, c'est-à-dire par l'inaccessible. Il refusa, comme indigne d'un prince, l'offre qu'on faisait de le conduire derrière et de lui faire tourner l'ennemi. Il amena tout son monde heurter aux palissades impénétrables de Mercy, qui, derrière, tuait à l'aise. Des masses énormes périrent là (3 août 1644). La nuit, Mercy se déroba, et avec une habileté, un ordre admirable, se posta mieux encore sur la Montagne-Noire, qui domine Fribourg. Nouvelle attaque infructueuse. Condé revient tout seul à petits pas, tous ses amis tués. A l'un d'eux qui vivait encore : « Ce n'est rien, dit-il, nous allons recommencer, et nous y prendre mieux. » Alors, sept fois de suite, on charge, quoi?... du bois, les abatis dont Mercy s'était entouré, et l'on se retire à grand'peine.

Mercy était si bien où il était, qu'il n'en eût bougé de sa vie. Il laissait les Français triompher de leur échec et s'empester de leurs propres morts. A la longue, craignant pour ses vivres, il marcha, mais si bien, choisissant son terrain si habilement, qu'on ne pouvait le joindre qu'en marchant à la file. On le fit. On reçut de ce prétendu fugitif une charge terrible, où il nous prit plusieurs drapeaux.

Cela s'appelle la victoire de Fribourg.

Nous perdîmes bien plus que Mercy. Mais il y eut un résultat moral. L'Europe fut effrayée de la docilité du soldat français qui avait obéi à ce point-là, s'aheurtant sans murmure à une chose impossible. Et on fut effrayé du courage tenace, froid et furieux, impitoyablement cruel, de cet homme de vingt ans qui enterrait là un monde de soldats, de noblesse, tous ses amis, plutôt que de lâcher prise. Toutes les petites villes du Rhin, dans cette terreur, ouvrirent, et Mayence même, qu'on rendit, il est vrai, bientôt.

Pendant ce temps, échec en Italie, échec en Catalogne. On ne parla que de Fribourg.

L'anniversaire de la bataille, le 3 août (1645), même histoire à Nordlingen. Turenne languissait très-faible et venait d'avoir un revers quand le secours lui vint, mais conduit par celui qu'on chargeait tous les ans de gagner la bataille. Mercy, cette fois encore, sut nous faire combattre quand et où il lui plut. Une fois, à l'improviste, il nous coupe la route, nous canonne derrière un marais. Une autre fois, trompés encore, nous le voyons qui nous attend dans un poste très-fort, sur une colline. On l'attaque sur l'heure, de peur qu'il ne se fortifie. Le terrain est mal reconnu. Enghien, repoussé à gauche, tire des troupes de sa droite, et tant, que la droite affaiblie entre en pleine déroute. Nos cavaliers coururent jusqu'à deux lieues. La gauche, formée de nos Allemands, restait seule entière sous Turenne[1]. Enghien, désespéré, la prend, et charge avec succès. Mercy était tué. On ne sait autrement comme eût tourné l'affaire (3 août 1645).

La perte fut égale, quatre mille hommes de chaque côté. Et l'ennemi s'en alla fièrement, sans être molesté, ayant détruit nombre de nos canons. Tous nos officiers généraux tués ou blessés. On n'en fut pas moins joyeux à la cour, la reine surtout. Mazarin fut plus grave. Chaque victoire de Condé augmentait sa servitude, l'exigence et la rapacité de cette famille. On ne savait plus trop, à force de donner, s'il resterait au roi quelque chose.

Enghien était un maître insupportable, même pour ceux qui l'avaient fait, qui avaient commencé sa gloire. Sur une observation de Gassion, il lui adressa devant toute l'armée ces paroles brutales qui resteront sur sa mémoire : « Ce n'est pas à vous à raisonner, mais à obéir. Je suis votre général, et j'en sais plus que vous. Je vous apprendrai à obéir comme au dernier goujat. »

La vengeance de Gassion, qui lui avait donné sa victoire de Rocroy, fut de le faire triompher encore. Dans la campagne de Flandres, que le duc d'Orléans com-

---

[1] Le beau et modeste récit des Mémoires de Turenne indique fort bien cependant qu'avec le corps Hessois qu'il commandait, il sauva tout. Dans sa lettre à sa sœur, il lui annonce avec une satisfaction contenue que Condé, dans l'effusion de sa reconnaissance, le remercia solennellement devant l'armée. Condé n'en reste pas moins dans l'histoire « le vainqueur de Nordlingen. »

mença et où Enghien eut l'adresse de le remplacer, Gassion prit Furnes pour lui et l'aida à prendre Dunkerque (11 octobre 1646) en le couvrant de sa personne contre les Espagnols qui venaient dégager la place.

Un an après, il fut tué. Ce grand homme de guerre, nullement courtisan, et protestant jusqu'à la mort, n'en avait pas moins été honoré de Richelieu. Il l'appelait *la Guerre*. Il ne fut, ne voulut jamais être autre chose. Sa vie passa comme un boulet de fer, n'ayant molli jamais. Il n'eut aucune connaissance des femmes, ne fut jamais amoureux que du grand Gustave. Quelqu'un voulait le marier. « Je n'estime pas assez la vie, dit-il, pour vouloir la donner à personne. »

Puisque nous sommes à parler de grands guerriers, parlons de Mazarin. Ancien soldat du pape, voici qu'il fait la guerre au pape (Innocent X). Non sans cause, vraiment. Le pape ne veut pas faire cardinal un sot moine, frère de Mazarin. Celui-ci, qui n'a pas d'argent pour nourrir nos armées, en trouve pour une si belle cause. Il arme une grande flotte à Toulon, il y met six mille hommes, et expédie le tout, non pas à Rome même, il est vrai, mais à côté, sur un point que tenaient les Espagnols. Quelle joie d'effrayer Rome ! quelle gloire pour les Mazarini restés là-bas ! Malheureusement tout manque. L'amiral est tué. Le vent éloigne les vaisseaux. La petite armée mazarine s'enfuit par la Toscane. Énorme dépense perdue.

Croyez-vous que cela l'arrête ? Que fait l'argent à un grand cœur ? Il recommence, et il en vient à bout. La signora Olympia, qui régnait pour le pape, apaise ce conquérant à bon marché, lui jette le chapeau.

L'amiral tué était beau-frère d'Enghien. Celui-ci demande sa succession comme chose due, l'amirauté et la Rochelle. Mazarin, fort embarrassé, ne trouve qu'un expédient, c'est de faire la reine amirale. Enghien, devenu Condé alors, ne se paye point de cela. Il insiste, il exige. La brouille est imminente.

Mazarin timidement avait imaginé de lui créer un concurrent. Il avait envoyé en Catalogne Harcourt, illustré par Turin. Bien armé et bien appuyé, il eut quelques succès, mais vint échouer devant le roc de Lérida, place déjà funeste aux Français. Les amis des Condé crièrent qu'il y fallait Condé. Il se laissa persuader. Mazarin malicieusement l'y envoya. Il y avait plus d'un obstacle. Le principal, c'est que les Catalans ne voulaient plus de nous. Ils savaient qu'au congrès de la paix européenne, Mazarin offrait tous les jours de les livrer, voulait les vendre. Donc, la Catalogne tourna. L'Aragon arma contre nous. Condé, avec sa confiance ordinaire, ouvre la tranchée avec des violons. Le commandant de Lérida, aussi poli que brave, envoie au prince des glaces pour le bal et des oranges tous les jours. D'autres oranges toutefois pleuvaient comme grêle, et l'on n'avançait pas. Le fer de nos mineurs rebroussait sur ce roc. L'armée d'Aragon s'avançait. Bref, la chaleur venait, les maladies. Condé désespéré fut obligé de s'en aller, et, pour se soulager le cœur, égorgea tout dans une petite ville qu'il prit sur son passage. Il eût bien mieux aimé égorger Mazarin.

Avec nos fameuses victoires, il était évident que l'Espagne avait pourtant l'avantage. Deux ou trois fois, nous nous étions heurtés à cette porte redoutable. Lérida, et toujours en vain. Nous ne nous relevâmes que par les révolutions imprévues de Naples et de Sicile, dont l'Espagne vint pourtant à bout. Résurrections tardives des nationalités antiques. Le sublime corroyeur de Sicile, qui menait tout, périt. Et de même, Mazaniello, le pêcheur roi de Naples. Elle appela les Français, qui y coururent sous Guise, plus fou que le pêcheur. Mazarin promit tout, ne tint rien, et fit le plongeon.

Ce grand ministre, aussi longtemps qu'il eut un sou, voulut la guerre européenne, la continuation du gâchis militaire où il pouvait, de cent façons, escroquer, faire sa main. Mais enfin Emeri lui dit qu'il avait tout vendu, que personne, à aucun prix, ne voulait plus prêter, qu'il fallait s'arranger. Mazarin, dès ce jour, se sentit pour la paix un cœur humain, chrétien. Il l'avait jusque-là effrontément retardée de toutes ses forces[1]. Nous avions fait attendre tout le monde au

---

[1] Quand on n'aurait pas là-dessus le témoignage de Brienne et autres contemporains, on jugerait très-bien que les rôles de nos plénipotentiaires avaient été arrangés, que les impertinences du belliqueux Servien, en opposition avec la pacifique d'Avaux, étaient voulues par Mazarin pour gagner du temps et attendre quelque bonne circonstance. Celle qui vint, ce fut la paralysie financière, la ruine, la banqueroute, qui le mit hors d'état de profiter des révolutions de Naples et de Sicile. Puis, par-dessus tomba la Fronde, la révolution de Paris. Mazarin n'avait rien prévu. — La guerre avait duré si longtemps qu'on en avait oublié la cause, la spoliation du Palatin, l'oppression du Rhin (ce paradis devenu un désert. V. Turenne *passim*), l'exécrable extermination de la Bohême. Tout fut approuvé, sanctionné au profit de l'Autriche et de la Bavière. Victoire réelle des catholiques

congrès, où nous siégeâmes les derniers, et fîmes mille insolences calculées pour rompre tout[1]. Nous y sui-

allemands sur nos alliés protestants. Que signifie donc ce sot enthousiasme de quelques-uns sur l'impartialité du traité de Westphalie, sur cette fondation de l'équilibre de l'Europe, sur la gloire de la France, etc. ? Il n'y eut aucun équilibre. Le parti catholique resta le plus fort en Europe, jusqu'à ce que l'Angleterre eût fini sa longue trahison, jusqu'à ce que la France, ruinée par Louis XIV, eût cédé l'ascendant aux puissances protestantes.

[1] Mazarin continuait la guerre, mais la reine eût fort désiré s'arranger avec l'Espagne. Cela ressort des lettres inédites et fort amusantes d'un général des Capucins, Innocent de Calatagiron, qui se charge de rétablir la paix de l'Europe. Il explique lui-même avec beaucoup d'audace et de forfanterie comment il se glisse partout et fait la leçon aux reines et aux rois. Il s'adresse au duc d'Orléans, à sa fille Mademoiselle, aux dames d'honneur, etc. Il croit les avoir toutes *remplies du saint désir de la vengeance de la religion en Allemagne* et de la nécessité de la paix générale. Les moyens de cette paix sont peu pacifiques. *Il en faut d'extraordinaires et de terribles*, il faut exterminer ce qui n'est pas catholique. La reine Anne d'Autriche lui dit qu'elle ne demanderait pas mieux que de faire la paix et de se rapprocher des Espagnols. « *Alors, mon caractère, mon habit, me firent tout oser ;* » je lui dis qu'il ne suffisait pas de le désirer, qu'il fallait le faire, l'ordonner à ses ministres, » etc. Ailleurs, la reine lui dit qu'elle a donné ses ordres à ses plénipotentiaires : « *Je me mis alors à genoux pour rendre grâce au ciel. Elle s'agenouilla aussi et ne voulut se relever qu'après moi.* » — Le Capucin croit alors avoir tout fait. Il finit fièrement en disant : « *Ego plantavi... Illustrissimus dominus Nuntius rigabit.* » — Ce Capucin infatigable court et va partout, en Bretagne, à Bordeaux, en Espagne. La foule le suit, l'environne comme un messager de paix, l'étouffe presque : « C'est sans doute en punition de mes péchés, mais ils devinent toujours où je vais passer. » Ce concours de monde est chose incroyable, effrayante : c'est comme une insurrection. « Et il y en aura une, si on fait trop attendre la paix. » (E, 1035.) Extraits des *Archives du Vatican*, conservés à nos Archives de France, carton L, 386.

vîmes la maxime admirable que notre ambassadeur rappela à celui de Suède : « Qu'on était convenu de se relâcher sur l'intérêt public, à proportion qu'on serait satisfait sur ses intérêts particuliers. »

Je reviendrai sur ce grand replâtrage où tout le monde, excédé et lassé, se désista de ce qu'il avait si longtemps défendu. Nous gardâmes les conquêtes de Richelieu sur l'Empire, quelques morceaux d'Alsace. Mazarin resta un grand homme et un politique profond qui avait finalement étendu le royaume.

Mais pouvait-on garder ce qu'on avait pris à l'Espagne? La question restait tout entière. Elle ne fut nullement tranchée par la bataille de Lens, une des meilleures de Condé qui firent admirer le plus et son tact militaire, et son héroïque intrépidité.

Avec cela, il avait le cœur gros, et il en voulait mortellement à Mazarin, croyant qu'il l'avait perfidement envoyé contre ce roc de Lérida pour s'y casser le nez.

Un soir, à je ne sais quelle comédie où était le prince, un impertinent siffle. On voulait l'empoigner. Il s'évanouit dans la foule en décochant ce trait : « On ne me prend pas... Je suis Lérida. »

Cette rage de Condé n'a pas peu aidé à la Fronde.

CHAPITRE XX

LE JANSÉNISME — LA FRONDE

1648

La France de Mazarin, décorée au dehors des drapeaux de Rocroy, et au dedans dévastée, ruinée, me rappelle ces vieux palais délabrés de Venise dont le perron triomphal de vingt marches de marbre et dont la porte aussi me semblaient faire bonne figure sous leurs armes héroïques[1]. Mais au rez-de-chaussée, jadis plein d'amiraux, de vaillants capitaines, vous ne trouviez que trois coquins qui y prenaient le frais. Par un escalier magnifique, vous montiez, l'odorat saisi (chaque palier servant de latrine). Et, dans cette saleté,

[1] Ce que je dis ici de Venise est un souvenir bien ancien de ma première jeunesse. Grâce à Dieu, ce peuple héroïque s'est bien relevé. La Venise de Manin n'a guère ressemblé à celle-là.

sous des toiles d'araignée, quelque bon vieux tableau pourtant, tout noirci, se montrait encore. En cherchant bien, vous trouviez dans un bouge un escroc d'intendant avec un brocanteur, vendant les derniers meubles. A force de monter, vous auriez découvert dans quelque galetas l'héritier, joli garçon malpropre et mal peigné, vautré tout le jour sur un lit dont les draps passent à l'état de dentelle, à quoi travaille de son mieux le jeune seigneur, prenant plaisir à agrandir les trous, y passant le pied ou la jambe, ou enfin se levant le soir pour s'amuser à quelque farce où il jouera Mascarille ou Scapin. On travaille du reste à son éducation. L'*abbate* le régale de contes gras, et, le soir, l'intendant, s'il ne lui fait courir les filles, le travestit en fille et le mène je n'ose dire où.

Nous venons presque de redire, mot à mot, ce que Laporte, valet de chambre dévoué, confident de la reine, raconte de l'éducation que Mazarin donnait au jeune roi, de l'abandon, de la misère où il était, du plaisir qu'il avait à jouer les valets, etc., etc.

La reine disait en 1643 que Mazarin n'était pas dangereux pour les femmes, qu'il avait *d'autres mœurs*. Deux ans après, elle lui confie son fils.

La lutte du pauvre valet de chambre pour garder cet enfant (dans l'abandon dénaturé où le laisse sa mère) pour en faire un honnête homme, malgré tout le monde, est une chose très-belle à lire.

Laporte essaye d'apprendre un peu d'histoire de France au roi de France; il lui lit Mézeray. Mais Mazarin se fâche. On verra ce qu'il lui apprit.

Le jeune roi était très-beau, bien né et bien doué,

sans grand éclat d'esprit, mais d'un bon jugement. Il préférait Laporte, malgré toutes ses sévérités. Il leur fallut chasser cet honnête homme pour que l'enfant cédât aux vices.

On verra, Laporte chassé, comment allèrent les choses, et dans quel bourbier allait tomber l'enfant, si de bonne heure il n'eût eu des maîtresses. Les femmes le sauvèrent de l'effroyable éducation de Mazarin.

La révolution de la Fronde, songeons-y bien, fut une révolution morale. On a fort obscurci ceci. Mais il faut le tirer à clair. Plus on était dévot au culte, à l'idolâtrie royale, moins on pouvait laisser cette innocente idole, sur qui portait la destinée d'un peuple, aux mains d'un homme dont la reine elle-même ne contestait pas l'infamie.

La Fronde, au total, fut la guerre des honnêtes gens contre les malhonnêtes gens[1].

Lenet, l'homme des princes et l'ennemi des parlementaires, qui ne déguise pas leurs sottises, déclare pourtant qu'ils furent en général « des hommes de *grande vertu*. »

---

[1] Par quelle faiblesse d'esprit, par quelle impuissance de critique, nos contemporains ont-ils été admirateurs exagérés de Port-Royal, etc., et dénigreurs méprisants de la Fronde? Et qui ne voit que c'est la même chose? Il y eut des deux côtés de bonnes intentions, de l'honnêteté, des vertus (vertus intrigantes, cabaleuses, disputeuses, si l'on veut). Au total, un médiocre génie. La grande fureur d'Arnauld contre les calvinistes est ridicule, avec tant de côtés communs. Le jansénisme, faible résurrection de saint Paul, de saint Augustin, et, en plusieurs points, de Calvin et Luther, a nui beaucoup, en ce qu'il a donné une petite porte

Que la corruption d'idées entrât dans ces familles, même celle des mœurs chez les jeunes magistrats qui imitaient la cour, je ne le nie pas. Mais les habitudes étaient honnêtes et régulières, et la vie sérieuse, laborieuse. Et tranchons tout d'un mot dont on sentira la portée : la *vie noble*, la fainéantise, avait tout envahi; les *magistrats seuls travaillaient*.

Regardez sur la Seine, au quai de la Cité, en vue de la Grève, une vieille maison triste et tournée au nord. Là demeurait celui dont les Mémoires se moquent, le courageux Broussel, un bon, digne et grand citoyen.

Harlay et Molé, intrépides, n'en ont pas moins molli, on l'a vu et on va le voir, au vent corrupteur de la cour. Leurs enfants en furent cause, et leurs mauvaises affaires, et leur besoin d'argent. Ils avaient cent mille francs par an. Broussel n'eut pas de tels besoins; il avait quatre mille livres de rente, et ne voulut point davantage. Avec cela, il éleva une grosse famille et vécut honorablement.

Ce n'était plus le temps des grands jurisconsultes. On n'aurait plus vu des princes d'Empire régler des successions d'États indépendants sur la consultation d'un avocat de Paris. Un radotage immense d'ordon-

à l'esprit de liberté qui s'est fait tout petit pour passer là. Un seul, bizarre et contrefait, mais grand, Pascal, s'est fait écraser au passage. — Du reste, il faut appliquer à toute l'Église du xviiᵉ siècle ce que j'ai dit en parlant de la guerre, au sujet des petits grands hommes comparés aux vrais géants. Qu'est-ce que c'est que ses prédicateurs illustres, ses éloquents controversistes, devant Newton et Galilée? Gloire, gloire aux inventeurs! Les autres doivent rester bien loin derrière et en grande modestie.

nances non exécutées entravait, embrouillait le champ légal, laissait aux juges un arbitraire sans bornes. Pauvres, ils donnaient à qui ils voulaient des millions, et voyaient la cour à leur porte. Jamais le Parlement n'eut plus besoin de probité.

Broussel ferma sa porte, ou ne l'ouvrit qu'aux pauvres. Il avait alors soixante-quatorze ans, dont trente-six en 1610, à la mort d'Henri IV. Il en garda l'impression, et pour toujours resta l'adversaire de la cour, l'ennemi des ennemis de la France. A sept heures du matin, ce doyen des grondeurs venait siéger au Parlement, auprès du rêveur Blancménil, pur utopiste et fou, non loin de l'ambitieux et très-dissimulé Longueil, du président Charton, honnête, borné et violent, d'une vulgarité proverbiale, qui finissait toujours par un mot attendu et risible : « J' dis ça. »

Broussel n'était pas ridicule. Tous ses avis étaient marqués d'un caractère de simplicité forte et courageuse, nullement exagérée, quoi qu'on ait dit. C'est le défaut contraire qui le fit échouer, lui et le Parlement. Les révolutions étrangères qui avaient lieu alors, loin d'enhardir, terrifièrent ces pauvres gens de bien. Celle d'Angleterre leur fit horreur en leur montrant le billot de Charles Ier. Celles de Naples et de Sicile leur firent peur; ils crurent voir de la Grève ou de la Grenouillère sortir un Mazaniello. Bref, leur modération les mena, par une voie étrange, au terrorisme; quand les princes égorgèrent Paris, ils se trouvèrent sans force, sans espoir ni ressource que de subir le Mazarin.

Broussel était-il janséniste? Je ne le vois pas. Mais il l'était de mœurs. L'austérité du jansénisme, sinon son dogme, avait fait d'honorables progrès dans le Parlement.

Cette fronde religieuse avait précédé la fronde politique, et indirectement y aida fort. Le jansénisme était l'aîné. Déjà alors il était constitué. Il avait son Pathmos au monastère des vertueuses et disputeuses dames de Port-Royal. Son saint Jean fut le grand mar**tyr Duvergier** de Hauranne, le prisonnier de Richelieu. **Sa nuit de** Pentecôte est celle où, le corps du martyr étant encore **exposé** à Saint-Jacques, la mère Angélique arme son chapelain d'un rasoir, et lui dit : « Je veux, je veux les mains de M. de Hauranne, les mains qui consacraient le pain de Dieu pour moi. » Il obéit. Le sacrilége pieux s'accomplit dans l'église. **Et,** du moment que la relique est déposée à Port-Royal, les langues se délient, le génie polémique, jusque-là contenu dans les énigmes de Du Hauranne, éclate, strident et provocant, par la voix des Arnauld.

Le manifeste fut le beau livre, grave et fort, incisif, contre la *Fréquente communion*, contre la prostitution quotidienne que les Jésuites faisaient de l'hostie, faisant litière du corps de Jésus et le prodiguant aux pourceaux. L'effet fut saisissant, le contraste violent et terrible, le Calvaire retrouvé pour l'effroi des marchands du Temple, la pâle tête du Crucifié et sa sainte maigreur foudroyant l'embonpoint ventru du père Douillet. Les Jésuites tombent à la renverse. Éperdus, sachant trop que leur galimatias ne les sauvera pas de ce livre, ils trottent à Saint-Germain, vont pleurer chez la reine, chez le bon cardinal. De fripons à fripons, on s'aide et on s'entend. Ce Mazarin, qui fait la guerre au pape pour que son frère ait le chapeau, dès qu'il ne s'agit que de Dieu, est plus Romain que Rome; il lâche et cède tout. Scandaleuse ignorance de la tradition de la France dans un homme qui la gouvernait. Il fait décider par la reine qu'un Français doit aller à Rome, et soumettre sa doctrine au pape, c'est-à-dire aux Jésuites, contre qui son livre est écrit.

La Sorbonne réclame. Le Parlement **réclame, toutes** les chambres du Parlement **veulent** s'unir, s'assembler. Alors **notre homme** prend peur. Vite il s'explique, **excuse sa** sottise par une sottise : il n'a pas voulu **soumet**tre un Français au jugement de l'étranger, mais *éclaircir à l'amiable* un point de théologie (1644).

Il faut la guerre pour pêcher en eau trouble. Mazarin vivait de la guerre et d'une victoire annuelle de Condé, qui lui donnait la force, à l'intérieur, de faire la guerre aux bourses :

1° Guerre aux propriétaires. Il trouve un vieil édit fait le lendemain de l'invasion de Charles-Quint quand on venait de craindre un siége, lequel défend d'étendre les faubourgs. Mais Paris, en cent ans, avait grossi, grandi, débordé de tous côtés. Les pauvres logeaient dans cette banlieue, sous des maisonnettes de boue qu'ils se faisaient eux-mêmes. Un matin, les gens du roi, avec des troupes, viennent *toiser* ce Paris nouveau qu'on va abattre si l'on ne paye sur l'heure. L'effet fut si terrible, que Mazarin d'abord eut peur et recula. Condé lui mit du cœur au ventre par sa bataille de Nordlingen. Mazarin reprend le marteau. Tous ces infortunés accourent au Parlement, pleurent, se mettent à genoux, prient qu'on ne les jette pas dans la rue pour camper l'hiver sous le ciel. Un homme s'attendrit, le président Barillon, vieil ami et défenseur de la reine dans ses adversités. Il plaide pour ces pauvres propriétaires mendiants, et le soir il est enlevé avec quatre ou cinq autres, enfermé, non en France, mais à Pinerolo, sous la neige et le vent des Alpes, et il y meurt dans quelques jours (1645).

On se le tint pour dit. Le Parlement, tout à coup raisonnable, enregistre devant le roi, non-seulement la ruine de Paris, mais une fournée de dix-huit autres édits.

2º Cet impôt et dix autres, spécialement un emprunt forcé, ayant mis à sec les propriétaires, on passe aux *non-propriétaires*. On frappe une *entrée sur les vivres* (1646). Bel impôt, disait Emeri (l'homme de Mazarin), impôt égal pour tous, qui fait payer les riches. Comme si c'était même chose pour celui qui n'a rien et qui cherche chaque jour le pain qu'il mettra sous la dent! La Sicile avait armé pour l'impôt des farines, Naples pour celui des fruits, le dernier aliment du pauvre (1647). Paris, sans un pareil motif, n'eût pas eu le mouvement universel et violent qui décida les Barricades.

L'*entrée* sur les consommations rendit la tyrannie sensible, expliqua la révolution. Paris, sans idée, sans parti, dans la torpeur de la misère, se réveilla par l'estomac.

Mazarin, cette fois, ne craignit pas le Parlement. Il croyait tenir les magistrats par leur fortune même et l'avenir de leurs enfants. La Paulette, la garantie qui leur assurait la succession des charges achetées, expirait le 1er janvier 1648. Ils avaient tout à craindre. Ils n'en défendirent pas moins courageusement toute une année le pain du peuple [1].

L'inquiétude était générale dans une classe nombreuse, et vraiment la plus respectable. Il y avait en France quarante-cinq mille familles qui, directement ou indirectement (veuves, enfants, parents, alliés), pouvaient être ruinées par le refus de cette garantie. Mazarin employa ce moyen de terreur, il refusa la garantie, envoya le roi au Parlement, et fit enregistrer de force sept édits qui créaient de nouveaux magistrats ou bien affamaient les anciens. On ne leur continuait les charges achetées qu'en les empêchant d'en vivre, les laissant quatre années sans gages. Beau-

---

[1] Voilà la moralité de la Fronde parlementaire, et la gloire de nos magistrats. MM. les rieurs peuvent rire à leur aise. Cela est très-beau et très-sérieux, et cela est incontestable. Il faut seulement bien remarquer les dates. Nos pauvres magistrats ne montrèrent pas beaucoup de génie, dans toute l'affaire, mais une incontestable honnêteté. Retz ne montre ni l'un ni l'autre, quand il se moque du bon président Blancmesnil, qui, admis au conciliabule et voyant sur la table le traité avec l'Espagne, « crut voir l'holocauste du Sabbat. » Le niais ici, c'est Retz. Comment ne voit-il pas que l'Espagnol se moquait de lui? Si la conscience ne lui dit rien, le bon sens devrait lui dire que le chat emploie sa patte de singe pour tirer les marrons du feu. Il est curieux de voir un homme d'autant d'esprit être le jouet de tous, surtout des femmes. Madame de Bouillon (avec permission de son mari) l'amuse et le captive, lui lie le pouce, lui tire du sang, etc. Madame de Longueville se joue de lui aussi, dans l'intérêt de ses amants. Il n'est pas jusqu'à la *grosse Suissesse* (Anne d'Autriche) qui ne fasse de la coquetterie avec lui, dans leurs nocturnes rendez-vous, au profit de Mazarin. C'est le plus spirituel de tous dont justement rit tout le monde.

coup ne vivaient d'autre chose; on leur ordonnait de mourir de faim.

Toutes les compagnies souveraines de Paris, soumises au même retranchement, les Aides, les Comptes et le Grand Conseil, envoient demander au Parlement association, *union*. Une assemblée générale se formera par députés dans la Chambre de Saint-Louis, et l'on y appellera les députés du Corps de ville. Le but est posé nettement: la réformation de l'État (13 mai 1648).

Que la Chambre des Comptes, celles des Aides, ces compagnies paisibles, eussent quitté leurs dossiers, leurs calculs, pour commencer la guerre; que l'instrument de la cour, le Grand Conseil, s'unît avec le Parlement! cela renversait toute idée, c'était la fin du monde. Les choses mortes elles-mêmes, les papiers et les chiffres, s'étaient levés d'indignation et avaient pris la voix.

CHAPITRE XXI

LE PREMIER AGE DE LA FRONDE—LES BARRICADES—LA COUR, APPUYÉE SUR LA FRONDE, EMPRISONNE CONDÉ

1648-1650

Une chose grave à observer dans l'histoire des révolutions, c'est de savoir si les acteurs parlent avant ou après le repas. Aux assemblées publiques, les séances du soir, pour cette raison, sont toujours orageuses. Anne d'Autriche dînait à midi, et dînait fort (Motteville). De là, ses paroles violentes, ses hasardeux *spropositi*, qui, dans une révolution plus sérieuse, l'eussent mise sur la voie de Charles Ier.

Au début de la Fronde, elle lança, à l'étourdie, un mot qui pouvait faire crouler le trône, faire regarder en face l'infaillibilité royale : « Dites-moi, avant tout, prétendez-vous borner les volontés du roi ? »

Qu'eût répondu Cromwell ? Heureusement pour elle, elle avait affaire à Talon. Ce bon avocat général, au nom des magistrats, recula; il frémit « *d'entrer en jugement* avec le souverain... Ils ne peuvent, ils ne doivent décider une telle question, pour laquelle il faudrait *ouvrir les sceaux et les cachets de la royauté, pénétrer dans le secret de la majesté du mystère de l'Empire.* »

Le galimatias de Talon couvrit l'imprudence de la reine. Elle put, à son aise, braver, gourmer le Parlement, lui donner des nasardes. Un jour, elle voulait le faire pendre. Et quand? Précisément au jour où peut-être, sans lui, le peuple aurait forcé le Louvre.

On dit que le Parlement fit la Fronde. Il serait bien plus vrai de dire qu'il l'empêcha et la fit avorter. La question, sans lui, se serait posée autrement. La reine, allant tous les lundis ouïr la messe à Notre-Dame, y trouvait à la porte un peuple de femmes qui lui criaient : « A Naples ! » la menaçant d'une révolution radicale et napolitaine. La presse fut tout d'abord très-franche et très-sincère. Nombre de petits livres racontèrent la vie intime de la reine sous Louis XIII. Mais le Parlement tint pour elle et tâcha de la protéger. En laissant courir les mazarinades, il châtia, et même de mort, les écrits trop sincères. Il voulut à tout prix sauver le *secret de la majesté du mystère de l'Empire*. Deux imprimeurs auraient péri en Grève si le peuple ne les eût sauvés.

Donc, contemplons, sans trop nous émouvoir, une révolution sans issue, sans résultat possible, dont la stérilité confirma la France dans l'amour du repos *quand même*, la résignation à la mort, que dis-je? l'amour pour la mort même et pour l'anéantissement. Rien autre chose qu'une répétition un peu vive de la danse éternelle, du triste menuet, que le Parlement exécute devant la royauté, s'avançant deux pas, reculant de trois, enfin tournant le dos.

Le Parlement, sans bien sans rendre compte, trahit le peuple, lui-même amusé et trahi par ses chefs, le président Molé, et le très-remuant, très-brouillon Retz, coadjuteur de l'archevêque de Paris. Le vieux Molé, mené par ses enfants, jouait sa compagnie en parlant fort et haut pour elle, mais, en toute chose grave, suivant l'intérêt de la cour.

Mazarin attendait l'armée. Après un petit essai de violence qui ne réussit pas, il sentit qu'il n'y avait rien à faire qu'à mentir et plier, gagner du temps. La reine eut beau pleurer tout une nuit. Il céda, toléra l'arrêt d'*union*, permit aux compagnies de s'assembler, de réformer l'État.

Le pouvaient-elles réellement? Une constitution, bâtie en l'air, sans base (ni élection, ni jury, etc.), écrite sur le sable par des gens qui avaient acheté leurs charges, serait-elle sérieuse?

Ils y écrivirent, il est vrai, les deux garanties principales, *celle de la personne* (nul arrêté sans être interrogé dans les vingt-quatre heures); *celle des biens*, nul impôt sans vérification parlementaire.

Mais, même dans les choses bonnes, leur incapacité parut. En vertu du dernier article, ils firent précisément ce que désirait Mazarin, annulèrent ses traités avec les financiers. La cour n'osait faire la banqueroute. Le Parlement la fait pour elle, la sanctifie, la canonise par le grand mot de bien public. Mazarin avait emprunté à tout le monde, et ne pouvait ni ne voulait payer. Le Parlement, tête baissée, se jette sur les financiers, sans voir que derrière eux se trouve la masse des petites gens qui, par leurs mains, ont prêté à l'État. Dispense de les rembourser. Bref, le gouvernement est libéré, et la reine, plus douce, commence à croire qu'il y a quelque bien dans la révolution.

Une autre faute insigne du Parlement, c'est de vouloir supprimer les *intendants*, la grande création du dernier règne. Ces rois commis, il est vrai, étaient lourds, et, sous Mazarin, aussi voleurs que leur maître. Cependant, en les supprimant, qui eût pris le pouvoir? Les gouverneurs de provinces, les vieilles puissances féodales qu'avait écrasées Richelieu.

Avec quelques concessions, Mazarin endormait le Parlement, quand la question suprême fut précisée, formulée par le vieux conseiller Broussel : 1° *remise au peuple d'un quart des tailles;* 2° *l'intérêt de tous les parlements mêlé*, et soutenu par le Parlement de Paris ; refus de celui-ci d'être seul garanti pour la possession de ses charges (4 août 1648).

La ruse était vaincue par la sincérité. Mazarin fit le mort. Il attendit son salut de l'armée. Quoiqu'il fût mal avec Condé, une victoire de Condé le relevait. On pouvait l'espérer. Car l'Espagne, accablée par ses quatre révolutions (Portugal, Catalogne, Naples, Sicile), obligée de faire face de tous côtés, n'avait pas grande force en Flandre. L'archiduc, étant sans argent, sans vivres, sans munitions, fut lent à se mouvoir. Condé put faire une marche hasardeuse en défilant par les marais ; il eut le temps de faire six lieues de circonvallation pour prendre une ville. L'archiduc cependant, lui ayant pris Lens, l'avait obligé (19 août) à une retraite difficile qui fut près d'être une déroute. Le 20, il l'attaqua. Condé certainement était prié, pressé par la cour de livrer bataille. Voyant les Espagnols quitter leur bonne position et venir à lui, il hasarda de faire ce que fit le roi de Suède à Lutzen; il commanda aux Français de recevoir le feu et de ne pas donner à l'ennemi le temps de recharger. Notre infanterie égala la suédoise. La première ligne fut rompue. Lui-même attaqua la seconde dix fois de suite, et fut admirable de valeur et de présence d'esprit. Victoire complète, cinq mille prisonniers, trois mille morts.

La reine, ivre de joie, ayant reçu soixante-treize drapeaux espagnols, ne daigna plus rien ménager et se moqua des peurs de Mazarin. Celui-ci voulut toutefois que, si on se jetait dans les hasards de violence, on ne le fît que sur l'avis de l'homme qu'il détestait le plus, Chavigny (fils de Richelieu?), sur qui il pût se rejeter si la chose tournait mal.

Chavigny avait soufflé le feu de son mieux dans le Parlement. Consulté pour l'éteindre, il fut pourtant fidèle aux traditions violentes de l'autre règne, et dit, ce que voulait la reine, qu'il fallait arrêter les chefs.

Cela était très-hasardeux. La reine en chargea, non le vieux Guitaut, mais son neveu, un jeune homme à elle, Comminges (dont nous avons parlé), et le chargea de lui donner, au péril de sa vie, cette jouissance et cette vengeance personnelle. En sortant à midi du *Te Deum*, elle lui dit d'une voix émue : « Va et que Dieu t'assiste ! »

Il n'y avait pas loin à aller. Des six qu'on devait arrêter, le plus populaire, Broussel, demeurait à deux pas, sur la Seine, au port Saint-Landry. Il n'avait pas été au *Te Deum* de la bataille (*De profundis* des libertés publiques). Il venait de faire son sobre repas ; il était au milieu de sa famille, cinq enfants, dont deux jeunes demoiselles à marier. Comminges entre et montre son ordre ; il faut partir, Broussel doit le suivre tel qu'il est, en pantoufles. L'aînée des demoiselles prie en vain. Comminges n'entend rien et l'enlève.

Il était fort aimé ; ses domestiques poussèrent des cris affreux. Il n'en avait que deux : une vieille servante, qui, par la croisée sur la Seine, appela les mariniers, et un petit clerc, qui se mit à courir après la voiture de Comminges, criant : « Aux armes ! aux armes ! on enlève M. Broussel ! » Rue des Marmousets, un banc de notaire fut jeté par la fenêtre, et ailleurs autre chose, si bien qu'au quai des Orfèvres le carrosse tomba en pièces. Comminges prit celui d'une dame qui passait. Le maréchal de la Meilleraye, soldat brutal à qui ce gouvernement d'Arlequin venait de donner les finances, craignant les pierres, fit tirer aux fenêtres. Une femme et deux hommes furent tués. Alors ce fut une grêle. La Meilleraye ne s'en tira qu'en tuant encore un crocheteur d'un coup de pistolet.

A point se trouvait là le coadjuteur de l'archevêque, Gondi (ou Retz), qui confessa le crocheteur agonisant dans le ruisseau. Le peuple fut touché, et pria le prélat d'aller au Louvre et de demander Broussel.

C'est justement ce qu'il voulait. Il s'était mis là tout exprès, dans ses habits pontificaux, devant la statue d'Henri IV, pour bénir et prêcher la foule. Les Gondi, créés par Catherine et conseillers principaux de la Saint-Barthélemy, durent à ce grand exploit d'être à peu près héréditaires dans l'archevêché de Paris. Mais ce dernier Gondi eût voulu davantage, être en même temps gouverneur de Paris, unir les deux puissances.

Il travaillait la ville par les curés, qui, dans cette grande misère, maîtres absolus de l'aumône, distributeurs de pains, de soupes, etc., traînaient après eux des masses affamées. Avec un archevêque gouverneur de Paris, ils croyaient y régner, comme au temps de la Ligue.

Cela les rendait aveugles et sourds quant aux mœurs du petit prélat. Fanfaron, duelliste, plus que galant, basset à jambes torses, laid, noiraud; un nez retroussé. Mais les yeux faisaient tout passer, étincelants d'esprit, d'audace et de libertinage. Peu furent cruelles à ce fripon; il supprimait les préalables et sauvait l'ennui des préfaces.

Il croyait qu'au Palais-Royal on solliciterait son secours. Mais la reine se moqua de lui. Il eut le chagrin et la rage de prêcher la paix en s'en allant, quand il voulait la guerre. Il calma un moment le peuple, mais pour mieux l'exciter la nuit.

La cour avait fait dire que les bourgeois s'armassent. Ils arment le 27, contre la cour. Malheur à ceux qui ne l'eussent fait! Le peuple était levé, et il fit un ouvrage énorme, *douze cents barricades en douze heures*[1]. Il n'avait guère besoin de Retz. Ce fut toutefois une de ses maîtresses, la sœur d'un président, femme d'un capitaine bourgeois, qui, ayant chez elle le tambour du quartier, le fit battre et donna l'exemple. Un des amis de Retz, capitaine aussi de quartier, le maître des comptes Miron, battit le tambour de son côté. La journée fut lancée.

Le Parlement, la veille, avait décrété contre Comminges. Le 27, à six heures, la cour, audacieuse et timide, prenant l'heure matinale et croyant que Paris n'est pas levé encore, envoie le chancelier casser l'arrêt. La foule est déjà là. On le poursuit, on le pousse. Il se cache. Il était mort s'il ne se fût jeté

[1] Cela est sérieux et suppose une redoutable unanimité. Rien d'analogue jusqu'au grand jour de la prise de la Bastille. Que serait-il arrivé si Retz et le Parlement avaient réellement lâché la Révolution, la presse, non contre le faquin étranger, mais contre la reine, de manière à établir ses trahisons, ses avis donnés à l'ennemi, etc. On tenait à Paris deux femmes qui savaient tout et auraient tout dit, madame de Chevreuse et madame de Guéméné. La reine n'avait aucune idée de la prise qu'on avait sur elle. Tandis que la Fronde mettait des gants pour la combattre, elle montra une violence, une férocité que sa vie antérieure n'eût pas fait deviner. Elle insista plusieurs jours pour faire mourir le premier qu'on fit prisonnier. Elle l'eût fait. Mais les siens avertirent ceux de Paris, qui prièrent la reine d'épargner ce malheureux, en faisant entendre pourtant tout doucement qu'eux aussi ils avaient des prisonniers qu'ils pourraient faire mourir. (Retz, p. 100.) — Elle savait à qui elle avait affaire. Ni Retz, ni le Parlement, ni Condé, ne voulaient d'États généraux, ni de révolution sérieuse. Cromwell, qui avait envoyé à Retz un homme sûr, vit bien vite que toute l'affaire était ridicule. Ce Catilina ecclésiastique, mené par les femmes, avait pour agents des curés et des bedeaux, des habitués de paroisse. Il veut relever les libertés de France; avec quoi? avec un clergé et une assemblée du clergé qui, par son

dans un hôtel; le chef de la justice fût trop heureux d'entrer dans une armoire.

La Meilleraye le dégage. Poussé lui-même, en grand péril, le maladroit, d'un coup de pistolet, tua une femme qui portait une hotte. Le peuple s'empara, au quai de la Ferraille, de tout ce qui tomba sous sa main.

Cependant le Parlement va en corps au Palais-Royal redemander ses membres à la reine. Elle venait de dîner. Rouge, emportée, elle dit avec un geste de furie : « Je les rendrai, mais morts. » Et elle passe dans sa chambre grise, claquant la porte au nez du Parlement.

obstination à fermer sa bourse, s'est montré et déclaré le véritable ennemi de l'État. Au moment de l'explosion, Retz ne sait ce qu'il fera, il l'avoue. Il allait écrire à l'Espagne, dit-il? mais *il attend Condé;* puis, sur quelques coquetteries de madame de Longueville, il se jette de ce côté-là, et croit, contre Condé, pouvoir créer l'automate Conti. Et c'est dans cette indécision pitoyable qu'il fait le fier contre Cromwell, *le méprise*, dit-il. Cromwell avait dit un mot fort et profond, modeste, qui semblait un aveu : « On ne monte jamais si haut que quand on ne sait où l'on va. » Ce mot, dit Retz, à l'horreur que j'avais pour lui ajouta *le mépris*. — Lui, le petit bonhomme, il sait bien où il monte et ce qu'il veut : il veut monter d'abord à devenir *gouverneur de Paris*. Première chute; l'Italien rusé, au premier pas, lui fait donner du nez à terre. Puis, ce profond ambitieux veut être *cardinal* de Rome, et c'est pour cela qu'il fait l'amour à Anne d'Autriche. Seconde chute; ce chapeau, pour lequel il trahit la Fronde, lui tombe sur la tête et l'écrase définitivement. On le fait cardinal, mais c'est pour le mettre à Vincennes. — Tous ces ridicules de conduite et cette petitesse de nature n'empêchent pas que ses confessions (c'est plus que des Mémoires) ne soient le livre capital et primordial de la nouvelle langue française. Ce piètre politique est un admirable écrivain.

Ils reçurent cela tête basse. Mais il fallait retourner. Pour faire ouvrir la première barricade, ils mentirent, dirent que la reine donnait espoir, et ils mentirent aussi à la seconde. A la troisième, un garçon rôtisseur, mettant sa broche au ventre du président Molé, lui dit : « Retourne, traître ! Tu seras massacré si tu ne nous ramènes Broussel ou Mazarin ! »

Vingt ou trente conseillers s'enfuirent par les ruelles. Le reste retourna. Mais cette femme insensée, pleine de viande (et peut-être de vin), parlait de faire accrocher aux fenêtres cinq ou six des parlementaires qui venaient la sauver. Les princesses, qui se mouraient de peur, se mirent à genoux devant elle, et Monsieur même. Mazarin tremblait et priait. Ce qui la décida, ce fut la reine d'Angleterre, qui avait déjà vu de pareilles fêtes à Londres, et dit que Mazarin touchait au destin de Strafford.

Il se le tint pour dit, fit sceller une lettre de cachet pour délivrer Broussel. Et, pendant que le peuple était tout occupé de cette lettre et de sa victoire, notre homme, déguisé sous la perruque et l'habit gris, avec des bottes de campagne, alla respirer hors Paris.

Le 28, à dix heures, ramené dans le carrosse du roi, Broussel fit son entrée. Les barricades tombaient devant lui, et le peuple attendri baisait ses mains et ses habits. Le bon vieillard pleurait à chaudes larmes. Il reprit place au Parlement, en grande modestie, et proposa qu'on décrétât la suppression des barricades.

Funeste excès de confiance. Le peuple, tout en

obéissant, sentait trop que rien n'était fait. Mazarin ôta dix millions de tailles. Mais l'armée revenait. Quand il l'aurait en main, que ferait-il? Au moment même, le peuple prit une masse de poudre qu'on tirait de la Bastille. La cour arme pendant qu'il désarme, et déjà prépare au jour de la paix le moyen de le massacrer.

Les scrupules des parlementaires faisaient obstacle à tout. Blancmesnil, mandé par Retz à un conciliabule de résistance, vint, mais dit : « Les ordonnances veulent qu'un magistrat n'opine que sur les fleurs de lis, en public, et sans consulter. »

Mazarin avait tout rejeté sur Chavigny. Il le fit arrêter (13 septembre). Cela étonna, effraya les amis qu'il avait au Parlement, et le président Viole, renvoyant terreur pour terreur, demanda qu'on renouvelât l'ordonnance contre Concini pour défendre aux étrangers de se mêler du gouvernement.

Le Parlement sortit comme d'un songe. Il saisit, il comprit enfin ce que la foule disait depuis un mois : « Il faut aller au Mazarin. »

Le peuple des barricades, le 28 août, avait manqué d'un chef. Molé, Retz, l'avaient amusé. Cette révolution, aveugle et sans yeux, n'ayant de chef sincère qu'un pauvre octogénaire, détournée de son but par l'intrigue des curés, ayant pour centre un avorton de prêtre, ne pouvait qu'être une triste contre-épreuve d'un triste original, la tragi-comédie de la Ligue. L'ascendant des donneurs d'aumônes la baptisait assez de son vrai nom, une insurrection de misère et la révolution du ventre.

Cependant le jour même un élément nouveau surgit. Le Parlement, apportant à la reine ses remontrances, trouve près d'elle l'insolence, la violence, la brutalité militaire. Ce jour, 22 septembre, Condé était revenu. Il menace le Parlement. Il suivait son instinct, la haine de la loi; car lui-même ne savait pas encore ce qu'il ferait. D'une part, il avait besoin de Mazarin pour dépouiller son frère Conti, en hériter, le jeter dans l'Église et lui donner le chapeau. L'avarice le mettait du côté de la cour. Mais l'ambition lui faisait écouter les paroles de Retz, qui le tirait au Parlement, et le mena la nuit chez Broussel. Enfin le prince à double face comprit que, pour forcer le Parlement à accepter un chef militaire, pour s'emparer de la révolution, vierge encore et trop scrupuleuse, il fallait d'abord être du parti de la reine, assiéger et forcer Paris.

C'est le vrai sens de la conduite de Condé. Mazarin eût voulu éviter la violence. Il traita à Munster, 24 octobre, et, le même jour, il fit accepter les articles du Parlement. Mais le premier était la diminution de l'impôt, la défense de le vendre d'avance aux partisans.

Article violé aussitôt qu'accepté. Donc, point de paix. L'armée enveloppe Paris, insultant, ravageant comme en pays ennemi. La reine, à trois heures du matin, le 6 janvier 1649, emmène le roi hors de sa capitale. Elle est libre, elle est gaie et toute à sa vengeance. Ordre au Parlement d'aller siéger à Montargis.

Le Parlement, toujours inconséquent, n'ouvre point

la lettre royale, et il envoie au roi. Il proteste de sa soumission, et il arrête qu'on se munira d'armes et de subsistances. Il en charge l'Hôtel de Ville, dévoué à la cour, prêt à trahir Paris.

Comment résister à Condé? La première idée de Retz fut d'appeler contre lui les Espagnols; la seconde fut de lui opposer sa sœur même, madame de Longueville, qui tenait sous la main, gouvernait Conti, son jeune frère, fortement épris d'elle. — Idée sotte. La sœur et Conti n'avaient de crédit, d'importance, que comme un reflet de Condé.

N'importe. Le généralissime sera le bossu Conti, ou bien plutôt sa sœur, alors enceinte, qui campe et accouche à l'Hôtel de Ville.

Cet hôtel, fort petit alors, entasse et réunit je ne sais combien de puissances contraires, — d'abord la trahison, le prévôt des marchands ; — madame de Longueville, le roman et le bel esprit ; — madame de Bouillon, ou l'intrigue espagnole ; — enfin, le pauvre vieux Broussel et quelques conseillers chargés de surveiller. Ce sera bien merveille si ces influences opposées ne s'annulent l'une par l'autre. Nous sommes sûrs d'avoir une révolution parleuse et sans action.

La fuite du roi avait effrayé le Parlement, mais point le peuple. Il n'eut que de la fureur, nul abattement. Donc, on pouvait tourner bien autrement les choses, briser l'Hôtel de Ville d'abord, y mettre une autorité sûre, au lieu de le remplir de femmes, et, tout en armant Paris, acheter l'armée allemande que commandait Turenne. Paris l'eût eue pour un million (et qu'est-ce qu'un million pour Paris?). Il n'en coûta pas la moitié à Condé et à Mazarin pour la débaucher.

Le Parlement, en tout cela, agit faiblement, gauchement. Le blâme en est surtout au vrai chef de Paris, à son petit prélat, son tribun tonsuré, qui, sous sa calotte, couvrait plus d'esprit que de sens, plus de saillies que de cervelle.

Leur langage à tous est curieux dès qu'on parle du peuple. Condé dit : « Si je ne m'appelais Louis de Bourbon... Mais je suis prince du sang, et je dois ménager le trône. » Retz dit : « Si je n'étais le chef du clergé de Paris... » Il a peur évidemment d'aller trop loin et de faire tort à l'hérédité épiscopale de la dynastie des Gondi, surtout de manquer le chapeau.

Le siége de Paris dura trois mois (janvier, février, mars). Peu de combats, beaucoup d'intrigues. Le peuple, au début, avait reçu, adopté avec enthousiasme le beau et blond Beaufort, échappé de prison, brave et sot, étourdi, bavard, ne sachant couvrir sa nullité de discrétion et de silence. Ses non-sens et son ineptie ne déplurent pas au peuple. La candeur apparente lui fait pardonner tout.

Paris était trahi dans les deux sens, pour la cour, pour l'Espagne. Le prévôt des marchands et autres étaient pour Mazarin. Madame de Bouillon, souveraine absolue de l'esprit de son mari, ne voulait rien que recouvrer Sedan, et croyait l'obtenir en faisant peur des Espagnols. Elle obtint de Bruxelles, non un ambassadeur, mais un moine qu'elle habilla en cavalier et fit recevoir du Parlement (19 février 1649). Cet envoyé assura hardiment que le roi d'Espagne avait tant de respect pour le Parlement de Paris, qu'il le voulait arbitre de la paix générale, juge entre les couronnes. Le Parlement ne mordit pas à cet excès de flatterie. Il était inquiet. Huit jours auparavant, la cour avait déclaré qu'on se passerait de lui, que les tribunaux inférieurs jugeraient sans appel, et que l'*on convoquerait les États généraux*. Cet épouvantail des États, la menace de la suppression des charges qui faisaient leur fortune, décourageaient fort les parlementaires.

Le héros, d'autre part, Condé, qui n'avait pas fait grand exploit, inclinait lui-même à la paix. Le 5 mars, on ouvre des conférences. Et, brusquement, le 11, le président Molé déclare au Parlement qu'il a signé le traité.

Il avait signé sans pouvoir. Avec un autre maître plus sérieux que le parlement, il l'aurait payé de sa tête. Il était évident qu'en précipitant les choses on livrait tout. Mazarin, qui tenait le roi, n'avait qu'à donner des paroles; nulle garantie; la Fronde étant dissoute, il allait se moquer de la crédulité des négociateurs.

Il eût fallu attendre encore. Les provinces, plus lentes, se décidaient, suivaient Paris. Les parlements accédaient un à un. M. de la Trémouille promettait d'envoyer du Poitou dix mille hommes, et Longueville autant de la Normandie. On eût pu, par cette terreur, obtenir quelques garanties. Ce traité finit tout. L'armée de Turenne, voyant mollir Paris, traita avec la cour et s'arrangea pour quelque argent avec Mazarin et Condé.

La France put savoir alors ce qu'il en coûte d'avoir

fait un héros, un prince à la Corneille, vivant dans le sublime, ne parlant aux mortels que du haut des trophées. Sa sœur, madame de Longueville, de même était passée à l'état de déesse. L'un et l'autre, dans l'Empyrée, ne distinguaient plus les humains de si haut qu'avec un sourire de mépris. Les grands attendaient à leur porte, et des heures. Quand on était reçu, c'était avec des bâillements.

En réalité, que voulait Condé? Se faire le chef de la noblesse contre la cour? Les nobles trouvaient dur d'être traités ainsi. Commencer une nouvelle Fronde? Il eût fallu ménager les parlements ; il menaça les députés de celui d'Aix de les faire périr sous le bâton. Visait-il à une principauté indépendante, comme plus tard il la voulut des Espagnols? Ou bien songeait-il à enlever à Monsieur la lieutenance générale? Il est difficile de deviner ce qui se passait dans cette tête bizarre.

Il ne tenait à rien. On vit plus tard qu'il eût très-volontiers changé de religion, s'offrant alors d'une part à Cromwell pour se faire protestant et avoir une armée anglaise, de l'autre au pape pour qu'il l'aidât à se faire élire roi de Pologne.

Les Condés, en 1609, avaient dix mille livres de rente, et en 1649, outre les terres de Montmorency, ils tenaient une partie énorme de la France :

1° Par le grand Condé, ils avaient la Bourgogne, le Berri, les marches de Lorraine, une place dominante en Bourbonnais qui surveillait quatre provinces;

2° Par Conti, la Champagne;

3º Par Longueville, mari de leur sœur, la Normandie ;

4º Enfin l'amirauté, et Saumur, place dominante d'Anjou, étaient au frère de la femme de Condé ; ils vaquèrent par sa mort et furent revendiqués par eux comme un héritage de famille.

Plus tard, ils négocièrent pour la Guienne et la Provence.

Cette furieuse faim des Condés, qu'on ne savait comment apaiser, servit d'excuse à Mazarin pour se créer aussi quelque établissement. La reine comprit bien qu'un contrepoids devenait nécessaire, qu'à la dynastie des Condés il fallait opposer la dynastie des Mazarins.

Jusque-là c'était un homme seul, sans famille, sans racine en France. Un matin, il fait arriver sept nièces à la fois. La première sera pour Mercœur, l'un des Vendômes ; la seconde, pour le fils du duc d'Épernon. Ce pauvre homme pour doter l'une trouve six cent mille livres. Pour l'autre, il s'attire sur les bras la haine de tout le Midi que foulait d'Épernon, il hasarde la guerre civile.

Condé lui fit beau jeu, allant de sottise en sottise. Pour une question de tabourets, il blesse toute la noblesse.

Pour faire donner une place à Longueville, il met la main sur Mazarin, lui tire la barbe et lui dit : « Adieu, Mars. »

Enfin il se fait fort de donner un amant à la reine, l'oblige par menace de recevoir un fat, Jarzay, qui lui fait sa déclaration.

Brouillé avec la cour, le sage prince se brouille encore avec la Fronde. Mazarin lui fait croire que les frondeurs veulent l'assassiner. Condé accuse Retz et Beaufort, sur ce prétexte absurde, au moment où ils auraient pu l'appuyer contre Mazarin (décembre 1649).

On croit écrire l'histoire de Charenton, mais moins folle encore que honteuse. Le procès de Condé tombe au milieu d'un soulèvement des rentiers, contre lesquels le Parlement autorise une suspension de payement. Et ce procès révèle une création nouvelle de Mazarin, qui depuis a fleuri, celle des agents provocateurs et des témoins gagés.

Condé avait tenu, dans l'affaire de Jarzay, la conduite d'un fou furieux. Il dit : « Je le ramènerai, le tenant par le poing ; je forcerai la reine à le recevoir. » Cet excès d'insolence la décida. Elle écrivit à Retz de venir la trouver la nuit. Elle lui offrit le cardinalat, s'appuya de cette Fronde, tant détestée, contre le tyran commun. On résolut d'arrêter les trois princes, Condé, Conti et Longueville. On y fit consentir Monsieur.

Mais Mazarin n'eût pas trouvé la pièce bonne s'il n'y eût mêlé une farce. Il tira de Condé, sous un prétexte, sa signature pour une arrestation, s'amusa à lui faire ordonner sa captivité.

Ce grand acte se fit fort aisément et sans cérémonie. Les princes vinrent d'eux-mêmes se mettre dans la souricière. Arrêtés par Guitaut et Comminges, ils furent menés la nuit par une petite escorte de vingt hommes à Vincennes (18 janvier 1650).

La sœur de Condé, la fière madame de Longueville, naguère si populaire, fut trop heureuse de se sauver. Mais, avant de partir, elle eut le temps de voir l'allégresse publique, les transports du peuple et les feux de joie.

CHAPITRE XXII

SECOND-AGE DE LA FRONDE. — LA COUR, APPUYÉE PAR
LA FRONDE, CHASSE CONDÉ

1650-1651

Le héros sorti de la scène, elle appartient aux héroïnes. Nous allons voir les femmes, à peu près seules, mener la guerre civile, gouverner, intriguer, combattre. Grande expérience pour l'humanité. Belle occasion d'observer cette translation galante de tout pouvoir d'un sexe à l'autre. Les hommes traînent derrière, menés, dirigés, en seconde ou troisième ligne. A la tête de chaque parti, je vois ces nobles amazones, les Clorindes et les Herminies.

S'il n'y a pas beaucoup de suite, si tout remue, varie, ne vous étonnez pas. Elles sont filles d'Éole et tournent volontiers au vent de la passion. Ne les blâmons pas trop. Le vrai tort est à la nature. Ces brillantes guerrières n'en sont pas moins soumises aux révolutions de Phœbé. La femme la plus héroïque est pourtant sous le poids d'une fatalité naturelle ; délicate de corps, d'imagination vive, faible souvent, et parfois lunatique.

La première héroïne, comme toujours, est madame de Chevreuse, mère complaisante, qui, fournissant sa fille au jeune prélat de Paris, plus que personne mène la Fronde. A elle l'honneur principal de cet acte hardi, l'arrestation du grand Condé.

Mais la plupart des femmes sont du parti de celui-ci. Son malheur, un roman tout fait, remue les cœurs généreux et sensibles. La gloire sous les verrous ! Le héros pris en trahison et prisonnier de qui ? De l'abbate Mazarini. Toute la dépouille des Condés distribuée aux sbires du favori, la Normandie à Harcourt, la Champagne à L'Hospital, etc. Une alliance monstrueuse entre le roi et le peuple. La reine maintient la Bastille dans les mains du fils de Broussel ; elle donne aux magistrats les hauts emplois, et, ce qui est plus fort, aux rentiers même la surveillance des rentes ! Renversement de toutes choses ! La noblesse de France ne va-t-elle pas se soulever ?

Mais rien ne bouge. Ni les clientèles militaires de Condé, ni ses nombreuses seigneuries, ni ses places, ses gouvernements, ne prennent parti. Bien loin de là, madame de Longueville, qui croit remuer la Normandie, y est repoussée partout. Elle fuit aux Pays-Bas, tourne à l'est ; elle englue Turenne, mais ni lui ni elle ne peuvent rien qu'en s'adressant aux Espagnols, pour qui madame de Bouillon travaille de son mieux à Paris. Pendant que la belle amazone perd son temps, chevauche et parade, un secours plus direct et bien plus énergique fut donné à Condé du côté où il eût espéré le moins, de sa maison de Chantilly. Il y avait laissé sa vieille mère et sa jeune femme, son fils âgé de sept ans. Mazarin hésitait à faire arrêter ces deux femmes, craignant l'opinion. La mère vint se cacher à Paris, et, un matin, apparut dans le Parlement, suppliante, versant force larmes, descendant aux prières, aux flatteries et jusqu'aux bassesses.

Mais le plus étonnant fut le courage inattendu de la femme de Condé, cette jeune nièce de Richelieu, tant méprisée, avec qui il coucha par ordre, et dont l'enfant fut fils des volontés absolues du ministre. Elle s'était confiée à un homme de capacité, l'auteur des beaux Mémoires, Lenet. Il la sauva de Chantilly avec son fils, la mena d'abord à Montrond, forte place des Condés, puis, craignant d'y être assiégé, droit à Bordeaux. Le parlement de Guienne était brouillé à mort avec le Mazarin, qui soutenait le gouverneur, cet Épernon à qui il s'obstinait d'allier sa famille. Grande fut l'émotion de la ville et du Parlement de voir cette dame de vingt-deux ans, sous les habits de deuil, cet enfant innocent, qui, porté dans les bras, les prenait par la barbe de ses petites mains, leur demandant secours pour la liberté de son père. Le cortége de la princesse n'y gâtait rien, formé de grandes dames, jeunes pour la plupart et charmantes.

L'explosion fut vive, comme toujours, dans les foules du Midi. Mais le récit même de Lenet laisse voir parfaitement le peu de fond qu'avait ce semblant de révolution populaire. Le peuple, misérable, espérait avoir par les princes des débouchés à l'étranger qui feraient mieux vendre les vins et l'aideraient à vivre. Il domina le Parlement, emporta tout par la terreur. Bouillon et la Rochefoucauld, les conseillers de la princesse, étaient d'avis de laisser mettre en pièces un envoyé du roi. Lenet craignit que cet acte, un peu vif, ne la rendît moins populaire. Deux ou trois fois le peuple faillit égorger le Parlement, dont la minorité fut tenue sous le couteau. L'Espagne promettait de l'argent, et l'on avait la simplicité de la croire. Elle donna à peine une petite aumône. Cependant Mazarin, ayant paisiblement occupé et la Normandie et la Bourgogne, les gouvernements des Condés, s'acheminait vers la Guienne avec l'armée royale. Les Bordelais se montrèrent intrépides, un peu troublés pourtant de voir que les soldats allaient vendanger à leur place. Tout se mit à la paix. La princesse ne se maintenait plus que par l'appui des va-nu-pieds, qu'elle faisait boire et danser la nuit, et qui lui hurlaient aux oreilles cent choses sales contre le Mazarin; ils les lui faisaient répéter, à elle et à son fils. Cet avilissement où elle tombait lui fit désirer la paix à elle-même, accepter la permission de sortir de la ville qu'on lui donnait, avec de vagues promesses de la liberté de Condé (3 octobre 1650).

Bien loin de les tenir, Mazarin, au contraire, éloigna ses prisonniers de Paris, les transporta au Havre. La fortune semblait travailler pour cet homme. Dans cette année où il avait tout oublié, tout négligé pour l'affaire de Bordeaux, presque perdu la Catalogne, compromis la Champagne même, délaissée, sans défense, il fut sauvé de l'invasion par un événement fortuit, l'obstination héroïque d'un certain Marois, qui arrêta quarante jours les Espagnols devant Mouzon, une mauvaise place, à peine fortifiée. Ils rentrèrent en quartier d'hiver. Mazarin eut beau jeu pour guerroyer seul à coup sûr. Maître de tout, rien ne l'arrête. Il ramasse en décembre tout ce qu'il a de force au Nord, avec son armée de Guienne. Son homme, Du Plessis, entraînant sous ses yeux cette grosse avalanche, fond sur Rethel, la prend avant que les Espagnols eussent remué. Turenne, qui était avec eux, ne venait pas à bout de leur lenteur. Ils viennent tard et mal. Mazarin veut, exige que Du Plessis attaque; il lui faut, à tout prix, rapporter à Paris une belle bataille contre les amis de Condé. Dérision de la fortune : c'est Turenne qui est battu. Mazarin a défait Turenne (15 décembre 1650)!

Ingrat de sa nature, Mazarin s'était méconnu, avait tourné le dos aux frondeurs dès qu'il eut mis ses prisonniers loin de Paris. Son succès de Bordeaux, sa victoire de Rethel, lui portèrent à la tête. Il crut décidément qu'il n'avait que faire d'eux. Qui cependant avait gardé Paris pendant sa longue absence, qui, sinon les chefs de la Fronde, sinon Retz, la Chevreuse? Ils avaient endormi et trahi la révolution, sur l'espoir du cardinalat promis par Mazarin à l'amant de mademoiselle de Chevreuse.

Une chose parut cependant, c'est qu'à ce moment même où Mazarin paraissait le plus fort, rapportait dans Paris les drapeaux espagnols, il n'y avait de force réelle que dans la Fronde, trahie, vendue, tournant au vent des intérêts de ses chefs.

En un mois, ce vainqueur, ce héros monté sur sa victoire, a perdu pied; il glisse, il enfonce, il se noie.

Le 30 janvier 1651, sur quelques mots hardis du Parlement, notre homme, se croyant très-fort, compare cette compagnie au parlement de Londres; il s'emporte devant Monsieur, parle de Cromwell et de Fairfax. La reine, violente d'elle-même et violente de servilité pour son heureux vainqueur, folle de son laurier de Rethel, met les ongles au nez de Monsieur, qui se sauve éperdu, jure qu'il ne remettra jamais les pieds « chez cette furie. »

On saisit ce moment. Retz et les amis de Condé s'étaient réconciliés. Conti devait payer la liberté que lui rendrait la Fronde en prenant une fille salie, la jeune Chevreuse, avec qui vivait le coadjuteur. La vieille Fronde de Retz et des Chevreuse adopte la nouvelle Fronde des amis de Condé, des gens d'épée, des nobles. Ce monstre des deux Frondes, associant deux choses hostiles et inassociables, naquit dans le lit de mademoiselle de Chevreuse, par les soins de sa mère, qui la livrait et faisait de sa honte le lien des partis.

Quoi qu'il en soit, le monstre hétérogène n'en éclata pas moins avec une invincible forme. Les gens d'épée, en nombre, s'assemblent. Au Parlement, sur cette injure de Cromwell et Fairfax, s'élève l'aigre cri des Enquêtes, et bientôt le tonnerre du peuple. Mazarin, sans savoir comment, se sent levé de terre, et si léger, qu'il ne tient plus à rien. Bref, le 6 février, il perd la tête, il part seul du Palais-Royal, seul, lorsqu'il pouvait sans obstacle emmener le roi. Les portes étaient ouvertes, nul obstacle. Par excès de prudence, il jugea qu'une femme, un enfant, retarderaient sa fuite, en rendraient le succès douteux.

Comme on admire toujours ce qui réussit, plusieurs sont parvenus à trouver dans cette lâcheté une politique profonde. Qui ne voyait pourtant que les portes, ouvertes le 6, pourraient être fermées le 9, le jour où il avait remis la fuite de la reine et du petit roi?

En contant cette belle histoire, on est tenté de croire qu'il n'y a plus de mâles en France, plus de virilité que sous la jupe. Il faut une femme pour dire qu'on doit fermer les portes de Paris ; c'est la jeune Chevreuse. Il faut une femme, celle de Monsieur, pour signer l'ordre ; il n'ose le faire. On s'agite, on s'éveille, on s'arme la nuit du 9 ; on pénètre au Palais-Royal. Mais une femme suffit pour finir tout et endormir le peuple. La reine, avertie, a le temps de débotter l'enfant royal, de le remettre au lit. Il dort ou fait semblant. Les innocents bourgeois admirent ce bel enfant, leur roi (déjà si bon acteur); ils retiennent leur souffle, s'en veulent d'avoir troublé ce sommeil d'innocence, et, s'écoulant sur la pointe du pied, maudissent ceux qui les ont trompés et leur font passer la nuit blanche (9 février 1651).

Mazarin courait vers le Havre, voulant devancer les frondeurs, et lui-même délivrer les princes. A quoi bon ? Ceux-ci voyaient bien qu'il agissait contraint, forcé. Ils rentrent dans Paris, et ils le trouvent charmé de les revoir. Condé sortait refait et rajeuni par son malheur, embelli du roman de sa vaillante petite femme. Les plus hardis des siens lui parlaient d'enfermer la reine et de se faire régent, roi. Mais Mazarin en fuite avait, comme les Parthes, décoché derrière lui un trait aigu qui vint passer à travers les partis, les disjoindre, les affaiblir tous.

Deux assemblées existaient à Paris, dont on pouvait tirer parti contre le Parlement. La noblesse était réunie aux Cordeliers, et le clergé aux Augustins. La première assemblée comptait huit cents messieurs des plus gros bonnets du royaume, princes, ducs, seigneurs. Les voilà qui raisonnent, qui cherchent aux vieux temps, qui se rappellent les hauts *plaids* féodaux qui gouvernaient jadis, qui se demandent comment le gouvernement est maintenant aux mains sales des gens de chicane, des procureurs crottés. Ils en viennent à cet axiome : « La loi est au-dessus du roi, au-dessus de la loi les États généraux. »

Chose admirable. Le clergé fait écho. Il adopte, sans sourciller, le principe révolutionnaire. Évidemment, la facilité des États de 1614, le peu de peine que les privilégiés avaient eue à les éluder, les enhardirent cette fois, et ils n'hésitèrent pas à prononcer le mot qui, dans un autre temps, leur eût fait dresser les cheveux.

Mort, bien mort était donc le maître (nous voulons dire le peuple, nous voulons dire la France), pour que les valets orgueilleux, les dilapidateurs de cette pauvre maison ruinée, risquassent de prononcer le nom redouté du défunt et de danser sur son tombeau !

L'effet fut excellent. Le faquin l'avait bien prévu de la frontière, quand il envoya ce mot d'ordre. Le Parlement informe sur les injures de la noblesse. La noblesse veut jeter le Parlement à l'eau (mars 1651).

La reine prisonnière se retrouve si bien maîtresse, qu'elle ne daigne consulter Monsieur, et seule change le ministère (3 avril). Qui pourra y trouver à dire? Elle prend justement pour ministres les ennemis de Mazarin, entre autres Chavigny, un ami de Condé. Elle lâche aux Condés la Guienne, tout à l'heure la Provence. Elle lâcherait le royaume pour brouiller Monsieur et Condé, briser l'unité des deux Frondes.

Condé, sorti de sa prison tel qu'il y est entré, borné, brutal, aveugle, aide à cela, bien loin d'y mettre obstacle. Il oublie que la vieille Fronde lui a seule ouvert la prison. Il ne veut plus que son frère paye la rançon convenue, qui était d'épouser la maîtresse du coadjuteur. On rompt brusquement et avec outrage avec les deux Lorraines, les Chevreuse, mère et fille. Les valets, les agents populaires du parti Condé, un savetier, Maillard, à la vue de ces deux infantes, crient dans les rues ce que Paris savait. La demoiselle s'évanouit presque. Du sang, il faut du sang, et « le sang de Bourbon n'est pas trop pour laver l'affront fait au sang de Lorraine. » Il eût fallu que le coadjuteur pût faire assassiner Condé. Il répugnait au guet-apens. Toute la réparation qu'il imagine, c'est de remplir le Parlement de gens armés à lui et de coupe-jarrets, qui, au besoin, pourraient faire un massacre. Les Condés filèrent doux. Les deux dames aux tribunes purent à leur aise triompher. Conti plia les épaules en passant devant elles. Son savetier reçut quelques coups de bâton. Retz, en contant cet exploit immortel, termine par ce grotesque mot : « L'événement pouvait être cruel, me perdre de fortune et de réputation... Je ne m'en suis pourtant pas fait reproche. Car ce sont de ces choses que la politique condamne et *que justifie la morale.* »

Ce prélat respectable était alors de nouveau recherché par la reine, qui le caressait fort dans sa jeune Chevreuse, « qu'elle baisait sur les deux joues. » Il allait la nuit au palais en cavalier et en plumet. On le rattrapait par l'espoir du chapeau, et par une idée qu'on lui croyait fort agréable, comme devant venger les Chevreuse, l'assassinat du grand Condé. La reine n'était pas moins altérée de vengeance. Condé la jetait dans le désespoir en l'attaquant sur Mazarin, révélant ses correspondances, la montrant gouvernée par lui dans ses actes et dans ses paroles, cachant ses envoyés aux greniers du Palais-Royal.

Jusque-là, Mazarin n'avait jamais paru féroce, il semblait moins violent que la reine. Cependant la persévérance avec laquelle celle-ci négocia la mort de Condé avec la Fronde, fait croire qu'il n'en repoussait pas l'idée. Elle ne faisait rien de sa tête, rien sans l'ordre du maître absolu. Ne pouvant vaincre les répugnances de Retz, elle lui envoya, pour le convertir, d'abord ceux qui s'offraient pour faire le coup, Hocquincourt et Plessis, enfin M. de Lyonne, agent direct de Mazarin, qui lui fit honte de sa timidité. Ces braves n'osaient agir, à moins que Retz n'assurât que son peuple, le peuple frondeur, les sauverait du peuple des Condés.

Au total, la manœuvre générale de la cour atteste la direction du grand maître en friponnerie, qui du Rhin menait le Palais-Royal. La reine avait d'abord tout lâché à Condé pour le perdre auprès de la Fronde; puis, tourné aux frondeurs, pour tuer ou arrêter Condé. Retz ayant refusé, on fit croire à Condé que c'était Retz qui demandait sa mort.

D'autre part, celui-ci nous explique à merveille qu'il n'était guère moins faux et guère moins hypocrite. Il était prélat populaire tout le jour et frondeur; la nuit, il était cavalier empanaché et royaliste, conseillant au Palais-Royal les mesures qui devaient le lendemain annuler tout l'effet des mensonges et du bavardage qu'il allait faire au parlement.

J'ai trop grand mal au cœur à conter tout cela. Il faut lire les Mémoires du prélat, le voir triompher de sa honte, dire comment, sous les yeux de sa Chevreuse, il disputait le pavé à Condé. Où cela, je vous prie? Au sanctuaire de la Justice même, dans la première cour du royaume et sur les fleurs de lis. Le prince, retiré à Saint-Maur et ne se sentant plus appuyé dans Paris que par des criailleurs gagés, revient pourtant avec ses gentilshommes menacer le coadjuteur. Celui-ci est en force. Il ne craint pas de pousser aux dernières épreuves la patience de Condé. Quatre mille épées sont tirées. Les amis de Condé essayent d'étouffer, d'étrangler le petit prélat entre un mur et une porte. Enfin, par un miracle, les épées rentrent au fourreau. Le galant prêtre peut retourner vainqueur à Notre-Dame et triompher chez la Chevreuse.

Condé a perdu terre. Il ne lui reste plus que la guerre civile, l'appel aux révoltes de provinces, déjà manquées et improbables, l'appel à l'Espagne impuissante, à l'Empereur, à Cromwell ou au Diable.

La Fronde ayant rendu à Mazarin le service de chasser Condé, il pouvait à son aise se moquer de la Fronde, manquer aux paroles données, bafouer Retz et le parlement, rire du public, à qui on a promis les États généraux.

Ces tours de gobelet n'étaient pas difficiles. La fatigue était excessive. La France, accablée, alourdie, ne sentait plus sa tête, n'avait plus conscience d'elle-même, et de bon cœur consentait à être trompée. Jamais escamoteur n'eut spectateurs si débonnaires.

A treize ans et un jour, le roi était majeur et capable de gouverner. Précocité miraculeuse de la dynastie des Capets! Louis XIV, né le 5 septembre 1638, a atteint ses treize ans. Il entend régner désormais. Quel besoin d'États généraux? Un bon roi, pour son peuple, est la première des libertés.

Le 8 septembre 1651, grande fête. Amples distributions de vivres. Le vin pleut sur les places, et les saucissons pleuvent; on se bat pour les ramasser. Le beau jeune roi, à cheval, ayant son petit frère à côté (un joli visage de fille), s'en va au parlement avec la reine, Monsieur, toute la cour. Il remercie la reine, la fait chef du conseil, innocente Condé (absent cependant par prudence), mais déclare Mazarin coupable et seul coupable. Lui seul a fait le mal dans la régence.

Défense au susdit Mazarin de revenir jamais dans le royaume. Le roi entend qu'il soit banni et proscrit éternellement.

Le second acte de la Fronde finit en 1651, comme le premier en 1649.

Impuissante deux fois, la cour n'a garrotté le lion à la première, ne l'a chassé à la seconde, que par le secours des frondeurs. C'est la révolution, quoique avortée au premier acte et agonisante au second, qui reste encore plus forte et plus vivace, plus prête à l'action. C'est par elle que l'enfant royal peut rentrer dans Paris, et, par ordre de Mazarin, amuser les frondeurs de la proscription de Mazarin.

Douce situation pour celui-ci, qui, d'avance, par la force du peuple, a brisé l'épée de Condé. Que lui reste-t-il, sinon de faire encore comme il a toujours fait pour ceux qui l'ont servi, de perdre Retz et d'être ingrat?

CHAPITRE XXIII

FIN DE LA FRONDE[1] — COMBAT DU FAUBOURG SAINT-ANTOINE

1651

La Fronde est réputée, non sans cause, pour une des périodes les plus amusantes de l'histoire de France, les plus divertissantes, celle où brille d'un inexprimable comique la vivacité légère et spirituelle

---

[1] Pourquoi ai-je abrégé la Fronde? Pour l'éclaircir. Jusqu'ici elle reste obscure, parce que l'histoire y est restée l'humble servante des faiseurs de mémoires et des anecdotiers. L'histoire a été éblouie de tant d'esprit, de ce feu d'artifice de bons mots, de saillies; et moi, j'en levais les épaules. Un fléau me poursuit dans cette Fronde, le vrai fléau de la France, dont elle ne peut se défaire, la race des *sots spirituels*. Dans la très-vieille France, il n'y avait que certains terroirs, surtout nos hâbleurs du Midi, qui nous fournissaient des *plaisants;* mais, depuis Henri IV et l'invasion gasconne, tout pays en abonde. Tout le royaume, dans la Fronde, se met à hâbler. Le plus triste, c'est que, de nos jours, les historiens de la Fronde, de ses héros et de ses héroïnes, admirant, copiant ce torrent de sottises bien dites et bien tournées, égayant ces gaietés ineptes de leurs légèretés assez lourdes, ont réussi à faire croire à l'Europe que la France, plus vieille de deux siècles, et moins amusante, à coup sûr, n'a pas beaucoup plus de cervelle.

du caractère national. Cent volumes de plaisanteries ! toute une littérature pour rire ! Des bibliothèques entières de facéties ! n'est-ce pas régalant ? Et on en retrouve tous les jours. En voici quelques-unes qu'un jeune savant, M. Feillet, vient de retrouver à la Bibliothèque :

« Il n'y a point de langue qui puisse dire, point de plume qui puisse exprimer, point d'oreille qui puisse entendre ce que nous avons vu (à Reims, à Châlons, Rethel, etc.). Partout la famine et la mort, les corps sans sépulture. Ceux qui restent ramassent aux champs des brins d'avoine pourrie, en font un pain de boue. Leurs visages sont noirs ; ce ne sont plus des hommes, mais des fantômes... La guerre a mis l'égalité partout ; la noblesse sur la paille n'ose mendier et meurt... On mange les lézards, des chiens morts de huit jours... »
— Ailleurs, en Picardie, on rencontre un troupeau de cinq cents enfants orphelins et de moins de sept ans.
— En Lorraine, les religieuses affamées quittent leur couvent pour mendier. Les pauvres créatures se donnent pour un morceau de pain (1651).

Nulle pitié. Une guerre exécrable, acharnée, sur les faibles. Une chasse épouvantable aux femmes. En pleine ville de Reims, une belle fille chassée par les soldats dix jours de rue en rue ; et, comme ils ne l'attrapent pas, ils la tuent à coups de fusil. Près d'Angers, à Alais, à Condom, sur toutes les routes de Lorraine, tout violé, femmes et enfants, et par des bandes entières, à mort ! Elles expirent, noyées dans leur sang.

Quoi de plus gai ? Le duc de Lorraine, ce chevalier

errant qui préféra la guerre au trône, régale les nobles dames de ces récits honnêtes ; son armée galante, dit-il, est la providence des vieilles, etc. (V. Haussonville).

Condé, sur un grand champ de mort, avait montré aussi une étrange gaieté : « Bah ! ce n'est qu'une nuit de Paris. »

Qui donne les détails de famine que l'on a vus plus haut ? Principalement les missionnaires envoyés de Paris par Vincent de Paul pour porter à ce pauvre peuple les aumônes des dames charitables. Secours minimes, en tout, six cent mille livres en six années.

En Picardie, on donne trois cents livres par mois pour dix-huit cents personnes ; donc, pour chacune, trois sous et demi par mois.

Vincent fut admirable, quelque peu qu'il ait fait. Ce qui étonne seulement, c'est qu'ayant tant de cœur, dans ces extrémités qui font tout oublier, il n'oublie pas son caractère de prêtre, et fait de la confession catholique une condition de l'aumône. A sa recette des soupes économiques que l'on distribuera aux pauvres, il ajoute qu'en distribuant on leur lira des prières en latin, des *Pater*, des *Confiteor*, des *Ave*, des *Credo*, et qu'on les leur fera « répéter et apprendre par cœur. » Mais quoi ! si cet homme affamé est luthérien, calviniste, anglican, faut-il qu'il meure ? faut-il qu'il abjure pour manger ?

Les dames continuent glorieusement leur généralat. Elles remontent à cheval, et elles donneront des quenouilles aux hommes lassés ou pacifiques, entre autres au grand Condé. L'intrigue de Paris, l'ennui du Parlement, ses duels ridicules avec le petit prêtre, tout cela l'avait rendu malade : « J'ai assez, disait-il, de la guerre des pots de chambre. » Il était réellement un sauvage officier de la guerre de Trente ans, et il se fût déprincisé pour s'en aller, comme le duc de Lorraine, avec une bonne bande de voleurs aguerris, batailler en Allemagne. Ne le pouvant, tenu, lié par sa maîtresse, madame de Châtillon, qui muselait ce dogue, il eût accepté volontiers l'offre de Mazarin, de le laisser, roi du Midi, dormir tranquillement en Guienne. Mais sa sœur ne le voulait pas. Il eût fallu que madame de Longueville sortît du roman, tombât au réel, rentrât en puissance de mari, dans l'ennui de la Normandie. Donc, quand Condé fut en campagne, sa sœur et ses amis firent entre eux un traité où ils l'abandonnaient, s'il faiblissait, et lui substituaient, comme général, son petit frère bossu, Conti, élevé pour l'Église, uniquement dévot aux beaux yeux de sa sœur.

Condé céda, et madame de Longueville emmena triomphante ses deux frères, la Rochefoucauld, enfin ses lieutenants, à la conquête du Midi.

Mais, contre son drapeau de couleur isabelle, la reine, au nord, déploie le drapeau blanc, et, favorisée par la Fronde, mène une armée au-delà de la Loire. Elle n'avait que quatre mille soldats, il est vrai aguerris, de plus le roi, la jeune et blonde image de la royauté pacifique, et du repos futur pour lequel soupirait la France. Condé vit aller en fumée tout ce que ses amis lui promettaient pour l'entraîner. Tout sur la route suivit l'enfant royal. Les recrues ne tinrent pas devant notre vieille infanterie de Rocroy qu'alors menait Harcourt. Condé n'eut un petit secours des Espagnols qu'en livrant une place près Bordeaux et se brouillant avec ce parlement. Celui de Paris n'osa refuser d'enregistrer la déclaration qui le disait traître et l'allié de l'étranger.

Ceci le 4 décembre 1651. Et, le 18, le Parlement apprend par une lettre polie de Mazarin que, pour reconnaître les obligations qu'il a au roi et à la reine, il vient les délivrer; il a levé une bonne armée de dix mille hommes et la conduit en France.

Levé? avec quoi, s'il vous plaît? Avec son argent personnel, sur la fortune d'un homme arrivé sans un sou en 1639. L'examen des registres de son banquier Cantarini venait d'établir qu'il avait volé neuf millions (quarante, tout au moins, d'aujourd'hui).

L'homme qui offrait d'assassiner Condé, Hocquincourt, avait levé et conduisait cette bande, sous la noble *écharpe verte* de Giulio Mazarino.

Le Parlement a condamné Condé le 4. Le 30, il condamne Mazarin, qui vient faire la guerre à Condé. Le Parlement veut qu'on arme les communes pour arrêter le Mazarin, mais défend de prendre l'argent nécessaire pour cet armement. Il ordonne aux troupes de marcher et prohibe les moyens de pourvoir à leur subsistance, etc.

Sous sa grande fureur (simulée? ou sincère?), un sentiment contraire va se fortifiant, le désir de la paix. Un serviteur de Monsieur ayant hasardé le simple petit mot d'*union* entre Monsieur et le Parlement, ce mot, qui rappelait la Ligue, eut un effet terrible. « La tendresse de cœur pour l'autorité royale, » la pensée de ces temps maudits, firent repousser, détester l'*union*...

Pour achever la Fronde, en étouffer le faible souffle, un pesant éteignoir tombe dessus, le chapeau rouge, qui coiffa Retz, l'anéantit. Mazarin avait cru en faire la feinte seulement pour le perdre dans le peuple. Mais le pape haïssait Mazarin. Il fit Retz cardinal, pensant le faire plus fort ; et ce fut le contraire, il le tua deux fois : dans la cour, dans le peuple (18 février 1652).

Le héros, le vainqueur de ce moment, c'est Mazarin. Il va de succès en succès, Condé de revers en revers. On se dispute en France la main de ses nièces ; ses pas victorieux sont marqués par des mariages. Les Épernon déjà sont à lui. Les Vendômes ont ambitionné de mêler le sang d'Henri IV au sang des Mancini. M. de Bouillon, pour son aîné, pour l'héritier de sa principauté, recherche une autre nièce ; ce qui donnera au Mazarin le frère de M. de Bouillon, Turenne, pour arrêter Condé. Celui-ci, perdu en Guienne, ne se voyant au nord qu'une petite armée d'Espagnols que conduisaient fort mal deux étourdis, Beaufort et Nemours, traverse toute la France et reprend son armée. Voilà Condé devant Turenne.

Condé avait trouvé une auxiliaire inattendue. Une femme encore avait pris la grande initiative. Mademoiselle de Montpensier, fille de Monsieur, mais fort indépendante de son père par sa fortune immense, était dépitée, à vingt-cinq ans, de n'être pas mariée. Elle avait le cœur haut, la grande émulation des reines célèbres, les Christine de Suède et les Henriette d'Angleterre. Elle voulait un trône, et d'abord elle s'était proposée à l'Empereur. A la rigueur, elle eût descendu à prendre l'archiduc pour régner sur les Pays-Bas. Mais son rêve favori, c'était le mot d'Anne d'Autriche sur Louis XIV, avant sa naissance et pendant la grossesse : « C'est ton petit mari. » L'enfant avait quatorze ans, elle, vingt-cinq. Et cette grosse différence allait encore augmentant ; Mademoiselle perdait de sa première fleur ; son teint rougissait trop, son grand nez devenait rosé. Donc, elle imagina, dans sa sagesse, que le meilleur moyen d'épouser le roi, c'était de le battre ; que Condé, chassant Mazarin, payerait sa vaillante alliée en la faisant asseoir sur le trône de France.

Pour mettre les choses au pis, la princesse de Condé, souvent malade, ouvrait une autre chance ; si Condé était veuf, qui épouserait le héros, sinon l'héroïne qui l'aurait soutenu? Donc, en se jetant dans la guerre, cette intelligente Clorinde pouvait y gagner deux maris.

C'est dans ses Mémoires qu'il faut lire la grotesque épopée, son intrépidité dans une occasion sans péril. Elle y montra du moins que, pour vouloir, oser et se mettre en avant, il suffit de ne rien savoir, de ne rien voir, de peu comprendre. Elle ferma les portes d'Orléans, et donna à Louis XIV, pour premier début de son règne, la mortification de reculer devant une femme, la chance d'être vaincu, peut-être enlevé par Condé, ce qui fut très-près de se faire (Laporte).

Condé eut un grand avantage, il entra à Paris. Il croyait dès lors tenir, dominer, entraîner Monsieur et le Parlement. Mais son étonnement fut grand en voyant, au Parlement, et à la Cour des Aides, où il alla, les magistrats lui reprocher en face et son traité avec l'Espagne, et l'argent de l'Espagne qu'il venait de recevoir, et son audace à se représenter devant les tribunaux qui venaient de le déclarer coupable de lèse-majesté. Il se troubla, s'emporta, mais ne put rien nier. Un simple président des Aides l'accabla, lui parlant de par la loi, de par la France, bravant la sinistre figure qui respirait le meurtre. Il fut bien clair dès lors que les magistrats sentaient derrière eux la bourgeoisie armée, qu'ils repousseraient Mazarin, mais n'adopteraient pas Condé, et que, si celui-ci mettait dans Paris sa petite armée étrangère, ce serait à force de sang.

C'est ce qui rendait si bonne et si forte la position de Mazarin. Le ministre italien semblait encore, ayant le roi de son côté, contre l'allié de l'Espagne et l'armée espagnole, représenter le vrai parti français. La question de nationalité, mise en jeu, prime toujours et domine la question de liberté. Plus d'un frondeur sincère, plutôt que d'ouvrir Paris aux drapeaux de Philippe IV, l'aurait ouvert au Mazarin.

Celui-ci était fort tranquille. Il avait sous la main Turenne, et plus loin la Ferté avec une seconde armée. Le duc de Lorraine vint un moment aider les princes, mais fut aisément renvoyé, ou par terreur ou par argent. N'ayant de bien que son armée, il hésitait beaucoup à la risquer en agissant contre Turenne. Il partit le 16 juin.

Condé, désespéré, retomba sur Paris, son unique ressource, étant sûr de périr s'il n'en venait à maîtriser la ville, à s'y loger militairement, à l'exploiter à fond par sa fausse Fronde, mi-canaille et mi-gentilshommes, faux savetiers, faux maçons qu'il jetait dans le peuple, et qui, sous cet habit, étaient de vieux soldats, nés et habitués dans le sang, et tout prêts aux plus mauvais coups.

Déjà cette terreur avait réussi contre Monsieur. Un de ces maçons de Condé tira sur lui deux coups de pistolet par-devant tout le peuple aux portes du Palais de Justice. Monsieur s'enfuit à toutes jambes. Depuis ce temps, il aima fort Condé et ne put lui rien refuser.

Monsieur dompté, il fallait dompter le Parlement. Le 25 juin, une foule immense assiége le Palais. Le peuple veut qu'on en finisse. D'abord, malentendu entre des compagnies bourgeoises, qui tirent l'une sur l'autre. Les gens de Condé en profitent. Ils nettoyent le grand escalier à coups de pistolet, tuent trente personnes, en blessent un nombre infini dans cette foule compacte. Les magistrats veulent sortir. On leur saute à la gorge. On les fait rentrer pour voter. On bat, on gourme, on traîne les conseillers plus morts que vifs. Les arrêts désormais seront rendus dans le désert, sans président ni conseillers, par quelques jeunes gens des Enquêtes.

Ce qui rend ceci plus horrible, c'est ce qu'explique fort bien Mademoiselle, la grande alliée de Condé. En frappant ce coup sur le Parlement pour l'empêcher de traiter, il voulait traiter lui-même. Il prêtait une oreille crédule aux vaines propositions dont l'amusait le Mazarin. Mais celui-ci employait ce temps; de tous côtés, il rassemblait des troupes, fortifiait Turenne. Une révélation curieuse nous montre qu'à ce moment il était occupé de l'intérieur de la petite cour, autant et plus que de Paris. Le jeune roi avait quatorze ans. On pouvait le croire assez près d'une crise de nature qui donnerait prise sur lui. Sa mère le garderait-elle? ou Mazarin s'en emparerait-il? C'était déjà la question.

Mazarin avait honteusement, indignement négligé l'enfant, et il portait la mère sur ses épaules. Il était excédé des assiduités d'une grosse femme de cinquante ans. Tendre, en réalité trop tendre, elle avait pris dans son absence assez patiemment les galanteries du facétieux Retz. Cela eût été loin si elle n'eût su qu'on en répétait tous les soirs la comédie chez les Chevreuse. Bref, Mazarin, à son retour, ne fut plus le doux, le charmant cardinal, l'ancien Mazarin, mais un rude et brusque mari, ne daignant même ménager les convenances du rang, et disant à la pauvre reine devant témoins : « Il vous sied bien, à vous, de me donner des avis ! »

Il n'avait rien fait jusque-là pour gagner le jeune roi. Il le laissait sans argent dans la poche, ne renouvelait pas même ses habits, si bien qu'à quatorze ans il avait ceux de douze, beaucoup trop courts. Il n'aimait que sa mère, était très-caressant pour elle. A vrai dire, elle achetait cela par une complaisance sans bornes, faible et molle, soumise à ses moindres caprices. On pouvait croire qu'elle le voulait garder dépendant, à force de tendresse. La grande affaire de cour tant disputée entre les dames, la question de savoir laquelle donnait la chemise au lever, avait été tranchée ; elle ne la prenait que des mains de son fils. Déjà grand, il voulait, exigeait qu'elle le baignât avec elle. Il le voulut un jour, ayant très-chaud, au risque de sa vie, et, sans le médecin, elle hasardait la chose, plutôt que de lui résister.

Déjà il recherchait les dames, se plaisait au milieu des filles de la reine. Il y avait à parier qu'il choisirait bientôt, qu'il aurait quelque favorite. Mais s'il avait un favori? C'est à quoi songea Mazarin. A la Saint-Jean (précisément la veille du massacre fait au Parlement), Mazarin invite l'enfant à dîner. On dînait vers midi. Il revint à sept heures du soir. Que se passa-t-il dans cette longue fête? On ne le sait ; mais il revint triste, dit Laporte ; il voulut se baigner, et Laporte « vit bien de quoi il étoit triste. »

Laporte sut les choses, mais non pas les personnes. L'enfant ne dénonça pas « l'auteur du fait, » celui avec qui le pervers avait cru le lier par une complicité de honte. Je ne vois près de Mazarin de jeunes gens que ses neveux. L'un fort petit, élevé aux Jésuites, dans leur collége de Clermont. L'autre, déjà hors de pages, n'avait que deux ans de plus que le roi, et pouvait être un camarade. Il était fort aimé de tout le monde pour sa douce et jolie figure, et pour un charme d'esprit et de bonté. Ces deux neveux périrent très-misérablement. Le petit, que son oncle avait mis au collége pour se populariser, fut berné par ses camarades sur une couverture, mais tomba par terre, fut tué. L'autre, cette brillante fleur d'Italie par laquelle il croyait tenir le roi, périt victime de l'impatience qu'il avait de l'avancer. Il l'exposa au combat du faubourg Saint-Antoine, l'y fit lieutenant général à dix-sept ans, et au moment il fut tué.

Pour revenir, Laporte comprit bien que, de toute façon, il était perdu, qu'il parlât ou ne parlât pas. Mais cet homme honnête et courageux, qui avait risqué sa vie pour la reine, s'immola encore, l'avertit. Il était sûr que, dans sa misérable servilité pour Mazarin, elle ne garderait pas le secret. Et, en effet, bientôt Laporte fut chassé en perdant (sans indemnité) la petite charge qui était l'unique patrimoine de sa famille.

Elle profita de l'avis toutefois. L'enfant, fort différent de son jeune frère, aimait les femmes et n'aimait qu'elles. Sa mère paraît l'avoir confié de bonne heure à la maternité galante d'une dame fort laide, madame de Beauvais, sa première femme de chambre, pas jeune et qui n'avait qu'un œil. Elle n'en fut pas moins, dit Saint-Simon, la première aventure du roi.

Voilà donc la situation à la Saint-Jean. Admirable de tous côtés. Sodome à Saint-Germain. Et au Palais, l'avant-goût du carnage qui eut lieu quelques jours après. Ici la boue, et là le sang.

Pendant qu'un prêtre, puis un chartreux, et encore une belle dame, maîtresse de Condé, négocient pour lui à la cour, Mazarin a enfin ses deux armées et peut agir. Condé va se trouver à Saint-Cloud pris entre les deux. Il entreprend de filer sous les murs et d'aller se poster au confluent de Charenton. Opération scabreuse devant un général aussi attentif que

Turenne, qui, de Montmartre, de Ménilmontant, de Charenton, pouvait à chaque pas le foudroyer. Condé remit tout à la chance, et compta sur son danger même, pensant qu'il déciderait Paris à le recevoir. Mais le contraire advint. Il frappa à toutes les portes. Aucune n'ouvrit. A la porte Saint-Denis, Turenne était là, pouvait l'écraser de boulets. Il lui tua peu d'hommes d'arrière-garde, et le laissa passer jusqu'à la porte Saint-Antoine.

Condé envoyait coup sur coup presser, prier Monsieur. Sa fille aussi priait, pleurait. Monsieur faisait le malade, et tous les gens de sa maison riaient, pensant que Condé serait tué. Cependant Monsieur, sentant bien qu'il se compromettait par son inaction, sans agir, écrivit. Il donna une lettre vague à Mademoiselle pour l'autoriser à demander à l'Hôtel de Ville les *choses nécessaires*. Avec ce mot, l'audacieuse princesse pouvait ce qu'elle voulait. Le gouverneur de Paris L'Hospital et le prévôt des marchands lui étaient fort contraires. Ils voulurent ajourner. Leur résistance ne dura pas le temps d'une messe basse qu'elle prit en passant par morceaux. La Grâce agit, surtout par les cris de la Grève, où l'on entendait nettement : « Entrons, noyons ces Mazarins. »

Donc Mademoiselle emporta ce qu'elle voulait, un secours pour Condé, et, le plus difficile, sa retraite à travers Paris. Elle avance bravement au bruit des canonnades dans la rue Saint-Antoine, rencontrant des morts, des blessés, la plupart ses amis. Elle s'émeut, mais sans se troubler.

Condé a fait des efforts surhumains, mais fait des

pertes énormes. Il trouve Mademoiselle établie dans une maison tout près de la Bastille. Elle lui offre de lui ouvrir Paris. Il refuse de reculer. « Il était dans un état pitoyable. Deux doigts de poussière sur le visage, ses cheveux mêlés, sa chemise sanglante, sa cuirasse pleine de coups, l'épée nue à la main (ayant perdu le fourreau)... Il pleurait... »

Mademoiselle, pendant qu'il retourne au combat, lui envoie des renforts, fait filer les bagages, reçoit, fait soigner les blessés. Mais tout cela ne suffisait pas. Une seule chose pouvait sauver celui-ci, c'était que la Bastille prît parti tirât de ses tours et le reçut sous son canon.

Les Broussel tenaient la Bastille. Un fils du vieux Broussel en était gouverneur. Se décida-t-il en ce jour sans l'aveu de son père, sans l'aveu des frondeurs, des Miron, Charton, Blancmesnil, de la vieille et pure Fronde ? Je ne le pense pas. La désertion du cardinal de Retz, qui s'était fait ermite à Notre-Dame depuis qu'il avait le chapeau, n'avait pas enterré avec lui le parti. Il existait disloqué, discordant. On le voit bien, malgré l'ombre fatale que jette ici la partialité des Mémoires. A croire ceux-ci, Mademoiselle a tout fait. Qui lui permit de faire? Celui qui lui baissa le pont-levis et qui la mit dans la Bastille. Et qui celui-là? C'est la Fronde.

La vieille Fronde avait à choisir entre la brutalité militaire du parti de Condé et l'infamie de Mazarin. Elle choisit, et sauva Condé.

Il était temps. Car on voyait la seconde armée royaliste qui, de la Seine, venait pour prendre en flanc

Condé, déjà trop faible contre celle de Turenne. Encore dix minutes, il était perdu.

On voyait tout cela des tours distinctement. Et le fils de Broussel fut trop heureux quand Mademoiselle lui montra l'ordre, faux ou vrai, de Monsieur pour tirer *sur l'ennemi.*

Quel ennemi?

Les canons braqués sur la ville furent tournés vers Charonne, où était le roi. Qui allait tirer sur le roi?

Ce fut un conseiller nommé Portail, donc le Parlement, qui tira.

Il n'y eut que trois volées et trois petits boulets. Mais, si la Fronde n'eût été déjà divisée et morte par l'abandon de Retz, ce n'était plus la Fronde, mais la révolution d'Angleterre. Et c'était le *Long Parlement*.

CHAPITRE XXIV

FIN DE LA FRONDE — LE TERRORISME DE CONDÉ — MASSACRE
DE L'HOTEL-DE-VILLE

1652

Au messager qui porta la nouvelle et lui montra les tours couronnées de fumée, Condé dit : « Tu me donnes la vie. » Et il faillit l'étouffer de ses embrassements.

Ce feu ne pouvait guère pourtant intervenir de près dans le combat. Il n'eût pas empêché Condé d'être écrasé aux pieds des tours. Il ne portait qu'au loin. Il était admirable pour frapper à Charonne sur le roi et sur Mazarin.

Cela même effraya. On le prit comme la voix de Paris, comme menace de la grande ville, comme signification définitive que la Fronde adoptait Condé, que la Révolution ne reculerait plus, mais se transformerait et frapperait la royauté.

Mazarin fut surpris, atterré. A toutes les portes, il avait cru avoir des gens à lui. Il était sûr d'entrer, et ne songeait qu'à amener la reine et les dames en triomphe. Il resta aplati, ne profita pas de ses forces. S'il eût permis à Turenne de droite, à la Ferté de gauche, de pousser leurs armées, de s'unir en formant un coin, ils entraient infailliblement; ils perçaient à travers Condé, perçaient jusqu'à Paris, ayant de moins en moins à craindre les boulets qui volaient par-dessus leurs têtes. Ils auraient ri sous ces canons tirés dans les nuages, et trouvé à la porte Saint-Antoine un monde de gens impatients de la leur ouvrir. Mais Mazarin perdit la tête. Turenne, je crois, garda la sienne. Pour la seconde fois, il épargna Condé. Froid, calme et prévoyant, il se soucia peu, pour faire triompher Mazarin, de marquer dans l'avenir de sa maison, celle de Bouillon, du sang d'un prince, et du carnage horrible où allaient périr pêle-mêle nombre des grands seigneurs de France.

La porte Saint-Antoine s'ouvrit, non sans peine, à Condé. Il y fallut des prières, des menaces, et l'intérêt aussi qu'excitait sa bravoure héroïque. « Voulez-vous faire périr M. le Prince? » Cela emporta tout.

Mais, à la porte Saint-Denis, on n'entra que de force et en cassant la tête à l'officier bourgeois qui commandait, d'un coup de pistolet.

L'entrée ne fut pas gaie. C'étaient des vaincus qui entraient et qui venaient chercher asile. Une armée moitié espagnole, et des faux Espagnols de Flandres Des files de bagages infinis et des blessés sans nombre, un encombrement désolant. Rien de moins rassurant, d'ailleurs, que de mettre dans une ville si riche tant d'hommes de pillage et de sang. On les logea entre Saint-Victor et Saint-Marcel, dans un faubourg muré, gardé par la Seine et la Bièvre ; on pouvait dire qu'ils étaient dans Paris et qu'ils n'y étaient pas. Mais les bourgeois ne s'aperçurent que trop du voisinage de ces troupes mal disciplinées, battues, mais impudentes et de mauvaise humeur, qui n'auraient pas mieux demandé que d'avoir sur leurs hôtes le succès qu'elles n'avaient pas eu sur l'ennemi.

Condé trouva la ville fort changée et fort partagée. La Fronde même, qui venait de le sauver, n'était nullement d'accord pour lui. Sans parler de la Fronde inerte du cardinal de Retz, caché à Notre-Dame, il y avait la Fronde orléaniste, attachée à Monsieur ; la Fronde royaliste, qui voulait le retour du roi et de la cour, et n'excluait que Mazarin. Celle-ci, c'était vraiment presque toute la ville. Peu voulaient Mazarin, et peu voulaient Condé.

Condé n'avait qu'une chance, frapper un coup sanglant, se relever par la terreur, compromettre Monsieur. Qui donna ce conseil sinistre ? Qui fit croire à Condé que cet excès d'ingratitude, de frapper qui l'avait sauvé, de punir Paris, son asile, de sa généreuse hospitalité, lui porterait bonheur ? On l'ignore. Peut-être un sot et dur soldat, de ces ignorants capitaines, bornés comme un boulet. Ou bien serait-ce l'homme de Richelieu, élevé aux choses violentes, le malencontreux Chavigny, un fils de la fatalité, né pour aller de faute en faute, de malheur en malheur, qui mourut peu après, fort pénitent, fort **janséniste** ? Il serait mort, dit-on, des reproches que lui fit Condé d'avoir traité pour lui ; mais, qui sait ? ces reproches avaient peut-être un autre sens.

Le prévôt des marchands avait convoqué à l'Hôtel de Ville une assemblée pour le 4 juillet, six magistrats et six bourgeois de chaque quartier, de plus tous les curés, redevenus, comme Retz, grands amis de la paix. Les magistrats frondeurs étaient sûrs d'y être envoyés, et l'on pouvait prédire que la majorité serait frondeuse. Mais frondeuse de quelle nuance? De celle qui voulait le *roi sans Mazarin*.

Cette Fronde-là avait sauvé Condé, mais elle ne voulait pas éterniser pour lui la guerre.

Le 3 juillet, Condé prit son parti, et chargea ses soldats de *faire peur* à cette assemblée. Il fit louer le soir chez les fripiers deux cents habits d'ouvriers dont il affubla pareil nombre de ses tueurs les plus déterminés. On loua à la Grève quelques chambres, où l'on pratiqua dans les murs des meurtrières qui répondraient juste aux fenêtres de la salle de l'Hôtel de Ville, qui étaient en face. On jeta un mot d'ordre dans la population misérable du quartier, les maçons sans ouvrage, les bateliers qui ne naviguaient plus : on dit partout la nuit qu'il fallait en finir avec les Mazarins. La chaleur était grande. Pour donner l'élan à l'affaire, on eut soin d'amener en Grève cinquante pièces de vin à défoncer.

Talon, un honnête homme et un consciencieux magistrat, affirme qu'un des amis du prince, M. de Rohan, sut la nuit cet affreux secret ; que, le 4 au matin, il pria, supplia Condé de ne point faire cette chose insensée et horrible. Elle devait lui donner un jour de force, mais le lendemain l'horreur universelle, la haine de Paris, qui s'ouvrirait au Mazarin. Pouvait-il bien, d'ailleurs, envelopper dans ce carnage les plus ardents frondeurs, les gens de son parti, du parti qui venait de lui sauver la vie en le couvrant du feu de la Bastille.

Le second de Broussel, Charton, allait se trouver là. L'aîné des barricades, Miron, celui qui, le premier, fit battre le tambour au jour où naquit la Fronde, Miron, allait aussi en aveugle à la mort. Mais, outre ces frondeurs, il y avait des gens, le conseiller Ferrand, l'échevin Fournier, qui étaient purement et simplement amis des princes et des séïdes de Condé. N'était-ce pas une chose énorme et monstrueuse de ne pas les avertir? On eût ébruité le secret, dira-t-on. Mais il était déjà communiqué à tant de gens! Rohan ne fut pas écouté. Apparemment les conseillers du prince jugèrent qu'en cette vieillesse des partis, les amis trop anciens sont tièdes, cependant exigeants, et qu'on est trop heureux de ces purgations fortuites qui expulsent un sang refroidi.

Soit que le secret transpirât, soit pressentiment vague, plusieurs hésitaient d'y aller. Un marchand de la rue Saint-Denis, fort estimé, aimé, était retenu par sa femme. Il dit : « Je suis nommé, c'est mon devoir d'aller. » Mais il se confessa et communia, pensant aller à la mort.

Les deux princes arrivèrent fort tard à l'Assemblée (Conrart dit à six heures). Condé sans doute priait, poussait, dès le matin, Monsieur, peu curieux de cette fête. Un trompette du roi arriva en même temps pour demander qu'on remît l'assemblée. Elle s'insurgea contre, et parut très-frondeuse, mais non dans l'intérêt des princes, demandant seulement « que le roi rentrât sans Mazarin. » Les princes mécontents se levèrent, descendirent.

Est-il sûr qu'ils aient dit à la foule : « Ce sont des Mazarins, faites-en ce que vous voudrez? » On l'a dit, mais j'en doute. Ce signal de mort était superflu. Condé, croyant peut-être se laver les mains de la chose en la rejetant sur un autre, avait logé le roi des Halles, le mannequin Beaufort, dans une boutique des ruelles qui vont à la Grève pour surveiller l'exécution. Chose curieuse qu'atteste Conrart, malgré les cinquante tonneaux de vin, l'affaire ne prenait pas. Quelques coups de fusil partirent bien de la Grève, tirés en haut, donc innocents. Le peuple était plutôt triste, et plus sombre que furieux. « Les plus méchants n'attaquaient point. » Qui voulut fuir d'abord échappa sans grande peine.

Mais il se trouvait là aussi des gens moins incertains, venus de chez Condé, et de ses propres domestiques. Ses soldats déguisés, qui buvaient depuis le matin avec les bateliers, ne souffrirent pas non plus que la chose avortât. Ils attaquèrent en hommes d'expérience, d'une part tirant d'en face par les trous faits exprès sur les larges fenêtres de la salle de l'Hôtel de Ville; d'autre part, attaquant d'en bas, de près et du plus grand courage les défenses improvisées que les archers de la ville avaient faites au vestibule et à l'entrée du fameux escalier. Ces archers, peu nombreux, et n'ayant guère de poudre, firent cependant une très-belle résistance, tirant quatre par quatre, et chaque fois tuant quatre soldats. Ceux-ci étaient désespérés; ils entrèrent en fureur. L'un d'eux, ayant déjà trois balles, s'acharnait de son bras mourant à arracher un pieu; il fut tué dessus à coups de hallebardes, d'épées et de poignards.

Le gouverneur de Paris, L'Hospital, le prévôt, tous les royalistes, craignaient beaucoup, mais non pas les fróndeurs. Des hommes idolâtrés du peuple, le président *J'dis ça* (Charton), le bouillant colonel et maître des comptes Miron, n'imaginèrent pas un moment qu'on voulût s'attaquer à eux. Charton se mit sur une fenêtre, cria qu'on s'arrêtât, qu'il répondait de tout; mais on tira sur lui. Il descendit, il s'offrit pour ôtage. En un moment, il fut coiffé de cinq cents coups, s'arracha à grand'peine et se cacha aux lieux d'aisance. Miron fut moins heureux encore. Il entreprit de se faire jour pour aller faire armer ses gens et délivrer l'Hôtel de Ville. « Vous périrez, lui dit-on. — Il n'importe! que je périsse en faisant mon devoir. » A peine sur la Grève, il crie : « Je suis Miron. » Il est jeté à terre par un savetier qu'il avait naguère empêché de tuer un magistrat. Un cuisinier et un petit laquais de Condé frappent dessus; il est percé de coups.

Les amis que Condé avait dans l'assemblée, fort étonnés de voir massacrer les frondeurs, se hâtent de faire un écriteau en grosses lettres, y écrivent *Union*, espérant désarmer l'émeute. Mais l'émeute était ivre de vin, de sang, n'y voyait plus. Ferrand, l'un d'eux, qui descendit, fut tué à côté de Miron.

Cependant Condé et Monsieur étaient entourés de personnes qui priaient, suppliaient, pleuraient pour qu'on envoyât au secours. Le laquais d'un des partisans dévoués de Monsieur, qui était à l'Hôtel de Ville, arriva jusqu'au prince. Il le trouva paisible qui sifflait. « Monseigneur, ils vont tuer mon maître ! » Le voyant sourd, paralytique, aveugle, il perdit tout respect, l'empoigna par le bras, croyant le faire lever... Mais toujours ce bras retombait...

Un homme cependant arrive essoufflé. « Le feu est à l'Hôtel de Ville ! » Monsieur dit à Condé : « Mon cousin, ne pourriez-vous pas aller mettre ordre à cela ? — Monseigneur, dit Condé, je ne m'y entends point. Je me sens poltron pour ces choses. — Eh bien, dit Mademoiselle, j'irai. Il faut sauver le gouverneur, et le prévôt. — J'irai avec vous, » dit Condé. Mademoiselle l'en empêcha. Elle n'alla pas jusqu'au bout. Au pont Notre-Dame, on lui dit qu'ils étaient enragés à ce point qu'ils avaient tiré sur le Saint-Sacrement qu'un curé apportait en Grève. Ses gens la supplièrent de ne pas avancer.

Le feu n'avait pas pris. Il n'y eut qu'une grande fumée dont les enfermés étouffaient. D'autre part, un curé parvint jusqu'à Beaufort, et lui fit honte de ce mélange horrible où il confondait ses amis. Il avança alors, sauva quelques personnes. Mais ce qui fut plus efficace, c'est que, les soldats furieux de Condé ayant été tués ou blessés en grand nombre, il ne restait guère sur la Grève que de la canaille. Ces meurt-de-faim, fort peu passionnés, imaginèrent qu'il y avait là une grosse affaire pour eux à dépouiller les richards qui seraient trop heureux de n'être que volés. Ils montèrent, trente d'abord d'un même flot. Et ils trouvèrent l'affaire encore meilleure. Ces gens, qui n'attendaient que la mort, non-seulement se laissèrent voler très-volontiers, mais leur proposèrent des traités, deux cents francs, trois cents francs, pour être ramenés chez eux. Ce commerce honteux, misérable, des vies humaines, qui s'était fait à la Saint-Barthélemy, se revit dans Paris. Les défenseurs payés se croyaient si autorisés d'en haut, qu'ils ne faisaient difficulté de dire leurs noms, leurs métiers, leur adresse, et venaient froidement toucher le lendemain le prix convenu de la veille.

Mademoiselle, qui, dans tout cela, montre un cœur de princesse, et point du tout de femme, donne la belle excuse qu'elle fit chercher un trompette pour l'envoyer devant et obtenir passage, mais qu'il ne s'en trouva pas dans tout Paris. Elle était revenue au Luxembourg. Son père, après avoir eu peur d'agir, commençait à avoir peur de n'agir pas. Il l'obligea de retourner. Il était minuit, et tout fini. Elle ne rencontra guère de vivants, mais des morts empilés dans une charrette, et si négligemment jetés, que les jambes et les bras roidis passaient d'ici et de là. « Je ne fis que changer de portière, dit-elle, de crainte que les pieds ou les mains ne me donnassent par le nez. » La nuit était très-belle, fort chaude. Cette fille sensible rit fort en rencontrant des marchandes en chemise qui causaient sur la porte avec leurs bons amis en costume plus simple encore. La Grève était moins gaie. « Je ne vis jamais, dit-elle, un lieu plus solitaire. » Beaufort la fit passer sur les poutres fumantes. Elle trouva dans un cabinet le prévôt, et le sauva d'un danger qui n'existait plus.

Il était presque jour. Paris se reconnaissait. On commençait partout à raconter la chose. Et tout retombait sur Condé. « Il y eut un mouvement d'horreur, » dit Joly. — Et Mademoiselle elle-même : « Ce fut le coup de massue pour le parti. » Et le prudent Omer Talon ne fait pas difficulté de dire : « Le coup le plus barbare, le plus sauvage qui se soit fait depuis l'origine de la monarchie [1]. »

Condé fit l'expérience du changement terrible qui s'était fait pour lui. Son partisan, le conseiller Leboult, vint trouver les deux princes à la tête de plusieurs des victimes échappées, et, quand ils le pressèrent d'articuler qui l'on croyait coupable, il dit fer-

---

[1] J'adopte ce mot de Talon. Il est incontestable. Le massacre de la Saint-Barthélemy s'explique (sans se justifier) par un horrible accès de fanatisme, celui de septembre 93 par la panique de l'invasion et la furie de la peur. Mais celui du 4 juillet 1652 n'est évidemment qu'un acte de scélératesse et de calcul. — Peu importe qu'il y ait eu peu ou beaucoup de morts. Il n'y eut que trente morts considérables, et cent en tout, à ce qu'il paraît, du côté des assiégés. Les assaillants perdirent bien plus de monde par la résistance héroïque des archers de la Ville. — Condé négociait, et c'était pour aider aux négociations, et améliorer son traité en se faisant croire maître de Paris, qu'il organisa le massacre. — Mademoiselle elle-même ne dit pas non, — Talon et Conrart affirment positivement. Leur récit est confirmé par celui des *Registres de l'Hôtel de Ville*, t. III, p. 51-73. Le procureur du roi, Germain Piètre, veut qu'on le rappelle dans Paris. L'assemblée murmure au départ des princes, leurs partisans disent dans la foule qu'il n'y a rien à espérer de l'assemblée, et déchaînent la Grève contre l'Hôtel de Ville, etc.

mement : « Vous. » A quoi Condé ne dit rien autre chose, sinon « que personne ne dirait cela qu'il ne le fît périr. »

Un autre de ses partisans, le conseiller Croissy, se déclara hardiment contre lui quand il voulut faire recevoir son ami Rohan duc et pair. Condé en vint à bout par la menace, et, comme il raillait Croissy en sortant et disait qu'après tout il n'agissait que pour chasser les Mazarins, Croissy, en levant les épaules, lui dit : « Je voudrais que personne n'eût pas plus d'intelligence que moi avec lui. » Mot sanglant qui notait cette duplicité exécrable : un massacre opéré pour traiter plus facilement, et la Fronde égorgée pour pouvoir mieux trahir la Fronde.

L'indignation, l'horreur de son propre parti, l'obligèrent de donner quelque satisfaction à l'opinion. Il fit dire aux églises qu'on révélât ce qu'on saurait des auteurs du massacre. Ils n'étaient pas difficiles à trouver.

On prit tout d'abord le petit laquais et le cuisinier de Condé. On les avait vus frapper Miron à terre. Le rapporteur de l'affaire trouve un matin écrit sur sa porte : « Si vous les faites mourir, vous êtes mort ! »

Mais, en les défendant, Condé se fut séparé de la Fronde. L'assemblée, chargée de nommer un nouveau prévôt, nomma Broussel à l'unanimité, et l'une des victimes échappées du 4, Charton, brouillé avec les princes et désormais leur ennemi, eut presque autant de voix que Broussel. Celui-ci, octogénaire, maladif et de plus en plus, était incapable d'agir. Sa fermeté, sa probité connue, portent à croire cependant qu'il n'accepta qu'autant que l'on ferait justice. Les deux meurtriers furent pendus.

La désertion avait réduit Condé de cinq mille hommes à deux mille cinq cents. Et il n'osa plus même les tenir campés à Saint-Victor, où les bourgeois, pillés et irrités, eussent fini par les assommer. Les bouchers et nombre d'hommes pareils, pour garantir Retz, disaient-ils, avaient fait du cloître Notre-Dame une place d'armes. Les tours étaient pleines de poudres, de balles et de grenades. La terreur, lancée par Condé, lui revint à lui-même. Il offrit aux bourgeois de faire pendre ceux qu'ils voudraient, et finalement éloigna ses soldats et les mit hors Paris en jurant qu'ils ne prendraient pas un épi de blé.

Cependant le massacre avait eu son effet. Les négociations furent [plus faciles. Mazarin se prit platement à croire que Condé était fort, qu'il était maître de la ville, et, comme le prétexte unique et dernier de la résistance était sa présence à la cour, il fit encore la comédie de se retirer pour un temps.

Condé semblait fou de fureur, de dégoût de lui-même. Pendant que la grande folle Mademoiselle essaye de le soutenir d'argent, il se rue dans l'orgie avec une comédienne, si bien qu'il en tombe malade. On croit relire l'histoire de Charles IX, qui se tue sur Marie Touchet,

Il put s'apercevoir que le respect était perdu. Rieux, un de ses partisans, lui résistant en face, il lui donne un soufflet, reclaqué sur-le-champ à la joue de Condé. On les prit tous les deux au corps, ce qui n'empêcha pas qu'ils ne pussent encore échanger les gourmades.

Tout le monde, sous ses yeux, avait quitté la *paille*, signe de son parti, pour mettre au chapeau le *papier*, le signe royaliste. Paris et lui étaient las l'un de l'autre. Les Espagnols avaient payé le duc de Lorraine pour venir le secourir. Il partit de bon cœur pour aller le rejoindre. Il enviait la vie errante de ce massacreur mercenaire, joyeux, plaisant dans les horreurs d'une guerre anthropophage.

Voilà Condé et Mazarin partis. Et Condé est perdu. Mazarin même, quoique tenant le roi il tienne tout, aurait peine à se relever (comme on verra) sans l'épée de Turenne.

Que reste-t-il de la Fronde? Rien matériellement qu'une prodigieuse misère. Et moralement? Pis encore : le dégoût de l'action, l'horreur d'agir jamais.

Est-ce tout? Oui, pour le présent. Pour l'avenir et pour l'effet lointain, une chose reste : *une langue*, un esprit.

Si l'on nous passe une comparaison un peu trop familière, et basse, si l'on veut, mais nette, et qui explique tout, la France avait eu jusque-là comme ce frein charnu de la langue qu'on coupe quelquefois aux enfants pour leur donner la liberté d'organe. La Fronde nous coupa le filet.

On put croire que la France allait être lancée cent ans plus tôt dans une audace extraordinaire d'esprit. Mazarino et son baragouinage avaient déchaîné la verve comique, et le burlesque même. L'idolâtrie royale fut atteinte un moment, et ce fut un fou rire d'avoir vu les visages sous les masques, surpris les dieux dans la bassesse humaine, l'Olympe sur la chaise percée. On ne s'arrêta pas au mari de la reine. La reine elle-même, « la bonne Suissesse, » comme dit Retz, que le peuple appelait sans façon *Madame Anne*, elle fut chansonnée, et, bien plus, racontée. Le *Rideau du lit de la reine*, c'est le titre d'un de ces pamphlets. Mais voici le plus fort, Richelieu sort de son tombeau. Son petit journal (d'une authenticité terrible, signé de la griffe du lion) dit au nom de l'histoire la comédie intime, bien plus forte et bien plus comique que n'auraient pu l'imaginer le faible Marigny et le bonhomme Scarron.

L'autel n'impose pas beaucoup plus que le trône. Les *esprits forts*, brûlés naguère, sont en faveur dans la Fronde, hors la Fronde. Ils se prélassent au Louvre. L'intime ami du cardinal de Retz, le joyeux Brissac, qui, la nuit, court les rues avec ses amis, las de battre le guet, trouve plus amusant de battre Dieu. Voyant le Crucifix, il y court l'épée haute, en criant : « Voilà l'ennemi! »

Le favori de Richelieu, Beautru l'athée, n'en est pas moins toujours chez la dévote reine, comme un animal domestique, chien ou chat favori. Ses bons mots sont célèbres. Un jour, à la procession, il ôte son chapeau devant le Crucifix. « Quoi! dit-on, vous, Beautru? — Oh! dit-il, nous nous saluons, mais nous ne nous parlons pas. »

Est-ce Vanini qui ressuscite! ou bien est-ce déjà Diderot? Rien de tel? Les grandes révoltes sont ajournées. La petite affaire janséniste va absorber les plus hardis.

Tant d'agitations inutiles ont excédé l'esprit public,

C'en est fait de la comédie pour quelque temps. On souffle les chandelles, et la farce est jouée. L'auditoire est heureux d'être mis à la porte. Il bâille et va se mettre au lit. Les bouffons de la pièce, pamphlétaires, satiriques, rieurs gagés, n'y gagnant plus leur vie, tournent bientôt au madrigal, plus lucratif, soupirent à tant par vers, et riment pour les ballets du roi.

Ce roi jeune et galant, qui danse le *Zéphyr*, qui à lui seul joue les *Jeux et les ris*, qui tout à l'heure sera Phébus, ou le Soleil (soleil d'amour des Mancini, des La Mothe et des La Vallière), voilà l'idole de la paix, le culte nouveau de la France. Si elle est vraiment amoureuse, elle est femme, et ne rira plus.

Qui trouvera-t-on qui rie encore? qui garde l'esprit de la Fronde? Un seul homme peut-être. Dans un triste hôtel du Marais, non loin de Marion Delorme et de la jeune Ninon, l'Homère grotesque, le Virgile cul-de-jatte, Scarron, fait le *Roman comique*. Rieur obstiné, intrépide, il rit sur son grabat, sur ses propres ruines, sur les ruines du monde. Il se divertit à conter la vie aventureuse d'une société de carnaval, aussi morale, aussi rangée que l'administration de Mazarin et de Fouquet. Peinture divertissante et basse. Mais plus basse, de beaucoup, est la réalité de ce temps-là, lorsque Ragotin trône au Louvre.

La meilleure farce, au reste, de Scarron, c'est celle qu'il a faite sans en deviner la portée. Je parle de son mariage. La jeune Aubigné, qu'il nourrit, qu'il élève (jolie petite prude qu'il prend, ma foi, pour lui), comme il rirait s'il prévoyait qu'il la prépare pour le grand roi! Tant pis pour celui-ci, qui n'y pense que trente ans trop tard. Scarron doit passer avant lui.

Que fût-il devenu, le pauvre homme, si d'avance il eût lu les deux inscriptions qu'on voit aux voûtes de la chapelle de Versailles, et qui disent si bien les deux religions de l'époque : le *roi* le dieu du peuple, et *madame Scarron* dieu du roi!

Intrabit in templum suum dominator. Le roi entrera dans son temple.

Rex concupiscet decorem tuum. Ta beauté remplira le roi de désir et de concupiscence.

Voilà pourquoi la foule, en ces derniers temps de Louis XIV, s'obstinait, dit Racine, à demander et faire jouer les farces de Scarron. On l'évoquait pour voir cette vengeance de la Fronde. Scarron ne revint pas. Il eût trop ri. Il eût eu l'aventure de l'Arétin, qui, dans un tel accès, tomba à la renverse et se cassa la tête. Il fût mort une seconde fois.

CHAPITRE XXV

TURENNE RELÈVE MAZARIN. — RÈGNE DE MAZARIN

1652-1657

Les Mémoires véridiques du modeste Turenne et ceux de son jeune lieutenant York (depuis Jacques II) nous apprennent que, sans la fermeté de ce grand militaire, la cour et Mazarin lâchaient pied, cédaient tout. N'étant reçus ni à Paris, ni à Rouen, *ni dans aucune ville de France*, sans lui, ils fuyaient jusqu'à Lyon.

C'est-à-dire que Paris, que la France, qui vomissait Condé, ne voulait pas pour cela ravaler Mazarin. Excessif était le dégoût, et la nausée mortelle. Pour qu'on subît cette odieuse médecine, il fallut un peu d'aide. Il fallut la douce contrainte d'une exécution militaire par trois armées (de Turenne, de Condé et des Lorrains), qui fit de la banlieue, à dix lieues à la ronde, un désert comparable à ceux de Picardie et de Lorraine.

Turenne, qui s'efface partout ailleurs, dit ici nettement (et je le crois) qu'il eut les grandes initiatives du temps :

1° Il arrêta la cour, effrayée de l'entrée des Espagnols qui venaient secourir Condé; *il l'empêcha de fuir* (juillet 1652).

2° Mazarin, s'éloignant encore pour apaiser et faire céder les résistances de Paris (août), Turenne prit toute précaution pour que cet éloignement ne fût pas définitif et *pour assurer son retour*.

3° Il inquiéta les Espagnols, qui n'allèrent pas plus loin que Laon. Il prit une bonne position à Villeneuve-Saint-Georges, et y *tint un mois en échec Condé et les Lorrains* (septembre).

4° Enfin, il donna à la cour, à la reine et au jeune roi le courage de *rentrer dans Paris*, qu'ils redoutaient toujours. A ce point qu'arrivés aux portes, et sachant que Monsieur y était encore, la peur qu'ils eurent de ce peureux leur eût fait rebrousser chemin si Turenne n'avait insisté, se mettant au même carrosse, et les couvrant de la présence du redoutable général qui venait de primer Condé (21 octobre).

La chose réussit. Le peuple applaudit fort le roi. Déjà le clergé de Paris, Retz en tête, les corps de métier, l'avaient prié de revenir. Le 22, le Parlement est mandé au Louvre, dans une salle pleine de soldats et sous l'œil de Turenne. Là, ce beau jeune roi, qui la veille avait été si près de rebrousser chemin, fait lire aux magistrats, vaincus sans combat, la défense de se mêler d'aucune affaire publique, ni spécialement de ses finances, ni entreprendre contre ceux à qui il confie l'administration. C'est la proclamation solennelle et définitive de la monarchie absolue, du grand règne, et de l'âge d'or, qui, parti de la banqueroute, aboutit en un demi-siècle à la sublime banqueroute des trois milliards qui rasa le pays.

Le cardinal de Retz, qui, dès septembre, a reçu le chapeau, est accueilli, caressé et choyé. La reine lui déclare que lui seul a mis le roi dans Paris (éloge vrai, il divisa la Fronde). Et lui seul aussi est frappé. Le 18 décembre, on le met à Vincennes. Alors Mazarin, rassuré, hasarde de rentrer à Paris (février 1653).

Ce qui rend dans tout cela l'initiative de Turenne bien étonnante, c'est que, *seul* à la cour, il s'obstina pour Mazarin. La reine était entourée de gens lassés et excédés de lui. Elle avait sous la main un homme digne et capable, Châteauneuf, qui l'eût remplacé. L'aimait-elle encore véritablement? Elle venait de sentir son ingratitude, sa perversité (dans la tentative de lui enlever le jeune roi par le goût des plaisirs honteux). Dès son premier voyage, elle avait paru vacillante. Combien plus au second! Par quoi la tenait-il? Très-probablement par le mariage. Mangeuse et fort sanguine, sensuelle et dévote, le tempérament, les scrupules, la ramenaient à cet homme méprisé, odieux, dont elle avait besoin. Elle le dit nettement dans une lettre, comme les femmes n'en écrivent guère (V. Ravenel, Walckenaër, *Sévigné*, et Cousin, *Haute-*

fort). Elle y avoue « qu'elle n'en peut plus... Et il sait bien de quoi. »

Turenne, très-bon observateur, vit cela, et conclut que, de toute façon, Mazarin finirait par revenir. Il craignit de compliquer la résistance militaire par une révolution de cour.

Cela semblait d'un esprit positif, d'une politique prudente, basse, il est vrai, mais sûre. Si ce coquin était indispensable, si le salut, la paix étaient en lui, il fallait bien le prendre. Mais on eût pu cependant objecter que Turenne, en portant si haut le drapeau de Mazarin, en voulant même, à son départ, *qu'on déclarât qu'il reviendrait*, se créait, par la force de ce nom détesté, une difficulté très-réelle et au roi un obstacle. Il n'y parut pas dans le Nord, mais beaucoup dans le Centre, et encore plus dans le Midi. Tandis qu'on avait si peu de forces devant l'invasion espagnole, il fallut employer des troupes en Bourbonnais, et bien plus en Guienne, où la résistance contre Mazarin dura un an encore. Pourquoi? Il s'obstinait, dans ce grand péril de la France, à faire recevoir à Bordeaux le fils du duc d'Épernon, plus détesté que Mazarin même, mais qui devait épouser sa nièce!

Hors de la guerre, Turenne était un très-pauvre homme, tout à fait terre à terre, et, s'il ne fit jamais de mauvaise manœuvre, il fit bien des fausses démarches.

A lire ce qui précède, on le croirait un Machiavel, un égoïste et hardi courtisan, qui eût calculé que, cadet et pauvre, simple vicomte de Turenne, il arriverait plutôt au commandement général des armées en se donnant pour maître un étranger isolé, méprisé. Mais ce n'est pas cela. Ses vrais motifs furent autres, tout militaires. Pour les comprendre, il faut connaître les hommes de la guerre de Trente ans.

Turenne et sa petite armée étaient une même personne, presque autant que l'armée de Lorraine et son duc, l'aventurier célèbre. Chacun des avis de Turenne et de ses conseils à la cour fut absolument relatif à la position et au salut de cette armée. Quand il empêcha, en juillet, la cour de fuir à Lyon, on allait l'affaiblir encore, lui prendre une escorte de deux mille hommes; et cette armée, ainsi mutilée, frappée moralement par l'abandon du roi, eût bientôt cessé d'exister. Quand il exigea, en octobre, que le roi hasardât de rentrer à Paris, ce fut, dit-il, parce que, sans cela, il n'y eût eu pour l'armée « ni argent ni quartier d'hiver. Les officiers quittoient déjà tous les jours, faute de subsistances. »

Comprenons bien ce que c'est que Turenne.

Les très-bons portraits qu'on en a donnent une tête assez forte, médiocre, bourgeoise, où personne ne devinerait le descendant des Turenne du Midi, ni le frère de M. de Bouillon. C'est un terne visage hollandais (il l'était de mère et d'éducation), qui tournerait au bonasse s'il n'avait la bouche fort arrêtée, réservée, mais très-ferme.

Cet homme de si grande résolution était hésitant de parole, trivial, ennuyeux, filandreux. L'état d'infériorité où il fut longtemps, comme cadet et bas officier dans les armées de la Hollande, resta en lui toute sa vie. Il était fort modeste, fort serré, non avare, mais extrêmement économe. Ses lettres de jeunesse le disent assez. Il y parle et reparle de son habit *qui passe.* Lui-même il était né râpé.

Son flegme était extraordinaire, et rien, pas même la plus brusque surprise, ne l'en faisait sortir. Tout le monde sait l'anecdote suivante, qui, du reste, lui fait honneur. Il se levait de fort bonne heure. Un matin qu'il prenait l'air à la fenêtre, un de ses gens, voyant un homme accoudé là en bonnet de coton, le prend pour son camarade, et lui applique amicalement un énorme soufflet au bas du dos. L'homme se retourne, et c'est Turenne. « Monseigneur, s'écrie le frappeur à genoux, j'ai cru que c'était *Georges*... — Mais, quand c'eût été *Georges*, dit Turenne en se frottant, il ne faut pas frapper si fort. »

L'homme était excusable. Et tout le monde croira voir *Georges* si vous mettez à ses portraits un bonnet de coton.

En ce temps d'emphase espagnole et de héros à la Corneille, la prose apparut dans Turenne. On vit que la guerre était chose logique, mathématique et de raison, qu'elle ne demandait pas grande chaleur, tout au contraire, un froid bon sens, de la fermeté, de la patience, beaucoup de cet instinct spécial du chasseur et du chien de chasse, parfaitement conciliable avec la médiocrité de caractère.

Les Mémoires de Turenne n'indiquent pas qu'il ait jamais eu une émotion, jamais aimé, jamais haï. On dira que ce sont des Mémoires militaires, et qu'il n'a voulu qu'expliquer ses opérations. Cependant il est surprenant de voir que même les maîtres de son art, le grand Gustave, l'habile et savant général Merci (son vrai maître en réalité), n'obtiennent à leur mort, d'un écrivain si prolixe, pas un mot de sympathie. Une ligne pour Gustave dans une lettre, une pour Merci dans les Mémoires, et voilà tout. Cependant, à Nordlingen, si Merci n'eût été tué, Turenne n'eût pas sauvé Condé, et la bataille était perdue.

Il est bien entendu que les effroyables événements qu'il traverse, l'état du peuple que son armée dévore, lui sont parfaitement indifférents. Il y a de temps en temps une ligne funèbre, mais rien de plus. « Pas un paysan dans les villages » (d'Alsace, p. 363). — « On passe cent villages sans rencontrer un homme » (en Palatinat, p. 342). — « Dans ce pays (de Moselle), il n'y a pas de quoi nourrir quatre hommes » (p. 399).

Quant aux environs de Paris, on sait, mais non par lui, dans quel état ils se trouvaient, pillés et repillés, ravagés, affamés, outragés par les trois armées, puis empestés des cadavres innombrables d'hommes et de chevaux. Les belles dames de Paris s'en vont, en se bouchant le nez, à travers les charognes, faire collation dans ces armées, et Turenne fait taire le canon quand Mademoiselle va visiter Condé. Mais ces galanteries ne diminuent point l'horreur de la guerre. « Depuis cinq ans, ni moisson ni vendange (V. Feillet). Nous rencontrons des hommes si faibles, qu'ils rampent comme des lézards sur les fumiers. Ils s'y enfouissent la nuit comme des bêtes, et s'exposent le jour au soleil, déjà remplis et pénétrés de vers. On en trouve gisant pêle-mêle avec leurs morts, dont ils n'ont pas la force de s'éloigner. Ce que nous n'oserions dire, si nous ne l'avions vu, ils se mangent les bras et les mains, et meurent dans le désespoir[1]. »

Le duc de Lorraine, en ces choses, était admirable. Il disait que son armée ne pouvait manquer de vivres, parce qu'au besoin elle mangeait les morts ou les blessés. Il était bon et indulgent pour les jeux du soldat. Un de ces jeux, à Lagny, c'est de rôtir un enfant au four ; ailleurs, de voir lequel du mari ou de la femme, tous deux fouettés d'épines à mort, mourra le premier dans son sang. Cette armée était gaie, comme son chef, et facétieuse. On s'y amusait fort. Une des raisons décisives qui firent quitter Paris à Condé, nous assurent les plus graves témoins, c'est qu'il s'amusait beaucoup plus dans cette vie d'agréable aventure.

Turenne n'aimait pas les gaietés excessives, non par souci du peuple, mais parce qu'elles ensauvagent le soldat et le rendent indisciplinable. Il aimait les hommes rangés, laborieux, patients, à son image, et il les faisait tels pour l'intérêt du service. Aux batailles et aux campements, il ne se fiait pas aux bas officiers, comme les Espagnols, ni dans les siéges aux ingénieurs, comme les Hollandais. Il allait le matin à

---

[1] M. Feillet a donné dans la *Revue de Paris* (15 août 1856) un très-précieux extrait de l'*Histoire du paupérisme* qu'il prépare. Cet extrait résume les enquêtes et rapports, manuscrits ou imprimés, que firent sur l'effroyable état de la France, pendant la Fronde, *et jusqu'à la mort de Mazarin*, les envoyés de Vincent de Paul et autres personnes charitables. — Rien de plus douloureux. On peut juger, par cette lecture, si M. de Saint-Aulaire est excusable d'appeler les plaintes de ce temps de vaines déclamations!

la tranchée; il y allait le soir, et il y retournait pour la troisième fois après souper. Lui-même, il instruisait sans cesse les capitaines de ce qu'il y avait à faire. C'était un maître autant qu'un général. Il les formait soigneusement, ne les traitait nullement comme des machines. Parfois même, cet homme serré, économe, pour s'assurer d'un officier qui pouvait être utile, allait jusqu'à ouvrir sa bourse personnelle et le remontait de son argent.

Il connaissait parfaitement l'ennemi, et devinait heure par heure ce qu'il faisait ou voulait faire. Il comprit, en juillet 1652, quand, avec sept mille hommes, il marcha contre trente mille, que les Espagnols ne voulaient pas sérieusement l'invasion, qu'ils ne voulaient pas faire Condé roi de France, qu'ils ne s'amuseraient pas à conquérir ici pour rendre bientôt, et qu'ils tenaient bien plus à reprendre leurs places de Flandre. Il savait qu'au moment où ils faisaient Condé leur général, ils s'en défiaient, et que l'assurance même de Turenne à marcher si faible contre eux augmenterait leurs soupçons. Ce qui pouvait y ajouter, c'est que tous deux entretenaient (par pur amour de l'art) une correspondance. Turenne n'avait pas un succès que respectueusement il ne fît juge son ancien général des soins qu'il prenait pour le battre.

Si Condé méritait d'être puni pour avoir passé aux Espagnols, il le fut à coup sûr. Ils le firent général, mais en le liant, l'entravant. Des lieutenants comme un gouverneur des Pays-Bas, ou un duc de Lorraine, ne pouvaient obéir. Et d'ailleurs, la vieille tactique espagnole des temps de Charles-Quint, leur méthode des campements romains, retranchés chaque soir, mettait obstacle à tout. La hiérarchie était inflexible, l'étiquette immuable, à l'armée tout comme à Madrid. Un jour que Turenne observait leur camp de très-près, ses lieutenants s'étonnèrent de voir un homme si sage se hasarder ainsi. Il répondit : « Soyez tranquille. Le commandant de ce quartier, Fernand de Solis, n'entreprendra rien de son chef. Il enverra demander permission au général Fuensaldgne, lequel ne fera rien sans en avertir l'Archiduc. Mais l'Archiduc a tant d'égards pour le prince de Condé, qu'il le fera prier de décider avec lui en conseil de guerre sur ce qu'on pourrait faire. Donc, nous avons le temps d'observer. Nous ne risquons rien, sauf peut-être un coup de canon. »

Ce fut encore bien pis quand Don Juan d'Autriche, le fils du roi d'Espagne, vint succéder à l'Archiduc. A chaque campement, en arrivant, il se mettait au lit. L'occasion la plus favorable de livrer bataille fut perdue une fois, parce qu'on n'osa pas l'éveiller.

Turenne crut qu'en combattant des gens si sages on pouvait être hardi. En 1653-1654, n'ayant encore que des moyens très-faibles, il prit les places de Champagne que possédait Condé, et qui étaient le vrai chemin de l'invasion, comme il l'explique. Puis, lorsque Condé, fortifié de deux armées, espagnole et lorraine, essaya par la Picardie ce qu'il ne pouvait plus par la Champagne, Turenne audacieusement (et seul de son avis) ne couvrit point Paris. Il passa derrière l'ennemi, et se mit entre lui et les Pays-Bas. Cependant, à Péronne, Condé crut pouvoir l'accabler.

Mais le général espagnol, qui avait peut-être défense de livrer bataille, exigea un conseil de guerrre. Or, pendant le conseil, Turenne, qui avançait toujours, était déjà en sûreté.

Ses misères n'étaient pas finies. Dans les années qui suivent, il opéra avec des armées bien plus fortes. Mais son indigne maître, Mazarin, comprit si peu le signalé bonheur qu'il avait eu d'être sauvé par un tel homme, qu'il lui donna toujours pour égaux dans le commandement le médiocre La Ferté, qui arrivait toujours trop tard, s'étonnait, s'embrouillait. Bien plus, le brutal Hocquincourt, un soldat inepte et perfide, dont le mérite unique était d'avoir offert d'assassiner Condé et d'avoir ramené Mazarin[1].

On voit très-bien, dans les récits, quoique modestes et fort doux de Turenne, jamais accusateur, combien ces généraux de Mazarin lui furent embarrassants et dangereux. En 1654, la grande armée des Espagnols voulant reprendre Arras, Turenne exigea, décida qu'on forcerait leurs lignes. La Ferté, Hocquincourt, ne s'en souciaient pas, et croyaient la chose impos-

[1] Turenne le dit, dans ses Mémoires, d'une manière indirecte, avec beaucoup de douceur et de finesse. « M. de Turenne *pria* M. de la Ferté... *pria* M. Hocquincourt. » etc. Il constate ainsi qu'il ne pouvait leur *commander*, et par conséquent qu'il n'est pas responsable de leurs lenteurs, de leurs revers. — Nos *Archives générales* possèdent plusieurs autographes de Turenne (ancienne section M), et plusieurs pièces fort intéressantes pour l'histoire de son frère, le duc de Bouillon, spécialement des lettres éloquentes et touchantes de sa mère, fille de Guillaume le Taciturne. Dans l'une, elle le prie de ne pas se perdre par ses intrigues. Dans plusieurs autres, elle rampe aux pieds de Richelieu pour sauver la tête de son fils. — *Archives*, K, carton 123, n° 29.

TURENNE RELÈVE MAZARIN.   359

sible. Ils s'y prirent de manière qu'elle le devint presque en effet. L'attaque générale devait se faire la nuit; ils n'arrivèrent qu'au jour. Mais déjà Turenne seul avait forcé les lignes et défait l'ennemi.

Cela ne décourage pas Mazarin. Il maintient La Ferté pour commander avec Turenne. Il en résulte à Valenciennes (1656), qu'ils assiégeaient, le plus terrible événement. Les Espagnols, ayant rompu les écluses des marais voisins, attaquent, à la faveur de cette inondation, le corps de la Ferté, ne rencontrent nulle garde avancée, prennent le général, tous les officiers, tuent quatre mille hommes. Tout cela en un quart d'heure. Jamais le sang-froid de Turenne ne parut davantage. Lui seul, il n'eut pas peur, n'éprouva aucun trouble, retira son canon, et s'en alla au petit pas. L'armée croyait rentrer en France, et déjà le bagage en avait pris la route. Mais Turenne le fit arrêter, resta en pays ennemi, campa près du Quesnoy. Les ennemis, ayant eu du renfort, semblaient devoir venir à lui. Les nôtres étaient d'avis de ne pas les attendre. Turenne ne bougea, attendit. Les Espagnols respectèrent son repos.

Notons un fait piquant. Dans une occasion (Mém. d'Yorck, p. 589), Turenne a peur, Mazarin n'a pas peur.

Les prêtres et les femmes ne craignent rien. Il s'agissait de passer une rivière sous le feu de l'ennemi; mais devant la rivière il y avait encore des marais et des retranchements, des fossés, et l'on n'arrivait au passage que par une étroite chaussée. Mazarin soutenait que, le roi étant là en personne, on devait braver tout, passer. Turenne objecta qu'on perdrait trop de monde. Mais cela n'eût guère arrêté s'il n'eût montré la chose comme absolument inutile, parce qu'on pouvait passer plus bas.

Était-ce humanité? Non, prudence et bon sens. Des romanciers ont travesti Turenne en je ne sais quel philanthrope, un Fénelon guerrier. Il n'y a rien du tout de cela. La réalité est que la guerre de Trente ans, ayant perdu ses fureurs, ses chaleurs, ayant usé cinq ou six générations de généraux, de plus en plus indifférents, sans passions et dégagés d'idées, a fini par produire l'homme technique ou l'art incarné, lumière, glace et calcul. Nulle émotion ne reste plus. C'est la guerre quasi pacifique, mais non moins meurtrière.

Un froid mortel saisit; une Sibérie à geler le mercure. On voyage dans la nuit des pôles, plus lumineuse que le jour, où l'on voit des batailles de glaces heurtant les glaces, de cristaux brisant des cristaux. Un grand désert. Plus d'hommes, et pas même de morts. Et même on ne s'en souvient plus.

CHAPITRE XXVI

PAIX UNIVERSELLE. — TRIOMPHE ET MORT DE MAZARIN

1658-1659

Mazarin, on l'a vu avant la Fronde, avait pendant cinq ans exploité le royaume par la force d'opinion que lui donnait alors une victoire annuelle de Condé. Pendant sept ans (après la Fronde), il se releva, brilla, grandit par les solides résultats des succès de Turenne. Il en tira cette gloire qu'à la dernière campagne l'Espagne, sérieusement menacée de la perte des Pays-Bas, rechercha, demanda (1658) la paix que Mazarin avait d'abord offerte.

Donc, par deux fois le génie militaire couvrit devant l'Europe la honte d'un gouvernement vil, trompa sur son habileté,

Ce qui est évident, c'est qu'au temps du plus grand péril (1652), et constamment dans les années qui suivent, Mazarin subordonna entièrement les affaires de la France : 1° au placement de sa famille, au mariage de ses nièces; 2° à son avarice, à la création d'une énorme fortune, la plus monstrueuse qu'aucun ministre eût eue jamais. Ni Concini, ni Luynes, ne sont rien à côté.

Pour faire cardinal son frère, il avait presque fait la guerre au pape, et ce frère, un moine imbécile, il le fit vice-roi de Catalogne. Pour cette position si importante, si précieuse, qui nous mettait au cœur de l'Espagne, on eût dû ménager le peuple catalan à tout prix.

Pour marier une nièce au fils du duc d'Épernon, il aigrit, prolongea la guerre de Guienne, la résistance de Bordeaux.

Pour décider le prince de Conti à épouser une autre Mancini, il donna à ce prince, élevé pour l'Église, contrefait, qui, d'ailleurs, n'avait point vu la guerre, l'armée des Pyrénées, celle qui, par la Catalogne et l'Aragon, devait prendre l'Espagne corps à corps.

Une autre nièce épouse le frère du duc de Modène, qui, avec la Savoie, nous fait attaquer et manquer Pavie. C'est par un mariage semblable que le prince Thomas de Savoie gagne le cœur de Mazarin. Son fils, le comte de Soissons, épouse Olympe Mancini, dont il aura le prince Eugène, le futur fléau de la France.

Au total, il avait sept nièces, qui toutes eurent des dots énormes, la moindre six cent mille livres (d'alors) et le gouvernement d'Auvergne. La plus riche, dont le mari s'appela duc de Mazarin, eut, à la mort de l'oncle, un million et demi de rentes (six millions de rentes d'aujourd'hui).

M. de Sismondi, savant économiste, s'efforce d'expliquer comment la France, après la guerre civile, *put se remettre* sous Mazarin. Vaines explications. Les faits montrent qu'*elle ne se remit pas du tout*.

Huit ans après la Fronde, l'année même où meurt Mazarin (1660), les rapports, cités par M. Feillet, nous apprennent cette chose lamentable que, *non-seulement aux provinces frontières* (Bourgogne, Picardie, Champagne, Lorraine), mais dans *celles de l'intérieur*, par exemple dans l'Angoumois, la misère était la même qu'*aux environs de Paris*. Les pauvres mangeaient encore, comme au temps de la Fronde, les bêtes jetées à la voirie, les disputaient aux chiens.

On a vu l'impuissance, l'insuffisance et la misère des secours qu'essaya d'organiser l'excellent Vincent de Paul, les trois sous *par mois* qu'on donna dans l'année la plus dure aux populations les plus affamées. Ajoutez-y les soupes économiques (d'herbe et d'eau claire, c'était à peu près tout), les *magasins charitables*, où chacun doit porter ce qui ne lui sert pas. La liste des objets donnés est curieuse; on rirait si l'on ne pleurait : « Dix-neuf lanternes, vingt-six douzaines de chapelets, des vieux peignes, vingt-trois seringues, etc., etc. » (Feillet.)

Du jour où Richelieu voulut toucher aux biens d'Église, ne put et recula, la Charité, aussi bien que l'État, devait perdre à jamais l'espoir. Et les petites aumônes tirées par cette Église si riche du bon cœur de nos dames et de leurs petites économies, ne purent être que ridicules devant le monstrueux fléau qui peu à peu but le sang de la France.

Quel fléau? Deux pompes aspirantes d'incalculable force.

1° La grande pompe centrale du fisc, l'exploitation violente de la France par un coquin pour un coquin. Je parle de Mazarin et de Fouquet, à qui il confia les finances.

2° La pompe universelle de toutes les tyrannies locales. Elles ressuscitent sous un gouvernement faible et fripon, qui se sent trop coupable pour accuser aucun coupable; les campagnes livrées aux seigneurs, avides, nécessiteux et luxueux. Nous aurons pour l'Auvergne le récit aimable et badin du jeune abbé Fléchier, qui montre en ce pays la sauvage horreur du temps féodal, aggravée des caprices d'une tyrannie malicieuse, dont les temps barbares n'eurent jamais l'idée.

Que les peuples soient exploités, volés, c'est la chose ordinaire. On n'y ferait pas attention s'il n'y avait eu **ici** dans le vol une lâche audace, une intrépidité de bassesse, qu'on nous passe ces mots, toute nouvelle et originale, qui ne s'est peut-être vue qu'une fois.

On vit en huit ans cette chose surprenante, miraculeuse, absurde : *un homme qui était maître et roi*, prenait ce qu'il voulait, *et qui pourtant volait le roi*, c'est-à-dire se volait lui-même.

Il était l'État en réalité (autant que le fut jamais Louis XIV). Et en même temps il faisait des affaires avec l'État, s'était fait financier, partisan, munitionnaire. Il trafiquait des vivres, spéculait sur l'artillerie, gagnait sur la marine. Il avait pris à son compte la maison du roi.

Quoiqu'il eût tant d'esprit pour l'intrigue et le *ravaudage* (dit si bien Retz), il n'avait ni intelligence ni connaissance de la France qu'il exploitait. De sorte qu'à chaque instant, sans tact ni pudeur, à l'aveugle, il faisait des choses immondes. Il avilit les charges, les dignités, en les vendant et les multipliant. « Il aimait mieux faire dix ducs et pairs que donner dix écus. »

Peu avant sa mort, il promet un siége de président à un homme aimé de la reine. L'homme vient le remercier : « Oui, mais j'en veux cent mille écus. » La reine eut beau faire et beau dire; il n'en démordit pas, disant toujours : « J'en veux cent mille écus. » Tout en disant cela, il mourut. Et on l'eut pour rien (Montglat).

On ne pouvait arriver à lui, à moins d'être joueur. Il était fort adroit aux tours de carte, et n'avait jamais pu se corriger d'avoir la main trop vive et trop habile. On dit qu'il choisissait les pièces fausses ou rognées pour les passer au jeu.

Il inventa un jeu nouveau, la spéculation sur la guerre. Il ne comprenait pas d'abord grand'chose aux affaires militaires. Ce qui le prouve, ce sont ses choix ridicules et d'avoir égalé un Hocquincourt au premier général du siècle. A mesure cependant qu'il aperçut qu'il avait en Turenne un génie infaillible, un joueur qui gagnait toujours, il voulut être de la partie; il joua sur Turenne, s'associa d'avance à ses victoires, se fit son fournisseur de vivres, réalisa sur ses conquêtes de gigantesques bénéfices.

Vers la fin, il avait fait encore un pas. Il avait pris un intérêt dans l'entreprise honnête des pirates et des flibustiers qui faisaient la course sur le commerce des Hollandais, nos alliés. Excellente spéculation. On prit en moins de rien trois cents vaisseaux. La Hollande indignée envoya le grand Ruyter, qui prit tout simplement une petite représaille, deux vaisseaux seulement. Mazarin redevint souple, aimable, offrit satisfaction, promit mille choses qu'il ne donna jamais.

On a parlé beaucoup de l'habileté de Mazarin, de sa subtile politique, de sa fine diplomatie, de sa persévérance à continuer la tradition d'Henri IV et de Richelieu. On le redit, parce qu'on l'a dit. Ce sont choses convenues que tout le monde répète. Examinons pourtant. Henri IV et Richelieu cultivèrent, ménagèrent, se rallièrent les petites puissances. Le premier s'assura des Suisses, et fut étroitement uni avec les Hollandais. C'est avec ceux-ci que Richelieu eût voulu partager les Pays-Bas. Mazarin se brouilla avec les uns et les autres.

Dans la crise si grave où la rivalité maritime commençait entre l'Angleterre et la Hollande, c'était le moment ou jamais de s'attacher celle-ci. Mazarin ne voit là qu'une facilité de pirater. Noble commencement de cette longue série de sottises par lesquelles Louis XIV réussit à rattacher solidement la Hollande à l'Angleterre.

Cromwell, tout Cromwell qu'il pût être, avec sa

république viagère, n'avait pas fait grand'chose, tant que l'invincible Ruyter promenait sur les mers le pavillon de Hollande. Cromwell était près de sa mort, et Charles II de sa restauration. L'Angleterre allait retomber. Qui fonda sa grandeur? La politique profonde de Mazarin, hostile à la Hollande, la politique profonde de Louis XIV, qui fait de notre ancienne et de notre meilleure alliée une chaloupe à la remorque du vaisseau britannique.

Littérairement, à coup sûr, la diplomatie française est charmante. Les dépêches de Mazarin, de Lyonne, etc., ne sont guère au-dessous des lettres de madame de Sévigné. Est-ce assez pour justifier l'admiration sans bornes qu'on a montrée pour cette diplomatie aux derniers temps? Regardons, je vous prie, surtout les résultats.

On pouvait s'y tromper en avril 1657, à la mort de l'empereur Ferdinand III. La France ne put faire élire son candidat, le duc de Bavière. Mais les princes du Rhin et autres, s'alliant à la France et à la Suède, n'élurent l'Autrichien Léopold qu'en lui faisant signer l'engagement « de ne donner aucune aide aux Espagnols ».

Ce succès de la France, poussant ceux-ci au désespoir, pouvait les décider à l'alliance monstrueuse de Cromwell, à unir le drapeau de l'État *catholique* entre tous à celui de la république *puritaine*. On assure qu'ils offraient au Protecteur d'assiéger avec lui Calais pour y faire rentrer les Anglais, les rétablir en France, guérir la plaie dont l'orgueil britannique saignait depuis cent ans.

Cromwell, dont le ferme et froid regard voyait très-bien, malgré les succès de Turenne, l'épuisement réel de la France, la faiblesse misérable d'un gouvernement dilapidateur, demande à Mazarin ce qu'il lui donnera à la place. Et celui-ci est trop heureux que l'Anglais accepte Dunkerque, Mardick et Gravelines, trois ports pour un, que Mazarin se fait fort de conquérir sur l'Espagne pour les lui donner.

Traité, au fond, fort triste, qui faisait de la France la servante de l'Angleterre, lui faisait employer son sang à conquérir pour sa rivale. Avec quel résultat ? D'établir les Anglais sur le continent. — Non pas à Calais, il est vrai, mais à deux pas de Calais.

Qui ne voit que Dunkerque, en Flandre, mais si près de la France, n'était guère moins dangereux, permettant également la descente d'une armée qui pouvait à son choix tomber sur nous ou sur les Pays-Bas ?

Le but de Mazarin, dit-on, était d'abaisser à la fois l'Espagne et la *Hollande*. Son traité avec l'Angleterre eût eu le résultat d'humilier la première sur terre, la *seconde sur mer*. Politique admirable, zélée pour la marine anglaise !

Turenne eut des succès rapides. Il gagna sur les Espagnols la bataille des Dunes (14 juin 1658), qui nous donna le bel avantage de mettre les Anglais dans Dunkerque. Puis, on prit Gravelines, Ypres, Oudenarde, Menin. On était maître du chemin de Bruxelles. Si l'on y eût été, si l'on eût procédé sérieusement à la conquête des Pays-Bas, on aurait vu bien vite les résultats du traité qui mettait l'Anglais à Dunkerque. Il eût fait volte-face, n'eût jamais permis un tel agrandissement de la France, et, profitant de la descente qu'il avait par nous sur le continent, notre excellent ami nous eût pris par derrière.

La mort de Cromwell qui survint (septembre 1658) put rassurer sur ce danger. Et, d'autre part, une victoire du Portugal sur l'Espagne encourageait notre conquête. La grande barrière des Pays-Bas avait été brisée par la prise de tant de places. Mais ce fut alors qu'on traita.

La France, naguère alliée de Cromwell, retomba dans ses attractions catholiques, dans le vieux rêve de ses reines, toujours le mariage espagnol. Marie de Médicis y avait tout sacrifié. Combien plus Anne d'Autriche, Espagnole elle-même, et dont le fils était Espagnol par sa mère! La femme née, de Louis XIV, prédestinée et légitime, était l'infante, sa cousine.

Autant Anne le désirait, autant Philippe IV. Il aurait fait ce mariage à tout prix. On pouvait croire qu'une telle union fortifierait l'ascendant moral, déjà si fort, des Espagnols, tant moqués des Français, mais toujours copiés. Du reste, cet excellent père, pour procurer ce grand mariage à sa fille, faisait bon marché de l'Espagne même. N'ayant qu'un fils à la mamelle, très-frêle et maladif, il envisageait sans effroi l'hypothèse où sa fille (malgré la renonciation qu'elle fit) hériterait de l'empire espagnol. Cette nation si fière n'eût plus été qu'une dépendance de la France (Motteville).

Les Castillans haïssaient moins celle-ci. Leur haine

et leur furie était toute contre les Portugais, leurs vaillants frères, qui les battaient. Ils croyaient, le lendemain de la paix avec la France, exterminer le Portugal, comme ils avaient déjà soumis les Catalans.

Mazarin, par une suite de fautes, avait perdu la Catalogne. Il sacrifia le Portugal. C'est la base réelle de son Traité des Pyrénées (7 novembre 1659).

Encore un sacrifice du faible au fort, le sacrifice d'un allié aussi précieux contre l'Espagne, que l'était la Hollande contre les Pays-Bas espagnols.

L'abandon de la Catalogne et du Portugal, celui de Naples et de la Sicile dans leur grande crise de 1647, c'étaient les solides services par lesquels Mazarin pouvait se vanter d'avoir ressuscité l'Espagne, si elle ressuscitait jamais.

Il prévoyait, dit-on, que l'infante ou ses enfants hériteraient. — Oui, soixante ans après, et au prix d'effroyables guerres. Les deux pays étant quasi exterminés, un des morts se coucha sur l'autre. Résultat si lointain, si coûteux, d'avantage si contestable, qu'on a tort d'en tant triompher. Que l'Espagne devînt si française, cela n'a guère paru en 1808, et depuis.

Ce qui poussa Mazarin à abandonner le Portugal, et à précipiter le mariage (plus que les Espagnols qui le désiraient tant), c'était la pénurie d'argent. On avait touché le fond et le tuf. Le financier de Mazarin, le petit Fouquet, son noir diablotin (qu'on voit à Versailles), était à bout de ses tours. Un nouveau gouffre s'était ouvert, qui mangeait autant que la guerre. Ce gouffre était le jeune roi. Depuis deux ou trois ans, ses divertissements, fêtes, bals, concerts, carrousels, avaient pris un vol effréné. Le colossal recueil des dessins des *Ballets du roi* que possède la Bibliothèque, fait deviner combien il en coûtait pour ces folles représentations.

Mazarin le tenait par cet étourdissement des fêtes. Ses nièces en faisaient l'ornement. L'une d'elles, Olympe Mancini, qui avait pris le cœur du roi, en était l'âme et la déesse. Mazarin, nous dit-on, en fut très-affligé. Je ne le pense pas. A cette même époque, il faisait les plus grands efforts pour en faire une (Hortense) reine d'Angleterre, tentant le vénal Charles II par une dot de six millions. Et l'on veut qu'il n'ait pas saisi l'espoir de faire Olympe reine de France ! L'obstacle réel fut Anne d'Autriche. Il avait tout fait pour éloigner d'elle son fils, et lui ôter toute influence. Elle le punit, ce jour-là, de son ingratitude. Sa fierté espagnole se releva. Elle dit : « Si mon fils est assez bas pour faire cela, je me mettrai contre lui avec mon second fils, à la tête de tout le royaume. »

Il ne resta à Mazarin qu'à faire le magnanime. Il écrivit au roi, contre ce mariage, les belles lettres de désintéressement austère qu'on a tant admirées.

Je laisse les amateurs de négociations s'amuser à celles du mariage d'Espagne, qui était fait d'avance par la violente envie que les deux partis avaient de le faire à tout prix. La France y garda les conquêtes de Richelieu, l'Artois, le Roussillon, mais peu ou rien des conquêtes de Mazarin. Elle rendit les places fortes de Flandre, le prix des victoires de Turenne.

Condé rentra et recouvra ses biens, mais non pas ceux de ses amis, qui restèrent sacrifiés. Il se retrouva prince du sang, gouverneur de Bourgogne, mais perdu pour tout l'avenir.

On assure que Mazarin, en rendant tant de places de l'intérieur des Pays-bas, eût pu obtenir de garder Cambrai, mais que l'Espagne le gagna en lui donnant l'espoir de le soutenir au premier conclave, de lui donner la papauté. Rien d'invraisemblable en cela. L'habitude si longue qu'il avait de tromper, de mentir et trahir, put le rendre prenable à ce vain leurre qui, dans son état de santé, devenait pourtant ridicule.

Rien de plus gai que Mazarin au moment où il signe le grand traité à la Bidassoa. Il écrit à Paris : « Tout va être fini. Je ne ferai pas grand séjour au pays basque, à moins que je ne m'amuse à leur voir pêcher la baleine, à apprendre le basque ou à sauter comme eux. »

Cependant le sauteur, au milieu de ces joies, est pincé par la goutte. La poitrine se prend. Il continue au lit sa vie habituelle. Le lit du moribond, couvert de cartes, est la table du jeu, le comptoir à vendre les places. Cartes et sacrements allaient pêle-mêle. La seule réparation de ses vols qu'il imagina, ce fut de tout offrir au roi, bien sûr qu'il refuserait. Ce refus le tranquillisa entièrement, et il continua en toute sécurité son jeu et ses dévotions. Tous en furent édifiés, et trouvèrent qu'il faisait une bonne fin. Du moins, conséquente à sa vie. Il vécut, mourut en trichant (9 mars 1661) [1].

---

[1] J'ajourne au volume suivant les visites de Christine et plusieurs faits des dernières années de Mazarin. Ils ne peuvent être bien éclairés que par ses lettres mêmes, que l'excellent éditeur

Il croyait tricher l'avenir. Heureux joueur, il avait eu la partie toute faite. L'augure de sa jeunesse s'était trouvé rempli. Il avait apparu, à vingt-cinq ans, sur un champ de bataille, criant : La Paix! la Paix! ce qui fut le premier escamotage de sa vie. Aux grands et sérieux travailleurs qui sont morts à la peine en lui préparant tout, il escamote encore la gloire de la paix triomphante de Westphalie, des Pyrénées. Richelieu travailla. Mazarin recueillit. L'un fit l'administration, l'armée, la marine et mourut justement la veille de Rocroi. L'autre gâta tout, et réussit en tout. Grand par Condé et plus grand par Turenne, affermi par l'orage même et l'avortement de la Fronde, il a ce dernier bonheur qu'on fait honneur à son génie de la paix forcée et fatale où l'on tomba par lassitude. Ce piédestal lui reste. Il garde, après la mort, ce masque de l'ange de la paix.

Vraiment, est-ce une paix? Elle arrivait trop tard. L'Allemagne, agonisant sur ses ruines, ne trouva pas la paix dans le traité de Westphalie. L'Espagne, finie et défunte, n'était plus en état de ressentir la paix des Pyrénées. Et la France elle-même, qui entre par là dans un procès de cinquante ans pour la succession d'Espagne, la France va trouver dans cette paix et la guerre fiscale au dedans et la guerre sanglante au dehors [1].

de Saint-Simon, M. Chéruel, promet de donner au public. J'ai eu recours plusieurs fois à son obligeance, dans le cours de ce travail, pour l'éclaircissement de quelques points obscurs. Pour d'autres, il vaut mieux attendre son importante publication.

[1] Un génie pénétrant, le sorcier hollandais Rembrandt, qui

J'ai dit ailleurs ce que je pensais du prétendu système d'équilibre au XVIIᵉ siècle. J'ai hasardé de dire aussi que Richelieu n'y comprit rien, croyant

> sut tout deviner, dans son tableau lugubre, daté de la grande joie du traité de Westphalie (1648), a parlé mieux ici que tous les politiques, tous les historiens (le *Christ à Emmaüs*, que nous avons au Louvre). — On oublie la peinture. On entend un soupir. Soupir profond, et tiré de si loin ! Les pleurs de dix millions de veuves y sont entrés, et cette mélodie funèbre flotte et pleure dans l'œil du pauvre homme, qui rompt le pain du peuple. — Il est bien entendu que la tradition du Moyen âge est finie et oubliée, déjà à cent lieues de ce tableau. Une autre chose déjà est à la place, un océan dans la petite toile. Et quoi?... L'âme moderne. — La merveille, dans cette œuvre profonde, d'attendrissement et de pitié, c'est qu'il n'y a rien pour l'espérance. « Seigneur, dit-il, multipliez ce pain!... Ils sont si affamés! » Mais il ne l'attend guère, et tout indique ici que la faim durera. — Ce misérable poisson sec qu'apporte le fiévreux hôtelier n'y fera pas grand'chose. C'est la maison du jeûne, et la table de la famine. Dessous, rit, grince et gronde un affreux dogue, le Diable, si l'on veut, une bête robuste, aussi forte, aussi grasse que ces pauvres gens-là sont maigres. Il a sujet de rire, car le monde lui appartient. — V. la description de ce tableau dans *La Foi nouvelle cherchée dans l'Art*, par Alfred Dumesnil.

De cette paix date la guerre qui nous divise et en France et ailleurs. Les deux peuples qui sont en ce peuple conservaient jusque-là un reste d'unité. Mais la dualité éclate. D'une part, un petit peuple français, petit monde de cour, brillant, lettré et parlant à merveille. D'autre part, très-bas, plus bas que jamais, la grande masse gauloise des campagnes, noire, hâve, à quatre pattes, conservant les patois. L'écartement augmente, le divorce s'achève, par le progrès même de la haute France. Elle se trouve si loin de la basse, qu'elle ne la voit plus, ne la connaît plus, n'y distingue plus rien de vivant, et pas même des ombres, mais quelque chose de vague, comme un zéro en chiffre. Des mots nouveaux commencent, d'abstraction terrible, meutrière, où disparaît tout sentiment de la vie. — Plus d'hommes, mais des *particuliers*, — tout à l'heure des *individus*.

que les protestants, si faiblement liés (par les idées), faisaient un contre-poids au parti catholique, fortement lié (par les intérêts). Du reste, quand on voit dans ses Mémoires les conditions misérables, accablantes, qu'il fait au Palatin pour le rétablir sur le Rhin, sa partialité pour la Bavière, on sent qu'une telle paix n'eût été qu'une amende honorable des Protestants demandant grâce à genoux, la corde au cou, et que, bien loin d'établir l'équilibre, elle aurait fait dans l'avenir leur irrémédiable déchéance.

On peut prévoir que, si ce grand, ce ferme Richelieu se tient si peu dans l'équilibre, la France des Louvois, des Chamillart, etc., ira de plus en plus gauchissant d'un côté, jusqu'à verser tout à fait dans l'ornière de la *Révocation*. Louis XIV succède à Philippe II, et la France à l'Espagne. Elle marche à la même ruine.

Cela se voit de loin, et, dès le commencement. Le beau roi de seize ans, revenant de la chasse, en bottes à l'écuyère et le fouet à la main, défend au Parlement de demander jamais aucune économie. Il commence la guerre à l'argent. Avec Fouquet, plus tard avec Louvois (malgré les efforts de Colbert), il ouvre contre la France la campagne victorieuse où il vint à bout définitivement de la fortune publique, emportant pour dernier trophée l'immortelle banqueroute de trois milliards à Saint-Denis.

Toute autre nation, après les Mazarin, les Fouquet, les Louvois, tant de guerres, tant de gloire, tant de héros, tant de fripons, resterait assommée à ne se jamais relever. Et celle-ci pourtant dure encore.

Ce brevet d'immortalité, cette Jouvence nationale, comment les expliquer? Le pauvre Sismondi se gratte ici la tête, et ne trouve rien, sinon que peut-être, à force de tuer, les hommes étant plus rares, le salaire croissait pour les survivants, qui souffraient un peu moins. Je ne vois point cela. Vauban et Boisguilbert semblent dire plutôt le contraire dans les lugubres épitaphes qu'ils font de la France de Louis XIV.

La seule explication, je l'ai trouvée dans un auteur anglais du XVIIe siècle, qui, traversant nos plaines à cette époque, vit, non sans peur, une grande foule déguenillée de gens étiques, une ronde de vingt ou trente mille gueux, qui dansaient de tout leur cœur. Ces squelettes, n'ayant pas soupé, au lieu de se désespérer, faisaient un bal le soir. C'était une armée de Louis XIV.

Oublier, rire de tout, souffrir sans chercher de remède, se moquer de soi-même et mourir en riant, telle fut cette France d'alors. La chanson continue, et la comédie vient. Les grands consolateurs sont nos comiques.

Leur instrument, la nouvelle langue française, née des *Mazarinades*, y est déjà étincelante. Elle est dans le *Roman comique*. Elle est dans les *Mémoires de Retz*, qu'il commença certainement à Vincennes (1652). Elle va éclater dans le pamphlet mordant, puissant, victorieux, de la Fronde religieuse, les *Provinciales* (1657). Et déjà aux portes est *Tartufe* (1664).

Adieu le gaulois. Salut au français.

La belle forte langue du XVIe siècle, qui si souvent vibre du cœur, était un peu pédante. Elle s'accrochait dans les plis de sa robe, se retardait dans les aspérités (pittoresques, admirables) dont elle est hérissée. Ce n'était pas langue de gens pressés, de gens d'affaires, de combattants qui visent à frapper vite, et ne demandent à la parole que vigueur et célérité.

C'est là le sérieux de la Fronde. Elle ne laisse nul résultat visible, palpable, matériel. Elle laisse un esprit, et cet esprit, logé dans un véhicule invincible, ira, pénétrera partout.

Elle a fait, pour l'y mettre, une étrange machine, la nouvelle langue française.

Cette langue a subi comme une transformation chimique. Elle était solide, et devient fluide. Peu propre à la circulation, elle marchait d'une allure rude et forte. Mais voici que, liquéfiée, elle court légère, rapide et chaude, admirablement lumineuse. Si quelques capricieux (des Montesquieu, des La Bruyère) en exploitent surtout l'étincelle, le grand courant, facile et pur, n'en va pas moins d'une fluidité continue, de Retz en Sévigné, et de là en Voltaire.

La Fronde a fait cette langue. Cette langue a fait Voltaire, le gigantesque journaliste. Voltaire a fait la Presse et le journalisme moderne.

Mais faut-il dire que cette puissance soit celle d'une langue nationale? Non, c'est la langue européenne, acceptée par la diplomatie de tous les peuples, reine hier par Voltaire et Rousseau, et aujourd'hui si absolue, que les autres langues vaincues subissent peu à peu sa grammaire.

Ce terrible engin d'analyse éclaire tout, dissout tout et peut tout mettre en poudre, broyer tout, formalisme, lois, dogmes et trônes. Son nom, c'est : *La raison parlée*.

Un si fort dissolvant, que je ne suis pas sûr que même, pendant le beau et solennel récitatif de Bossuet, on n'ait pas ri sous cape. La France était, n'était pas dupe. Les deux choses sont peut-être vraies, et pourraient bien se soutenir. L'enfant est grave en berçant sa poupée (sincère même), la baise et l'adore, mais il sait bien qu'elle est de bois.

Fatalité de la lumière! Elle va pénétrant, par cette maudite langue française, qu'on n'arrêtera pas. Plus d'asile aux ténèbres. Plus de mystère, et plus de sanctuaire obscur. La *Nuit divine* (d'Homère) est supprimée. Une telle langue, c'est la guerre aux dieux.

FIN DU TOME QUATORZIÈME

TABLE DES MATIÈRES

                                                                                            Pages.
Préface ....

CHAPITRE PREMIER

La Guerre de Trente ans. — Les marchés d'hommes.
— La bonne aventure 1
Les marchés d'hommes............................ 2
Gustave-Adolphe 3
Waldstein 4
La loterie, le jeu 6

CHAPITRE II

La situation de Richelieu. 1629 13
Il vécut d'expédients............................. 14

	Pages.
Son allocution au roi.....................................	17
Changement de sa politique en 1629................	19
Il rallie le clergé. Sa police de capucins.............	24

CHAPITRE III

LA FRANCE NE PEUT SAUVER MANTOUE. 1629-1630.....	28
Le Pas de Suse, 6 mars 1629.......................	31
Paix des huguenots....	32
Les impériaux en Italie. Sac de Mantoue. 18 juillet 1630............	33

CHAPITRE IV

RICHELIEU CONTRE LES DEUX REINES. 1630............	42
Le roi. La maladie du roi............................	46
Il est à la mort (1ᵉʳ octobre). Intrigues des reines.....	50
Joseph traite à Ratisbonne..........................	54
Mazarin sauve l'armée espagnole.....................	58

CHAPITRE V

JOURNÉE DES DUPES. — VICTOIRE DE RICHELIEU. 1630-1631.. ..	61
Mademoiselle de Hautefort........................	62
La *journée des Dupes* ne décida rien (10 novembre), mais Richelieu saisit les lettres des reines (décembre).	67
Fuite de Gaston et de la reine mère. 1631............	75

CHAPITRE VI

	Pages.
GUSTAVE-ADOLPHE. 1631............................	78
Tristesse de Cervantès et de Shakespeare............	79
Joie héroïque de Gustave et de Galilée..............	80
Gustave comme juste juge.........................	82
Son maître Jacques de la Gardie, créateur de la guerre moderne....................................	84
Richelieu s'entend avec Gustave, peu, tard et mal...	87
24 juin 1631, Gustave débarque en Allemagne.......	89
7 septembre, sa victoire à Leipzig, délivrance de l'Allemagne...	92

CHAPITRE VII

RICHELIEU PROFITE DES VICTOIRES DE GUSTAVE. 1632..	95
Gustave ne pouvait sauver l'Allemagne qu'en s'y établissant..	99
Richelieu envahit la Lorraine.....................	101
Richelieu bat et décapite Montmorency.............	107
Son amour, sa maladie............................	111

CHAPITRE VIII

RICHELIEU CHEF DES PROTESTANTS. — SES REVERS. — LA FRANCE ENVAHIE. 1635-1636................	115
Mort de Gustave, 16 novembre 1632...............	117
Mort de Waldstein, 1634...........................	118
Richelieu eut-il une vraie notion de l'Équilibre?.....	121
Il est forcé de succéder à Gustave, 1633	123

	Pages.
Il veut rompre avec l'Espagne et renvoyer la reine ..	124
Échecs de 1635.................................	128
La France envahie, 1636.......................	131

CHAPITRE IX

LA TRILOGIE DIABOLIQUE SOUS LOUIS XIII. — RELIGIEUSES DE LOUDUN. 1633-1639......	137
De la direction des mystiques................ ...	139
Le diable et les couvents......... ..·......	141
Procès et mort d'Urbain Grandier.................	149

CHAPITRE X

LES CARMÉLITES. — SUCCÈS DU CID. 1636-1637........	160
Le centre de l'intrigue espagnole.............	164
Le Cid, glorification de l'Espagne et du duel........	169
L'*Académie*.........	170

CHAPITRE XI

DANGER DE LA REINE. Août 1637......	173
Lafayette et le père Caussin......................	175

CHAPITRE XII

CONCEPTION ET NAISSANCE DE LOUIS XIV. 1637-1638...	180
Situation désespérée de la reine en décembre 1637...	182
Lafayette sauve la reine (9 décembre 1637)..........	185
L'accouchement, 5 septembre 1638........	188

CHAPITRE XIII

Pages.

Misère. — Révoltes. — La question des biens du clergé. 1638-1640 190
Solidarité de ruine 194
Va-nu-pieds et *Croquants*........................ 196
Richelieu menace le clergé, n'en tire rien, recule..... 201

CHAPITRE XIV

Richelieu relevé par les révolutions étrangères. — Les favoris, Mazarin, Cinq-Mars. 1638-1641. 203
Le Portugal et la Catalogne contre l'Espagne......... 205
Influence italienne. Fortune de Mazarin............. 207
Naissance de Monsieur (1639). 208
Richelieu donne au roi Cinq-Mars qui le trahit....... 212
Conspiration de Soissons. 1641.. 219

CHAPITRE XV

Conspiration de Cinq-Mars et de Thou. 1642....... 221
La reine et Gaston les trahissent.................. 228

CHAPITRE XVI

Isolement et mort de Richelieu. — Mort de Louis XIII. 1642-1643................ 233
Ingratitude des Condés pour Richelieu.......... 235
Les deux mourants voudraient lier la future régente.. 241

CHAPITRE XVII

Louis XIV. — Enghien. — Bataille de Rocroy. 1643. 246
    Gassion et Sirot gagnent la bataille 252

CHAPITRE XVIII

L'avénement de Mazarin. 1643..................... 255
    La reine, pour le garder, donne tout à tous, emprisonne ses amis,.. 259

CHAPITRE XIX

Gloire et victoire. — Traité de Westphalie. 1643-1648... 263
    Mazarin vécut de l'éclat d'une victoire annuelle que l'on arrangeait pour Condé...................... 264
    Ses efforts pour empêcher la paix.................. 272

CHAPITRE XX

Le jansénisme. — La Fronde. 1648................. 275
    La Fronde fut une révolution morale, aussi bien que la Fronde religieuse du jansénisme.... 277
    Le Parlement, quoique menacé, défend le peuple...... 279

CHAPITRE XXI

Le premier age de la Fronde. — Les Barricades. — La Cour, appuyée par la Fronde, emprisonne Condé 285

TABLE DES MATIÈRES.

Pages.

Le Parlement pose la garantie des personnes et des propriétés 287
Gondi (depuis cardinal de Retz).. 291
Paris deux fois trahi............................. 298
Folie de Condé. Sa prison........................ 300

CHAPITRE XXII

Second age de la Fronde. — La Cour, appuyée par la Fronde, chasse Condé. 1650-1651 304
Les héroïnes................................... 306
Mazarin bat Turenne 308
Personne ne veut des États généraux 315

CHAPITRE XXIII

Fin de la Fronde. — Combat du faubourg Saint-Antoine. 1652..................................... 317
Horreur et plaisanteries........................... 318
Massacre à Paris, Sodome à la cour 326
Condé sauvé par la Fronde........................ 330

CHAPITRE XXIV

Fin de la Fronde. — Le terrorisme de Condé. — Second massacre (a l'Hôtel de Ville). 1652.... 332

CHAPITRE XXV

Turenne relève Mazarin. — Règne de Mazarin. 1652-1657 348

HISTOIRE DE FRANCE.

	Pages.
Mazarin était perdu sans Turenne	349
Froide et infaillible habileté de Turenne	352
La guerre anthropophage	357

CHAPITRE XXVI

PAIX DES PYRÉNÉES. — TRIOMPHE ET MORT DE MAZARIN. 1658-1661	361
La misère et la famine jusqu'à la mort de Mazarin	363
Sa politique contraire à celle de Richelieu	366
L'Espagne ambitionne un second traité de mariage avec la France. 1659	369
Mort de Mazarin, 1661	372
Cette paix n'est pas une paix	373
Essor de la nouvelle langue française	376

PARIS. — IMPRIMERIE MODERNE, Barthier, directeur, rue J.-J.-Rousseau, 51.

www.ingramcontent.com/pod-product-compliance
Lightning Source LLC
Chambersburg PA
CBHW050426170426
43201CB00008B/556